國家古籍整理出版專項經費資助項目

傅山全書

清·傅山 著

尹協理 主編

第一册

山西出版傳媒集團

山西人民出版社

圖書在版編目(CIP)數據

傅山全書 / (清) 傅山著. —太原: 山西人民出版社, 2016.4

ISBN 978-7-203-09359-6

Ⅰ. ①傅… Ⅱ. ①傅… Ⅲ. ①傅山(1607—1684)—全集 Ⅳ. ①Z429.49

中國版本圖書館 CIP 數據核字 (2015) 第 265018 號

傅山全書

著　　者　(清) 傅山
主　　編　尹協理
責任編輯　張文穎　于輔仁　史美珍　趙曉麗　吉　昊　馮靈芝　崔人傑
　　　　　蔡咏卉　張小芳　高　雷　翟麗娟　張志傑　魏美榮　王新斐
裝幀設計　謝　成

出 版 者　山西出版傳媒集團·山西人民出版社
地　　址　太原市建設南路 21 號
郵　　編　030012
發行營銷　0351-4922220　4955996　4956039　4922127(傳真)
天猫官網　http://sxrmcbs. tmall. com　電話　0351-4922159
E-mail　sxskcb@163.com　發行部
　　　　sxskcb@126.com　總編室
網　　址　www.sxskcb.com

經 銷 者　山西出版傳媒集團·山西人民出版社
承 印 者　山西出版傳媒集團·山西新華印業有限公司

開　　本　700mm×1000mm　1/16
印　　張　448.75
字　　數　6427 千字
印　　數　1—2000 套
版　　次　2016 年 4 月　第 1 版
印　　次　2016 年 4 月　第 1 次印刷
書　　號　ISBN 978-7-203-09359-6
定　　價　1980.00 圓 (全 20 册)

傅山全書編輯委員會

主　任：李廣潔

副主任：姚　軍　尹協理　李　勇　張文穎

委　員：李廣潔　姚　軍　尹協理　李　勇
張文穎　趙懷舟　竇元章　高　智
堀川英嗣　谷錦秋　王愛國　曹玉琪

主　編：尹協理

副主編：張文穎

一九九一年版主編：劉貫文　張海瀛　尹協理

侯外廬先生題辭

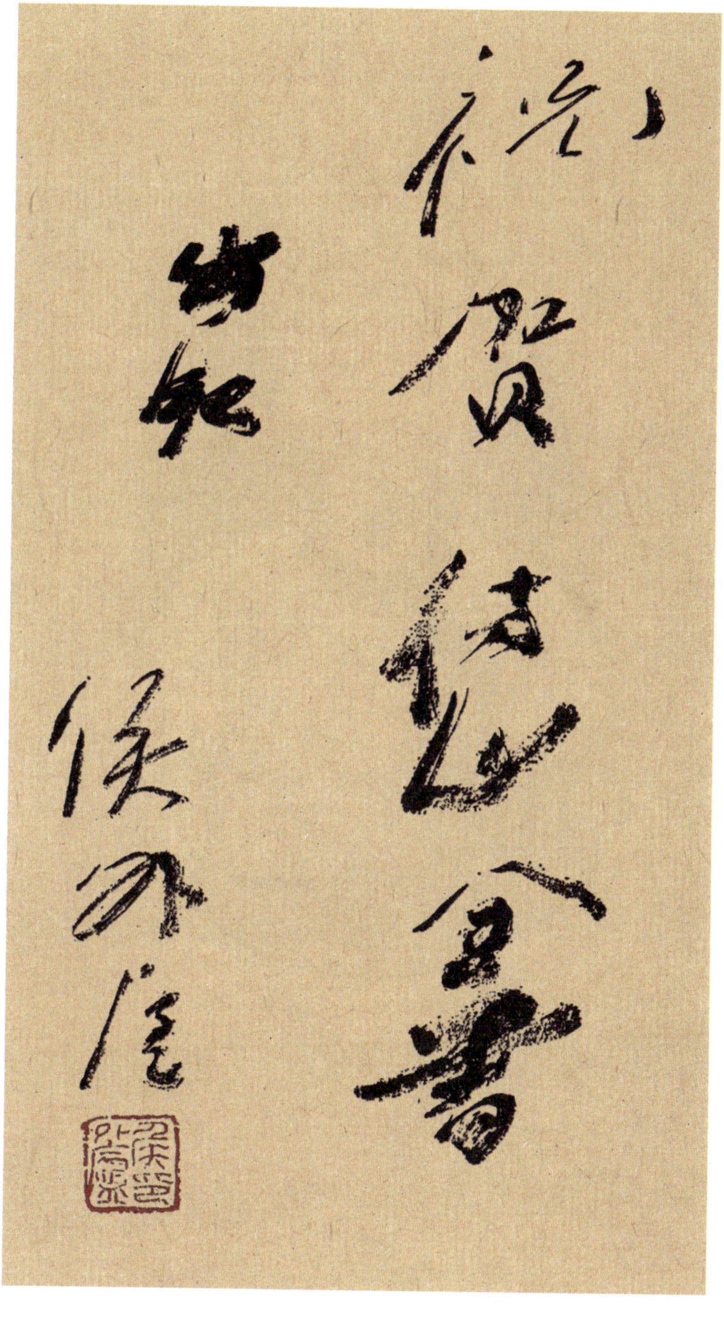
祝賀
出版
侯外廬

傅山（五十五歲時　謝冰作）（太原常清文先生家藏）

傅山（1607—1684）（太原常清文先生家藏）

蠱上解

蠱上不事王侯。惟巢許卞務。下而子陵牛牢足以當之。王侯皆眞正崇高聖賢。不事、乃為高尚。其餘所謂王侯者。非王侯、而不事之。正平等耳。何高尚之有。苟圖衣食之人。看其所事者為王侯。自命為栖龍附鳳之人。故便以高尚。無用之名。還人。其實用甚之。亦自命耳。嗚呼、此猶其自賢者一邊人亦一狗喫屎香美。未嘗責異類者盡香美之而後已也。羣狗飯屎、一人睨之、羣狗慫曰、爾喫則我輩兄弟爾、日與爾飽、不則我輩喫耳爾、且道此人從耶否耶、或曰、否否、或曰不可知、或曰何不可知、喫之免死可也。一士曰、都不知此其人

霜紅龕集卷一

陽曲傅山青主

賦

喻都賦 謹序

臣丙子丁丑以事再詣京師京間民輒流言皇帝苦邊患宮操訓武命中官習兵陣嬪妃以下學騎馬馳縱且南遷臣愚料皇帝無此意先是己巳之變有大臣某首議遷有旨再言遷者死人心乃安迄今八九年歲警烽火邊備日嚴皇帝精察下問學識日益定嘻爲此言者非庶人

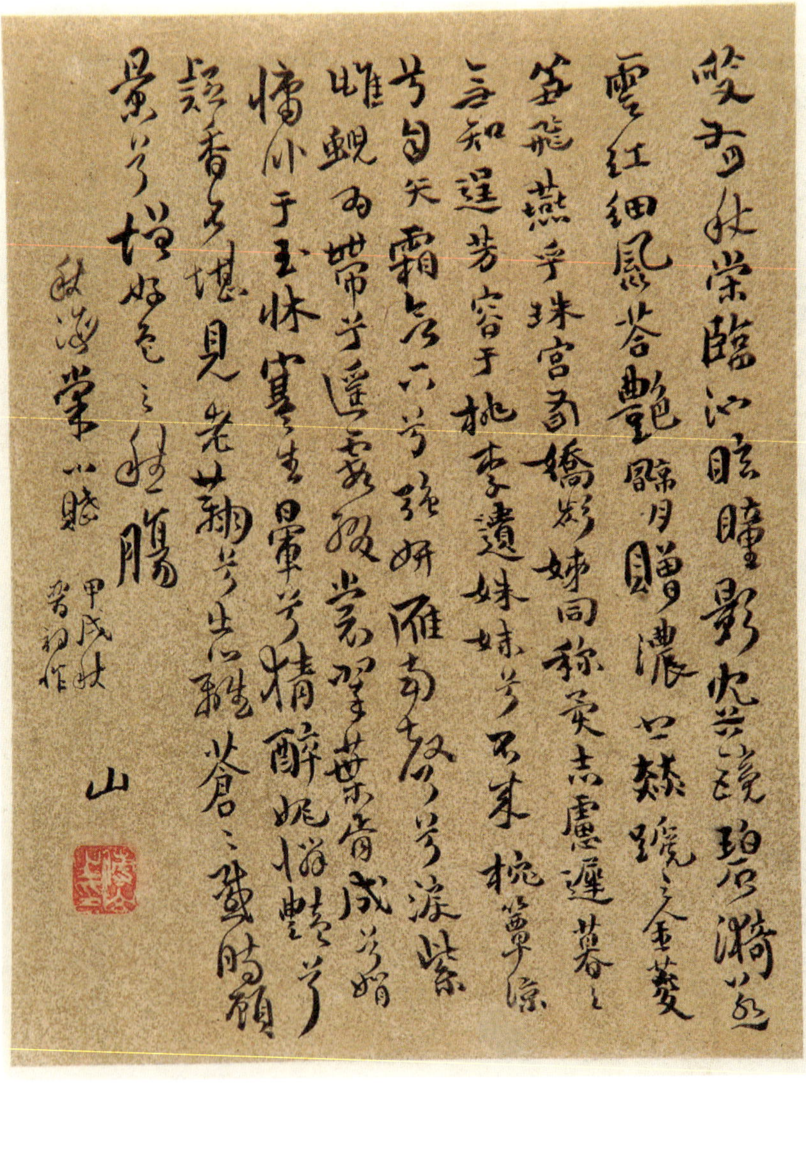

傅山二十八歲書秋海棠小賦手稿（上海圖書館藏）

傅山書不覺二首之一

（山西博物院藏）

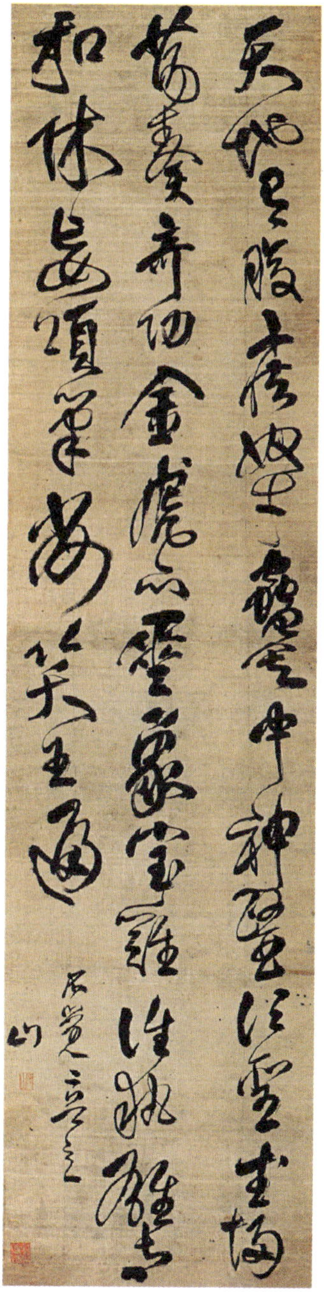

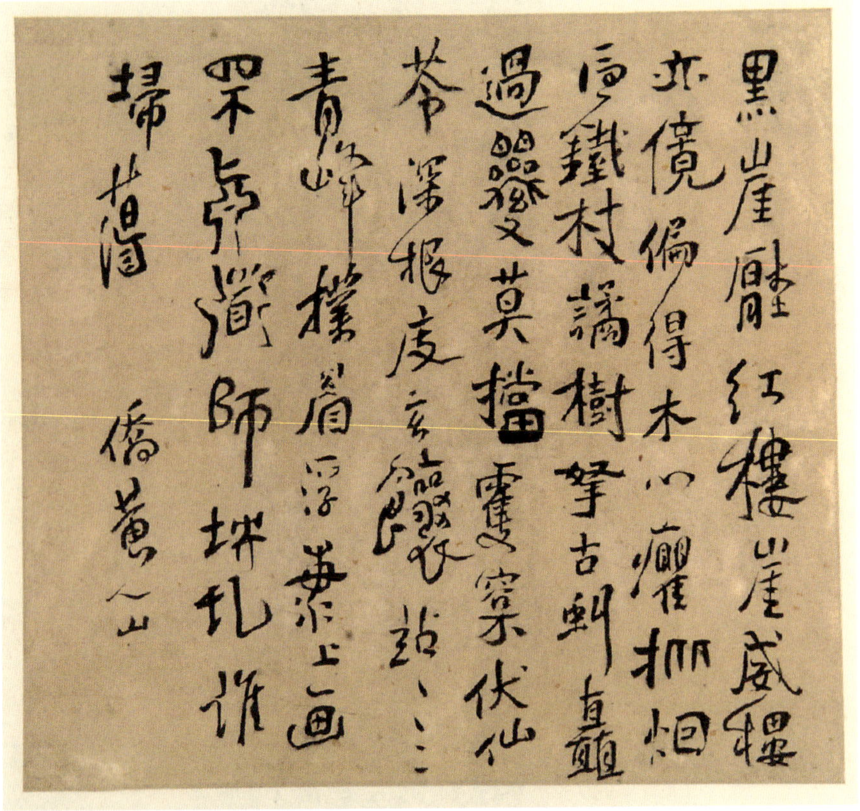

傅山書黑崖壓紅樓五言詩手稿（上海圖書館藏）

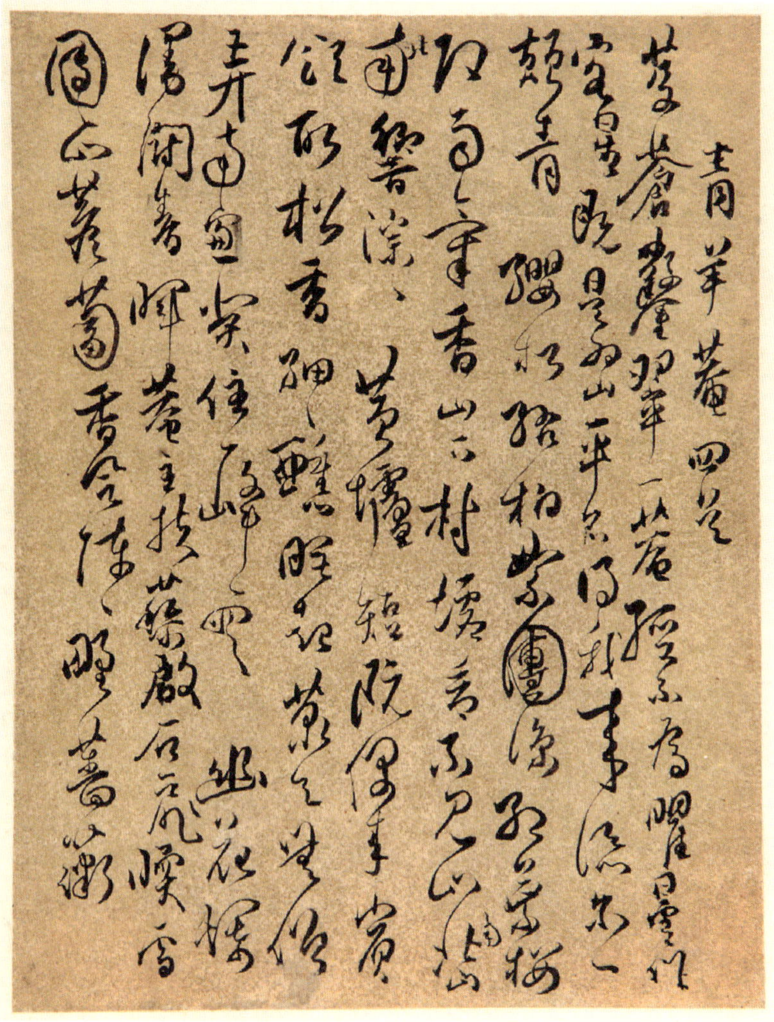

傅山書青羊菴四首手稿（上海圖書館藏）

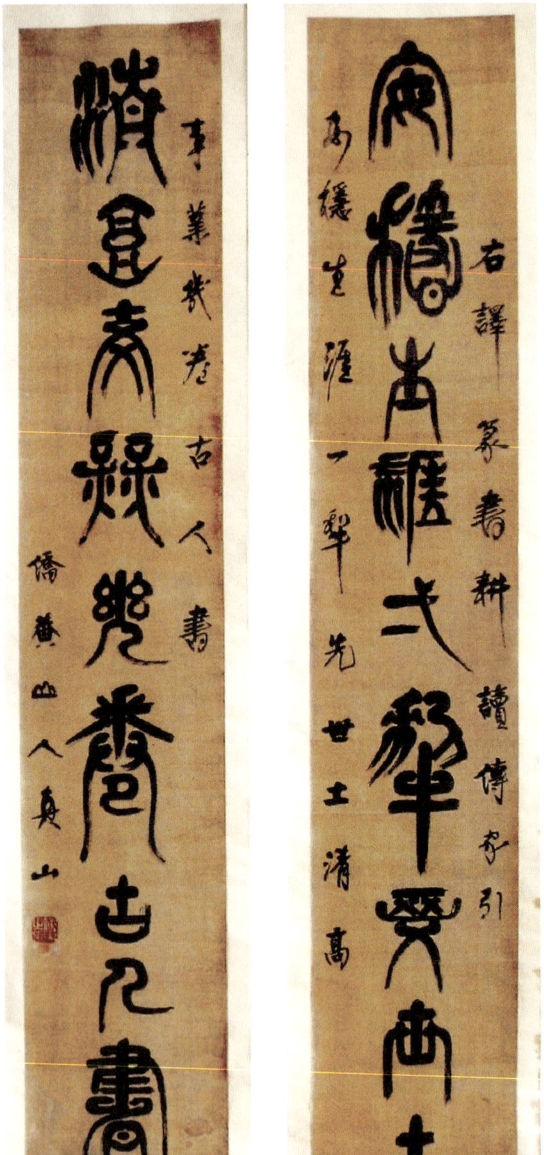

傅山書對聯（太原渠榮籙先生家藏）

前言

傅山全書初版本是一九八四年至一九九〇年由山西省社會科學院院長劉貫文、副院長張海瀛、研究員尹協理主編，一九九一年由山西人民出版社出版的傅山詩文、專著、批注和編著的總集，是在清人所編霜紅龕集的基礎上，收集補入了山西省內和北京的博物館、圖書館與個人所收藏的傅山手稿、影印本、拓片及其他刻印本後重新編輯而成的。此書出版後不久即銷售一空，要求再版的呼聲越來越高；與此同時，在這二十多年中，學術界許多學者和愛好者又在北京、上海、天津、遼寧、甘肅、山西、山東、河南、江蘇、浙江、湖南、廣東、臺灣、香港及美國、日本等地陸續發現了一些沒有收入全書的傅山著作手稿、手稿照片、影印本和刻印本，應該補入全書；此外，由於初版編輯時間倉促，加上傅山手稿的草書與篆書難以辨認，有些文章也晦澀難懂，因而在手稿釋文、標點、編排和印刷的過程中，難免出現了一些錯誤，需要糾正。鑒於上述需要，二〇一二年初，我社決定組織國內外專家學者，對傅山全書初版本進行增補、修訂並重新編排。經過整整三年多時間的艱苦努力，終於完成了這項工作。

在此次重編的過程中，凡是現在還能找到的資料，如手稿、各種影印本、拓本、刻印本，包括霜紅龕集，我們都依據原稿和原文對初版的傅山全書逐字逐句重新校勘，努力改正了原書的錯誤；與此同時，又安排專家學者去全國各地，包括臺灣與香港，以至美國和日本，尋找新的傅山手稿、手稿照片、影印本、刻印本等資料，並在釋文、標點、整理後補入傅山全書的相關部分。這些資料來源於以下單位、個人和書刊：故宮博物院、中國國家圖書館、中國歷史博物館、首都博物館、北京市文物局、北京市文物商店、北京大學圖書館、中央黨校圖書館、北京師範大學圖書館、北京榮寶齋、上海圖書館、上海博物館、天津市藝術博物館、遼寧省博物館、瀋陽故宫博物院、大連市旅順博物館、蘭州西北民族大學圖書館、山西博物院、山西省圖書館、太原晉祠博物館、山西省聞喜縣檔案館、山東蓬萊慕湘藏書樓、河南博物院、南京博物院、蘇州博物館、揚州博物館、浙江省博物館、浙江寧波天一閣博物館、湖南省博物館、廣東省博物館、雲南昆明寶傳樓、臺北「故宫博物院」、臺北圖書館、臺灣何創時書法基金會、日本京都國立博物館、日本福山書道美術館、日本澄懷堂美術館、日本清雅堂美術館、日本大阪市立美術館、甘肅鄧寶珊先生、北京趙棣生先生、周懷民先生、吴錫祺先生、太原渠仁甫先生、渠榮籙先生、楊純淵先生、范世康先生、香港葉承耀先生、美國紐約路思客先生、美國白謙愼先生、日本堀川英嗣先生、河内利治先生、中國嘉德國際拍賣有限公司二〇〇三年十一月、二〇〇八年三月與二〇一〇年五月拍賣會圖錄、香港佳士得國際拍賣有限公司二〇一四年五月廿六日拍賣會圖錄、雅昌拍賣網載中國嘉德國際拍賣有限公司二〇一〇年春季拍賣會傅山梁檀書畫合璧册頁照片、北京瀚海典藏國際拍賣公司二〇〇〇年一月拍賣會圖錄、北京匡時國際拍賣公司二〇一〇年六月拍賣會圖錄、北京東方大觀國際拍賣公司二〇一二年秋季藝術品拍賣會圖錄、天津國際拍賣公司二〇〇六年十二月拍賣會圖錄、西泠印社拍賣公司二〇〇八年六月拍賣會圖錄、文物出版社二〇〇七年版傅山行草墨蹟、上海人民美術出版社二〇〇一年版中國歷代名家墨蹟精粹（清 傅山）、上海書畫出版社二〇〇七年版明清名賢手札、河北美術出版社一九九五年版清傅山墨蹟三種、嶺南美術出版社一九九五年版傅山書翰精選、臺灣山西文獻社一九八七年版傅青主先生阿難吟手蹟、日本二玄社一九九八年版山内観編傅山の書法、山西薰風雜誌社一九四三年印薰風雜誌創刊號、文物出版社版書法叢刊一九九七年第一期、上海書法編輯部編書法雜誌二〇〇七年第四期、藝術市場雜誌社編藝術市場二〇一三年十二月號（上旬刊）、臺灣蕙風堂二〇一二年紀念刊、中國書畫全書載陸心源撰穰梨館過眼錄、三聯書店一九五五年版鄧之誠著骨董瑣記、中華書局一九八七年版李中馥著原李耳載、山西人民出版社二〇〇四年版方德楨等編傅山全書補編、三晉出版社二〇一〇年版三晉石刻大全（晉中市壽陽縣卷）、三晉出版社二〇一四年版丹楓閣遺珍、山西經濟出版社二〇一四年版王磊著傅山詩選注，等等。凡是能見到並經我們確認的傅山著作，都盡可能收入本書。對於傅山的醫學著作，學術界雖有爭議，但爲了給學者們的研究提供方便，我們將明確署名爲傅山的醫學著作收進了本書，而對於那些沒有明確署傅山之名，而有學者認爲是傅山的醫學著作，則沒有收入。對於有些雖明確署名爲傅山著作而我們認爲可能性不大的，如臺北「故宮博物院」藏署名爲「傅青主纂」的丹亭問答，則沒有收入。又如清光緒八年（一八八二年）被光緒帝師翁同龢定爲「此陽曲傅青主先生詩」的樂飢齋詩艸（國學保存會一九〇九年版），視內容，疑非傅山作品，也未收入。此外，我們還發現有不少關於傅山手稿的記載，但由於一時找不到收藏者，因而未能收入。

此次重編再版的傅山全書，由尹協理先生擔任主編，張文穎、于輔仁、史美珍、趙曉麗、吉昊、馮靈芝、崔人傑、蔡咏卉、張小芳、高雷、翟麗娟、張志傑、魏美榮、王新斐任編輯。參加全書手稿搜集、釋文、整理與校勘工作的專家學者有：山西學者李勇、范世康、曹玉琪、王愛國、谷錦秋、李鳳琴、郭淑英、范月珍、張靜、高智、竇元章、趙懷舟、張文穎、葛敬生、常清文、渠榮籙、楊陽、趙尚華、王澤慶、暢奇緯，北京學者錢超塵、韓琳、姜燕、楊健、程仁桃、馬鴻雁、傅珉、傅華、趙愛學、柯愈春、孫大勳、褚家偉、吳錫祺、聶鵬，山東學者楊愛娟，甘肅學者楊莉，河南學者傅凱欣，四川學者鄧代昆，雲南學者尹恆，美國學者白謙慎，日本學者堀川英嗣、河內利治等。

凡參與釋文、整理工作的學者，均在相關篇目的注釋中一一署名；未署名的篇章，均由本書編者完成。在編輯本書的過程中，李勇、趙懷舟、竇元章、葛敬生、堀川英嗣、高智、姜燕等學者曾給予了熱情的支持和協助，有的還參與了部分組織與編輯工作。在此，我們向所有爲本書的整理、出版工作做出過辛苦努力的專家學者致謝！

在重編傅山全書的過程中，我們得到了山西出版傳媒集團領導、國内外各藏品單位及其領導、個人收藏家的大力支持和幫助。於此，謹向他們表示衷心的感謝！

由於我們水平有限，雖已竭盡全力，但仍難免有錯誤之處，敬請專家學者批評指正。

山西人民出版社

二〇一五年十月於太原

出版說明

一、一九九一年由山西人民出版社出版的傅山全書（以下稱傅山全書初版本），是在收集了大量的傅山著作手稿、手稿照片、碑帖拓片、墨蹟石印與影印本、前人刻印本及手抄本等的基礎上新編而成的傅山著作總集。其底本依據的順序依次爲：手稿、手稿照片、碑帖拓片、墨蹟影印本、墨蹟石印本、前人刻印本、手抄本。由於傅山常將詩文抄寫若干份送人，各本時有文字差異，故全書在這些版本中選擇了一種作正文，而將其他版本附於正文之後，以便讀者比較和研究。刻本則以清宣統三年（一九一一年）山陽丁寶銓刊刻之霜紅龕集四十卷爲底本，因該本由羅振玉和繆荃孫精心校勘、編輯，内容較多，錯誤較少，且編排最爲合理，而以其他刻本作校本。（詳見初版說明）

二、本次重編傅山全書時，又收集到很多新發現的傅山手稿、手稿照片、碑帖拓片、墨蹟影印本、前人刻本與手抄本，凡我們認爲確係傅山手稿和著作的，均編入本書中，並注明「傅山全書初版本未收」字樣，以與原書相區別。其底本依據的順序仍遵照傅山全書初版本執行。

三、本次重編傅山全書時，除了新發現的傅山手稿與刻印本外，均以傅山全書初版本爲底本，並保留了原書的所有校注，以便讀者瞭解各版本的異同與演變。考慮到傅山全書初版本的編輯與出版的時間倉促、條件有限，難免會有錯誤，因而本次重編時，凡是能夠找到的，都將原手稿、手稿照片、碑帖拓片、墨蹟影印本、墨蹟石印本、前人刻印本和手抄本找來，與傅山全書初版本一一校勘。凡改動之處，均出校注說明，以示不敢妄加改動之意。

四、考慮到傅山具有比較明顯的宣傳與弘揚漢民族文化的傾向。表現在文字的應用上，傅山常常在同一篇文章中同時使用正字、古字與多種異體字，以示漢文字的豐富多彩。因此，本書的用字，仍遵照傅山的意圖，對於同字、通用字及部分古字，繼續保留他的用法，如從从、草艸、爾尔尒、暖煖煗，作介詞用時的於于、作「願望」意用時的寧甯、作動詞與形容詞而非名詞用時的修脩、作量詞用時的個箇个等，在全書以至同一篇詩文中，按照傅山的原文而同時存在。我們只對俗字進行改正並不加校注。對於辨別同字、通用字與俗字的標準，考慮到所有的文字都是隨着時代的變遷而不斷發展變化的，我們只能以傅山那個時代的標準爲標準；而在各種字書中，只有康熙字典編輯的時代與傅山相距最近，因而本書均以康熙字典爲標準。另外，本書對於明顯筆誤的錯字，改動時則加有校注。對於不同版本的文字有些差異，而我們一時還難以確定孰是孰非的，則在校注中兩存，以便讀者取捨。

五、關於書中文字的字形，由於我們現在是用計算機排版，而目前我們的繁體字字庫還有待豐富與規範，如果對於字庫沒有的字全部新造，那麽所造之字就會太多，反而會使版面不能盡如人意。因此，我們只新造那些字庫沒有但使用次數較多的字；對於使用次數不多的，就只能使用字庫的字形不太規範的字了。對此，我們謹向讀者表示歉意。

六、本次重編傅山全書時，我們把傅山手稿上的落款與署名全部收入書中，以便讀者全面瞭解傅山的交往、各種字號及其寓意。這對於全面認識傅山應該是有益的。

編　者

二〇一五年十月

初版前言

傅山（明萬曆三十五年至清康熙二十三年，一六〇七——一六八四）字青主，山西陽曲（今太原市北郊區）人，明清之際著名的思想家與學者。他對經、史、諸子、道教、佛教、詩文、書法、繪畫、音韻、訓詁、金石、考據、雜劇以及醫學等，均有比較深入的研究與獨到的見解，是一位罕見的具有多方面成就的學者。他有堅貞不屈的民族氣節，富貴不能淫，貧賤不能移，威武不能屈；「蕭然物外，自得天機」，沒有庸俗氣習；反對奴性，厭惡「奴儒」，具有「號令自我發，文章自我開」的創新精神；對禁欲主義、封建禮教均有微詞，反對欺壓婦女與包辦婚姻；公開痛斥理學，並在理論上予以批駁，樹起了一面反理學的旗幟；大膽地提出了「聖人爲惡」、「無理生理」、「無理勝理」、「市井賤夫最有理」等許多「反常之論」，肯定了革命暴力的進步意義，爲市民階層和被壓迫人民的反抗鬥爭提供了精神武器。傅山的思想有很多民主性的精華，閃耀着那個時代的光輝。當然，由於歷史條件的局限，也留下了封建時代的烙印。

傅山著述頗多，且「語少含蓄」，鋒芒較露，在封建專制時代難以公開印行。後人曾陸續刊印過其中的一小部分，但迫於政治壓力，或有塗抹挖改而違原意者。因年久與戰亂，傅山的許多手稿已經散佚，尚存的部分手稿與讀書批注亦散落各處，亟待搜集整理。

一九八四年八月，在山西省社會科學院與太原市委宣傳部發起召開的全國第一次傅山學術討論會上，來自各地的專家、學者一致呼吁盡快搜集、整理傅山手稿，出版傅山全書。會後，山西省社會科學院劉貫文院長與張海瀛副院長親自動手，組織力量，進行傅山手稿的搜集、鑑定、釋文、點校、整理等工作。在全國學術界與山西省委、省政府及有關部門的大力支持下，經過六年多的艱苦努力，傅山全書終於問世了。這是全國學術界的一件喜事。

傅山全書與清代刊印的霜紅龕集相比，主要有以下不同：

全書所收傅山著作遠較霜紅龕集詳備。就數量而言，霜紅龕集僅三十餘萬字，全書則達五百餘萬字，相當於霜紅龕集的十多倍。其中新增手稿如聖人爲惡篇、饑而食篇、理字考等，均爲古代罕見的奇文；荀子評注等，亦是學術界盼望已久的著作。就種類而言，霜紅龕集只有詩文、經子注解、雜記，全書則增收了諸子批注與評注、讀史批注、詩文批注、類編、姓名韻、雜劇、醫學著作等。

全書依據手稿與手稿影印本、手稿石印本改正了霜紅龕集的錯誤。如淮南存雋，霜紅龕集本不僅遺漏甚多，且文字錯訛竟達七十餘處，全書將此篇正名爲淮南子評注，全文收錄，恢復了原貌。全書對於霜紅龕集中沒有手稿的詩文、經子注解與雜記，選擇了目前所能見到的全部最好版本予以校勘。如晉四人詩本，是傅山生前好友戴廷栻刊刻的，現在已屬海內孤本。傅山之子傅眉的抄本與傅山之孫傅蓮蘇的抄件，亦爲首次問世。清咸豐年間劉雷的原刻本，已長期不爲人們所見，此次校勘採用了該本。光緒、宣統之際王晉榮刻本，有原刻與挖改增補之别，後者遠較前者爲善，亦不爲人們所知，此次校勘採用了該本。

全書的編排較霜紅龕集更爲合理。霜紅龕集將經子注解如百泉帖、淮南存雋、老子解、莊子解等，均混入詩文中。全書則按類編排，編排次序爲：第一册詩文與雜記，第二册經子注解與諸子批注、評注，第三册二十三史批注，第四册左傳、野史、詩文批注與類編、雜劇，第五、六册姓名韻，第七册醫學著作與附錄。

傅山的手稿，一般均請收藏單位的有關同志釋文，編者則據手稿一一進行了校覈。對於手稿眞僞的辨别與釋文分歧之處，則由編者定奪，故辨僞與釋文之誤，概由編者負責。

全書書稿由劉貫文、張海瀛、尹協理主編。執行編輯爲尹協理、馬斗全。他們二位在傅山手稿的搜集、辨僞、釋文與全書的點校、整理、編輯過程中，做了大量的工作。參加此項工作的，還有下列同志：吴連城、陳監先、吴豐培、趙擎寰、張頷、蔣天佑、楊生民、蘇俊良、趙望進、閻守誠、柯愈春、任志祿、牛樹檀、高維德、吴崇謙、孫蔭亭、李勇、張秀蘭、朱雅珍、梁秀枝、張淑榮、白春娥、胡振琪、王小蓉、孫文泱、孫東坡、秦秀芳、張桂萍、邢賢莉、張静、裴荃香、祁慧芬、祝振東、張少鯤、王平、張治平、崔柯青、任仲民、馮捷、閻勤民、李德仁等。各人負責釋文與點校的部分，均在題注中一一具明。凡未署名者，除兩漢書姓名韻外，其餘均爲尹協理、馬斗全完成。

全書初稿編成後，請省内有關專家審閲了部分書稿。其中孫功炎教授審卷一至二，羅元貞教授審卷一至十八，師道剛教授審卷十九至二十八，李裕民教授審卷二十九至四十四、一二六至一二七，於此謹向他們表示感謝。

在全書整理過程中，我們得到了山西省文物局、山西省博物館、太原市委宣傳部、太原晋祠文物管理所、山西省圖書館、太原市圖書館、北京圖書館、中國科學院圖書館、人民日報社圖書館、中央民族學院圖書館、北京師範大學圖書館、明清檔案館、山西大學圖書館、山西省祁縣圖書館等單位的大力支持。原山西省委副書記王克文，首先倡議搜集編校傅山全書，並給傅山研究課題組以有力支持和指導。中國社會科學院研究員侯外廬、山西省社會科學院副院長宋玉岫、太原市委副書記吴德春、宣傳部長董藝、山西省新聞出版局局長羅廣德、副局長盧昆、山西省文物局局長賈立業、山西省博物館原館長徐文達、原副館長梁雋、全國政協常委李希泌、山西大學教授郝樹侯、中國社會科學院副研究員黄宣民、助理研究員姜廣輝、山西省圖書館池秀雲、山西省書法協會林鵬、山西省社會科學院高增德、降大任、高可等，都對傅山全書的整理與出版給予了有力的支持和幫助。山西人民出版社姚文錦、胡同發、陸嘉生等同志至爲關注全書的出版。本書責任編輯水天生同志全力以赴，克服困難，爲本書得以面世付出了辛勤的勞動。於此一並致謝。

由於我們水平有限，加之時間倉卒，錯誤在所難免，敬請專家、學者批評指正。

編　者

一九八七年二月於太原

初版說明

一、新編傅山全書包括：詩文、批注、類編、雜劇、人名韻、醫學著作等。

二、凡有手稿或手稿照片者，均據手稿或手稿照片釋文整理，與前人刻印本之異文，一般不出校記。

這些手稿與手稿照片，分别來自以下單位和個人：

（一）山西省博物館（簡稱省博手稿）。

（二）山西省文物局資料室。

（三）山西省社會科學院（原太原張勇强家藏）。

（四）山西省文物商店。

（五）太原市晉祠文物管理所（簡稱晉祠手稿）。

（六）北京圖書館。

（七）中國科學院圖書館。

（八）人民日報社圖書館。

（九）中央民族學院圖書館。

（十）北京師範大學圖書館。

（十一）山西省圖書館。

（十二）甘肅鄧寶珊先生（簡稱鄧藏手稿）。

（十三）太原渠仁甫先生。

三、無手稿或手稿照片，而有碑帖拓片或墨蹟石印、影印册者，均據之釋文整理。慮及影印、石印、鐫刻碑帖時，或有删節與移動位置等現象，故凡有刻本者，均據以參校，並出校記。這些影印本、石印本、碑帖拓片爲：

（一）傅青主先生眞蹟，清道光十六年（一八三六年）八月石印本。

（二）戴務旃山水傅青主題咏詩畫册，中華書局一九一九年九月影印本。

（三）傅青主先生自書詩稿，有正書局一九二〇年七月影印本。

（四）霜紅龕墨寶，山西書局一九三六年七月影印本。

（五）傅青主先生撰書李御史暨汾二子傳眞蹟，山西書局一九三七年四月影印本。

（六）傅青主先生臨蘭亭墨蹟，山西書局一九三七年六月影印本。

（七）傅山書畫選，人民美術出版社一九六二年影印本。

（八）傅山畫集，上海美術出版社一九六五年五月影印本。

（九）傅山書法，山西人民出版社一九八五年八月影印本。

（十）清傅山書丹楓閣記，文物出版社一九八五年十二月影印本。

（十一）太原段帖，清康熙年段緈鐫刻本。

（十二）百泉帖，清道光年劉嵩峙鐫刻本。

（十三）丹楓閣記帖，清道光年李藝芳鐫刻本。

（十四）嗇廬帖。

（十五）潛蘇集帖。

（十六）傅徵君法帖。

（十七）傅青主法帖。
（十八）霜紅龕墨薈。
（十九）傅山書札墨拓。
（二十）霜紅餘韻帖。
（二十一）其他零散拓片。

四、既無手稿，又無影印本、石印本、碑帖拓片者，據前人刻印本、手抄本校勘。

校勘底本爲：

清宣統三年（一九一一年）山陽丁寶銓刊刻霜紅龕集本（簡稱丁本）。此本共收詩文四十卷，編排較合理。

校本與增補本爲：

（一）清康熙元年（一六六二年）昭餘戴廷栻刊刻晉四人詩本。此本乃迄今所見最早之刻本。
（二）清康熙年間刻楓林一枝本。
（三）傅眉抄本。
（四）傅蓮蘇零散抄件。
（五）清乾隆十二年（一七四七年）陽曲張耀先刊刻霜紅龕集十二卷本（簡稱張本）。此本因政治原因，經多次挖改、撤換，篇目、文字均有差異。本書校勘所用，有以下四種：

甲、未挖改本（簡稱甲本）。
乙、張震、張廷銓、劉霦手校未挖改本（簡稱乙本）。
丙、張耀先挖改本（簡稱丙本）。

丁、張廷銓校改新印本（簡稱丁本）。
（六）清道光年間，陽曲張廷鑑、張廷銓兄弟編抄霜紅龕拾遺六卷本（簡稱拾遺本）。
（七）清咸豐四年（一八五四年）壽陽劉霦刊刻霜紅龕集備存四十卷本（簡稱劉本）。
（八）清傅𡎺編抄霜紅龕佚存本（簡稱傅𡎺本）。
（九）清光緒三十三年（一九〇七年）至宣統三年（一九一一年）平遥王晉榮刊刻本（簡稱王本）。包括：咳唾珠玉三卷、霜紅龕文四卷、霜紅龕筆記三卷、嗇廬雜著十二卷、嗇廬别集二卷、霜紅龕詩八卷、霜紅龕文補遺五卷。王本亦有原本、王晉榮手校本、挖改增補本之别。但王氏挖改，非出於政治原因，挖改本質量較高，故本書校勘時採用挖改本。
（十）原平陳監先先生輯錄編抄之霜紅龕補遺本。
（十一）山西書局一九三六年三月排印之金剛經評注。
（十二）山西書局一九三六年十月排印之西漢書姓名韻。
（十三）山西書局一九三六年八月排印之東漢書姓名韻。
（十四）一九三四年張赤幟刊刻之紅羅鏡。

五、傅山常將所作詩文抄寫若干份送人，有時各本差異較大。凡有此種情況者，本書選擇一種作正文，而將他種附於正文之後，以便比較。

六、傅山之雜記，部分無題，爲便於檢索，均增以標題。每條雜記後，凡未注明出處者，均以丁本爲底本；凡有幾個出處者，均以所注第一出處爲底本。

七、本書所謂「批注」，均爲傅山讀書時於書中所記之批語，爲使讀者了解批語位置，整理時相應摘錄了傅山所批原書有關文字。爲節省篇幅，整理中採用了兩種形式：有的批本全文照錄，有的批本只錄有見解之批語，而未錄重復原書詞句之批語。凡用後一種形式整理者，均於題注中說明，以示區別。這兩種整理方法，都只是一種嘗試，待徵得讀者意見後，再版時予以統一。至於所謂「評注」或「注」，則爲傅山原著。

八、傅山之女科，以清道光七年（一八二七年）張鳳翔刻本爲底本（簡稱張本），以道光二十五年（一八四五年）吳經采刻本（簡稱吳本）、同治六年（一八六七年）瑞祥仁刻本（簡稱瑞本）、光緒七年（一八八一年）王正國刻本（簡稱王本）爲校本。

九、傅山之產後編，以光緒七年（一八八一年）王正國刻本爲底本（簡稱王本），以道光二十五年（一八四五年）吳經采刻本（簡稱吳本）、同治六年（一八六七年）瑞祥仁刻本（簡稱瑞本）爲校本。

十、傅山之男科、小兒科，以清同治二年（一八六三年）王道平刻本爲底本（簡稱王本），以光緒七年（一八八一年）郭鍾岳刻本爲校本。

十一、本書之校勘與標點，據中華書局古籍點校通例（初稿）執行。於通例之外，尚須說明者有二：

（一）手稿與刻本中之古字（除不可改者外）、俗字，逕改爲今字、正字，不出校記。

（二）因前人抄錄傅山手稿時辨認草書之誤，於刻本中出現少數字書所無之字。本書盡力改正，不出校記。

傅山全書總目

第一册

第二册

第三册

第四册

第五册

第六册

第七册

第八册

第九册

第十册

第十一册

第十二册

第十三册

第十四册

第十五册

第十六册

第十七册

第十八册

第十九册

第二十册

第一冊　目錄

卷三　五言古詩（一）……二五

卷六　五言古詩（四）

卷七　七言古詩

卷九　五言律詩（二）……一六一

卷十一　五言律詩（四）……二一五

卷一　賦

喻都賦謹序

臣丙子、丁丑以事再詣京師，京間民輒流言皇帝苦邊患，宫操訓武，命中官習兵陣，嬪妃以下學騎馬馳縱，且南遷。臣愚料皇帝無此意。先是己巳之變，有大臣某首議遷，有旨「再言遷者死」，人心乃安。迄今八、九年，歲警烽火，邊備日嚴，皇帝精察下問，學識日益定。喜爲此言者，非庶人之福。作喻都賦。其詞曰：

稽古畿之營建，非崇高之自閑，衆德罔以及遠，媮一隅而偏安。蒼壄有虞君之跡，會稽以覲禹而名山，家天下之睿聖，蓋巡狩非遊槃。

姒肇微于田洛，保遺孕于有仍；戒攸箴之罔伏，詳圮避于盤庚；於邠岐之世易，蒸歸德之直甯；嗟東遷之失計，艱用武而中興；遲逃責于誃台，任諸侯之縱横；惟自削而人逼，遂彼重而我輕；斯輓輅堅拊背之請，披荆有採稆之卿，邪谷愁零鈴之雨，錢塘泣望祭之陵也。

煽元運之百年，肹腥聞于中土。帝眷顧于盦山，肇有皇之聖祖。頮折木以下浣，柄慧星而横掃；載山東而被河洛，扼潼關而震幽壄；鷹祭鳥而犒軍，嶲旦中而逋虜；安碣石之潢瀾，輯金台之萬戶。商市農畊，雲龍風虎；車甲周衅，威儀漢古；臭辭熻蠡，音寂鮎塗；澣污歔埃，牗聳曜瞍；辰樞星拱，聖作物覩。勢俯馭乎中原，地不同於外府。故豐建康而希文，鎬北平而憲武。誅一人之異議，從僉謀之大同；虓一日之不甯，貽萬年之恢閎。

襟砒醓其河濟，枕㕓㕓其居庸；左袖挹其滄洋，右肩拍其行峯。〔二〕垷坉郭以閎闐，原隰霽以曈曨。扞南京以㬜鼂，抱中都而襴襛。侯瑞輯乎明向，赤子于焉懷中。況乎輪囷夷庚，堛㙂走集；山海喜峰，潮河古北；星碁守衛，延袤紆直；脣䦧齒營，小劄大勑；越絕紅螺，矗抵獨石；雲中厚膂，上谷勁翮，懸燧煙突，飛檄星的，辟歷猋發，槍棓鶻擲，勤王内援，影忽響疾。

環壚壤之膏腴，得樹植之播耘；黍稷稻粱，秬穄鋪菜；來牟厚䵃，秔秫穰秧；荒遼蕪塍，秭秕穭生。至于早韭晚菘，蘆芛蒲笋；葵莧茨荬，萱苣蔆芹；蹲鴟樹鷄，天花地蕈；藷薺蔆芡，藕的青芬；柑橘蘋柰，柿栭栗榛；櫻桃胡桃，松栝梡欆；荔枝枇杷，蔗欖香橙；南國嘉樹，易種移根；浥雨湛露，英蒼實旻；華腴膽亶，物煩用分；皆足以補闒茸之過，策饋餾之勳。加以舳艫萬艘，候閘艤壩，香稌大秈，雪燦玉砑；璊倉纁廩，泥停沙瀉。而外戚之家，與夫中貴之舍，豢畜睆乎稹稃，臕胵糲其粑秠。

若夫熟食市列，殽施邸鋪；麇豚韭卵，牛心羫孩；狗腤馬胺，脾臄溷腴；蒸用厭朝，炙以腦哺。家食易厭，野味是圖；玕弓挾彈，林搜水求；羆熊麞麂，髦貍鼠鼶；有鴐有雁，有鴇有梟；有鶉有鴿，有鶪有鷺；瞉覆麑掩，鵬臃腴腒。乃罠罟與罶罬，復濱海而通河；鯉鼈鱣鮪，鰋鱦蝌蝦；鮎鯽鱖鯤，珧柱函贏；〔三〕鰣鱸遙貢，鰽魨遠羅；鱻鱻委蛇，蹣跚巴沙；誠足嘔肪而吐朏，莫不喻哯而嚵娃。

〔二〕「右肩」，丁本作「左肩」，據他本改。
〔三〕「珧柱」，丁本作「珧枉」，據他本改。

顧果然兮何愁，惟容體之新鮮。寒綿毻以厚居，温縠絺以紲袢。恐襦褌之纚疏，勾筐篚之爛徧。〔一〕沓紈裹而紃下，或越端而縱緣。羣繽紛以萃蔡，年戌削以連卷。昒杼柚之拮据，給消搖而偏僊。醉嫛菌之館娫，〔二〕簪藪蒳之時妍。歙欻蹐跼，蠠沒膏怵；倚肩曼歌，縈聲豔曲。呼盧博六，打毬蹷踘。鬭羊溝之雄株，格韓盧之捷足。既不饑而不寒，亦不蠶而不粟。聊相羊于高厚，饒僂洄乎昧旭。

方令有道曾孫，右武尚功：貔虎飲德，彪熊御風。桓桓龙龙，滜滜喁喁。手揮旻使，腷臆慫恖。介摩挲其義仗，袢袒衵其恩慿。〔三〕噪賓早而躍甾邱，拊武陽而泣踦童；礪屈盧而淬干將，怒巨靈而皆燭龍；戈迴雪而辟羲馭，弦岩雷而殺濤洶。伊吾抵臧馬之掌，瀚海追票姚之蹤。請興問罪之師，誓恢陷沒之疆。丕復夫婦之仇，席捲沙漠之庭。寨橫山，溝撒江；來伏餘，〔四〕收大甯；拓白雲，幅嫛陽；橫鴨綠，城鳳凰；恤屬國，存王封，銷金甲，招國殤。奠廟社之靈，崇山陵之光；盛中興之頌，求封禪之章。

然後柄儒臣，召太史，霽聖顏，降天語，羞腏食，敞壇宇，演干戚，舞鞮鞻。稽百靈之禋典，嚴七萃之戎旅。服玉輅以龍馬，駕屬車以騊駼。杆格澤兮旂招搖，揮螣蛇兮辟雀咮。驚甲作兮戒狒猬，驅强良兮奔攬諸；駭雄伯兮懾騰簡，迫委隨兮刃食巨；慄馮夷兮捕罔象，馳慶忌兮搜林藪。飛廉颼飂以四除，屏翳曣晿以上扈。發孤竹而歷北戶，轉日下而揖王母；勒崑崙而册閬風，小泰山

〔一〕「爛」，丁本作「孄」，據文意改。
〔二〕「嫛」，丁本作「䙳」，字書無此字，據文意改。論衡有「形嫛骨菌」句，「嫛」與麗同，「菌」與妍同。
〔三〕「恩」，丁本作「思」，據他本改。
〔四〕「伏餘」，當爲「扶餘」。

而堞梁父。方辟四極以爲都，又何南北之足數！

乃始冋雲梢與羽葆，旋豹尾與驂龍；都止輦而問俗，祁案節而觀飆。駐大常于昭暇，勞服力于桑農。憫殿屎于風雨，審艱難于稑穜。喻寰宇之無事，可寬徭而緩徵；命有司以休息，非復前之倥匆。撤摧採之監使，厲寶藏之丱封；轟訇訇乎萬歲，顒容與乎紫宮。郊來麒麟之跡，雲迴焦明之文；上行五帝之德，下咨芻蕘之言。與！女息狹邪之習，謳祈招之篇。〔二〕翼遺唐之憂思，斥鄭衛之淫儇。鳩焉摟焉，陶焉繇焉。宴瞿瞿焉，紆慝慝焉。亶胥勖以忠孝，樂天都之萬年！

無家賦

某嘗讀漢將軍霍去病傳，以未滅塞外匈奴耻爲家，曰：嗟哉，天乎！斯何時也？桑弧蓬矢，我非男子也哉？顧孱弱不振，痛哭流涕之不遑，尚安能汲汲室家也者！作無家賦。

鼎湖之龍，髯𩮷蹻鬍髩而𨆪躋兮，嬰軜轠而胡蝦蝋以蝂蛣；角梼栳觪觡而觓觻觽以眩賫兮，鱗㘃㘉以暲曠㬕㬿；朧𦟛𧾷𧾷㠆而螟𧑔蜳兮，尾鈖鍁粃鶪以綽䝅；遭霊隨而𩃎雺靁靁兮，倏引電而㷕㷕以煜霅；雲䨴霸霎䨭而來頚兮，𧌂翳佁儗以蠖略；蝘蹇蝩蜷而生璘瑞兮，趭踏蚴蟉以踁踱。黄帝乘以御天兮，余安歸而誰適？

羌僬而操搰兮，搇硈傳而不迺；二嬈知余之介疋兮，推紫貝斑駁之闕以余留。潔嘌𧆧而可𡪉兮，耻解佩以夷猶。玉女卦賣而嬋娟褊襹兮，終不問夫宓妃。靈媧抱琴而擽捋瀫洌兮，恐譏於淫心而瑱耳。西王母戴勝而下賓兮，伯仲季三鴽𤟹𤢖頡頏而致辭。下都與密都而駢羅兮，魌陸吾武羅以

〔二〕丁本注：「唐林曰：『謳』上似有脫字，宜加『士』字。」

司之。虎身爪而人面九尾兮，豹文小腰而白齒。是皆職上帝之囿時也。

爾迺其山，則槐江不周，軒轅符惕。其狀則嶠崰嶷而扈摧崣以峮嶙兮，巋岝峉以屹嚙。密启窟而巀嵲兮，嶞岪峌而隒嶘嵃以崟峎。厜碑碎以谾谼轗轔兮，䢼陘峢晢以𧯠谽。〔一〕巖峛崺而硑磓兮，忽崱峛以峈嶧。乍硘礣而嶚刺兮，復迤嶏而立以崱屴。

翠微、厜㕒之間，其木則彫棠帝室，〔二〕葥柏橎楄，柜格栯櫔，迷穀四照，帝休五衢。緯以瑯玕甘櫨，被以珠聖、玗琪，青欒槃欘而方攘；又儷佹以靈壽、朱威、文玉埇堪而玢豳。神民之建，九欘九枸，而百仞無枝。友風樆柅而攢撊，晻薆馝茀以瀏莅。〔三〕合藥之齋、員神磈氏之宮在焉。

不死之藥，則有蒗薰蕢蘀，蓄蔄荻梨；不飢之祝餘，無條菈蘧，〔四〕而柳榮、幽蕈颯纚以蓊蔚。磐穨心而洗魂，無葱蕕之鶡鶪。

其中則鸞鳳權盾而歌舞，當扈、鵸鵌、鴒鶆、鸓鶌，羽翮翃以翽翿。青眊灌灌，翟翾翩以狖詡，駄翽翁而翏翻。遠鶩鶬跂踵之毒喙，長安甯而不庵蹇。

其獸，則鬆䯨、騶虞、當康，恥儳赽之踸踔兮，彳亍踟躨而躈規榘；乘黃狐狀而負角兮，一乘之壽二千許；䍺無口而不可殺兮，安知朱厭、獓狪之作作！折蝃蝀而亙橋兮，玉膏皓汧於其池；沖瀜訇訇以澒濘兮，皛漾漩澴以瀾洄；灌玉榮而植瑾瑜兮，游鯑鮨與珠蟞冉遺。

歸休乎！此亦足以爲君之室家。

〔一〕「𧯠」，字書無此字，疑爲「嶚」字，或「豂」字。
〔二〕「帝室」，當爲「帝屋」。
〔三〕「晻」，各本均作「唵」，據文意改。
〔四〕「菈」，丁本作「拉」，據王本改。

何衆熾之繽殯招招兮，余乘風颸飀而直舉。戒前轍之脱輹柅輪兮，謀及婦人而致退也；懼朱鑪之眼睘而西瞥瞥兮，悠所期之不至。從大人於中州兮，政逴遒於周行。見綺緒之往來兮，佝絡幕而登降。飛廉惙而先驅兮，夆堬埌壙而不揚。豐隆警而威仰蹕兮，役熛怒而儓游光。屛翳灑而霡霂兮，亦不敢霆霥而淖潤。樞紐征營而跋蹴兮，招矩偕光紀而趨蹌。泰逢躚躚以部伍兮，蠽圍躪躒而搜藏。計蒙矍蹭昌蟲而蹞躦兮，驕蟲嚴導而蹓蹡。江疑魑魕而懾引兮，英招邐遢而懫忡。萬乘夥够以巚巚兮，竿格澤而彗贅。〔二〕旒旞長孛於左纛兮，錦翟方釳繁廡而紛糾。樹旬始之楟梢兮，鈂鑢與羽葆而並修。戚鉞鑭鏻而不銹兮，握譽炫燿而結綢。旗招搖而裶衯蕤綏兮，蔽象輅之青虯。伏雲階而仰嗽兮，錫金簡之乾符，董百靈以揊拺。

其車，巢輣則撐岑而昭邈，輜軘則循轍以嵷嵱。至於軓軏轒轀，轄輹衝廣，遊闕萃戎，莫不因䡮而脅軌，〔三〕硐砱綴聯以軼轃。乃駕以鴸燕、飛翮、晨鳧、夾翼、銅雀、翻羽、狗魚之乘，被以玫珂、金梁、瞜衢之鞍，鬣鬐鬞而赴六轡之軆轙兮，駋尸彐而躞踩以會鸞。於是載嫵婉纖纚之翠鳳兮，附帛傾玄虵騷殺以蟠蜿。鵰鶚鷹鳶觜爪利於吳戟兮，駭若搏而驚鵰鶡。熊虎齦齶而皺皺以赫嘀兮，附帛傾而撲掩。鍦稍錟鋋鴻絅以鱗鍉兮，又次之以戫戫鍎鍛；戕矛萃從而攖戳鍜兮，彭排酋矛鶇鷭以鑭溢；戰猪舒戫過鵜鶘之膂鋥兮，復列鏃盾與殳鈒。士皆僂堙、鐸父、邢、蒯、申、鮮虞之徒，貫二旅、三屬、鎦鑠、鉅鏂之甲。纓兜鍪以縵胡兮，襲靺韐及袒衵；襪縋縿之鞮絡兮，佩孟勞而跨拍激；大屈弸弨而盈韊兮，飛蝱鑑鑪慘削以叢服；猶齘頪以蹻狢兮，陸粱踰趫以侹仡。軨軭睢盱而

〔二〕「澤」，各本均作「繹」，據文義改。

〔三〕「脅」，丁本作「脅」，據他本改。

鶚睹兮，競賈勇而䡹軼；鉦氣蟄而厞憒兮，夔鼓闔而騤瞿以鴂踢。劂蝄蜽兮撼天吳，劓蠱雕兮搘土螻。劚窮奇兮剹攙諸，劓蠪姪兮劙窫窳，攦狍鴞兮剸犀渠。

驅不若於絕域兮，栗祁連而麌浚稽；躪余吾而鑿肱雷兮，禪姑衍而封居胥；溝私渠而洫員海兮，又何撤江、鼂綠之足數！朝大人於泰階九級之靈都兮，衆星穠炳而垣紫府；㥿埤諜之蟣蠓兮，慈膂骺之杈枒以傎櫜；悤宋覈之振掝而匰擠兮，〔一〕貸始元而借黃亥；圞瞞昒而匥萬倍兮，黟習瞯而絕利；守寒門之巖薜以嶮巇兮，入絳宮而是憩。

秋海棠小賦〔二〕

爰有秋榮，臨池眩瞳。影沈鏡碧，漪惹雲紅。細風答艷，涼月贈濃。悲赫蹏之金菱，羞飛燕乎珠宮。有嬌者姊，同稱異志。慮遲暮之無知，逞芳容于桃李。遺姝妹兮不來，枕簟涼兮自矢；霜欲下兮强妍，雁南聲兮淚紫。雌蜺爲帶兮遙霞綴裳，翠葉胥成兮娟慵臥于玉牀。寒生暈兮猜醉，妮憐豔兮疑香。不堪見老蘜兮志離蒼蒼，感時顧景兮增好色之愁腸。

甲戌秋晉祠作。山。

附：秋海棠賦（霜紅龕集本）〔三〕

爰有秋榮，臨池眩瞳。影涵鏡碧，漪惹雲紅。細風答豔，涼月贈濃。蕤赫蹏之金菱，羞飛燕于

〔一〕「宋」，丁本作「宼」，據拾遺本改。

〔二〕此篇據上海圖書館藏手稿釋文。標題爲青主自題，置於賦末。傅山全書初版本未收。

〔三〕此篇爲霜紅龕集與傅山全書初版本所收，是傅山於十六年後重寫此賦，文字有改動，故附於此。

珠宮。有嬌者姊，同稱異志。慮遲暮之無知，競芳容于桃李。遺妹妹兮不來，枕簟涼兮自矢；霜欲下兮强妍，雁南聲兮淚紫。雌霓寫帶兮遙霞綴裳，藉翠葉之胥來兮娟慵臥于玉牀。寒生暈兮猜醉，妮憐豔兮疑香。不堪見老藾兮右籬蒼蒼，感時顧景兮增好色之愁腸。

此廿年前筆，已久不復記憶矣。丁亥夏過晉祠，示周出稿，命書之。迴視少時信筆遊戲，不無輕佻。今年四十餘，半老夫矣。歲月爾爾，念之生慨。示周幸棄之，不足觀也。〔二〕

鷰巢琴賦

夏日，過不塵先生書齋，見鷰子結巢壁上之琴，歸而感梁子之所與友者，如此而已。因爲之賦鷰巢琴：〔三〕

伊余讀南史馬樞之傳曰：有雙鷰兮庭棲，時往來於几案，信高士之無機，感仁人之難遇，滋萬物兮懷疑。不謂德輝之靡遠兮，在蘆鶩之清溪，有孤琴之懸壁，來鳦子兮啣泥。信莊生之曠論，烏莫智於鷾鴯。夫豈無兮芳塵之棲，與夫芸暉之牆？恐主人之未信，將貽笑於處堂。乃迴翔而後集，見伊人兮水方。彼則高山兮流水，我其鳳覽而鷗忘。羽差池兮喻高漸之鴻儀，音上下兮調無絃之宮商。遂卜居於焦桐之尾，益長謝乎文杏之梁。吁嗟鷰兮！爾其樂梁生之貧兮？梁生貧無以爲糧。抑愛梁生之清兮？彼復清泠而無裳。爾其取梁生悠遠之韻兮？惟在蘆渚水湄月夜龍吟一鼓之琳瑯。爾乃移家其上，使先生金玉其音兮，徒效子桑趨舉而旁皇。然而人多不顧，爾獨來翔。其庶幾乎梁

〔二〕末九字丁本無，據張乙、丁本補。

〔三〕此句丁本作「因爲賦之」，據張本改。

生鍾牙之輩，足慰知希者于寂寞之鄉。爾能不爲世人之涼薄兮，每秋去而春來。我亦請與爾主人申盟兮，終不改絃而更張。

𪍣𪍿頌子嘔陀南〔一〕

時新第一，鮮潤斯今。冰蠶初蠕，雀舌方鴿。青珠色重，碧玉光沈。嫩難大嚼，香飫寸心。眼根味在，舌際非尋。齒頰生慧，淡雋不任。腹尺薄劣，肉食非夫。細揉碎簸，取精于粗。鹽飛水晶，茹芼靈蔬。何者肥臇，其美不圖。無明不增，唐園非徒。嘉種安噉，爲有爲無。潤益生死，雨露之孤。感此時叙，〔二〕老大及吾。田父坐殺，不知魏牟。麥飯幾時，與此不侔。酸醎辛苦，而作滯留。牙後生愧，足見風流。卽此不昧，荒我神州。侈滑恣膩，爲胃海羞。氣旣陳厭，志亦新求。不貪果然，粱稻休謀。空中打場，只聞打麥。使知食此，玉禾不擿。蓺此奇芒，雲阡霞陌。不意人間，綠雪耕藉。淨鍊凝轉，無異水碧。握之不盈，䵃蒪如繹。連連善善，服之無斁。

麧䴽小賦

青青之穬，最宜𪍣𪍿。中心念之，三釜不腆。口體非孝，辟穀信善。仲由之負，何自偃蹇？悠

〔一〕此篇據山西博物院藏手稿整理，曹玉琪重校。霜紅龕集張、劉、丁、王本收錄，傅蓮蘇亦有抄本藏山西博物院。傅山全書初版本據霜集各本題作「𪍣𪍿嘔陀南賦」，但手稿末署「時新第一，𪍣𪍿頌子嘔陀南」，故改作今題。傅山手稿末注：「辛酉壬戌。」疑爲青主若干年後補記之年代。

〔二〕「叙」，傅山全書初版本與霜集作「序」，據手稿改。

悠蒼天，生我太譾！四兩不舉，五十有偭。還顧子弟，覶指書卷。我不責爾，朝茶暮飯。爾有仔肩，我腹便便。子弟遇我，亦云奇緣。人間細事，略不謰謱。還問老夫，亦復無言。倀倀任運，已四十年。

丁酉既熱，睡足起遲，略覺精神，適有此柬，率意捉筆。

朝沐〔一〕

朝沐兮無言，無言兮撫盤。不由兮終古，知不由兮何苦！夢躍立兮悇悇，孰申申兮督余？蹇浮淮兮渡江，奈曾憂兮不忘。攬河入海兮遺憂，雷電冥冥兮臨欝州。欝州兮拳石，愴臣心兮五百田客。五加兮采采，藤夜交兮可喜。薜荔兮蘺蘺，不遑衣之兮臣母老矣！諗甲申以來兮何生人之樂致？堪包羞祓恥兮重之以甲午之情事！憶使九日之不食兮溘此微氣，老母之哭臣兮至今亦已既。也期頤菽水兮豈不有弟焉任之？齎志長逝兮，如有偭之厞厞。厞厞兮何爲？臣志兮獨知。獨知兮良難，筮艸昧兮遇盤桓。甲申五月，避人崛嵎，于壯繆祠再筮，得屯之比，曰：「盤桓，利居貞。利建侯。」盤桓兮倏踰大土，豫度邁之兮復多齟齬。顛種種兮上怒，不可已兮心腐。晞髮兮河渚，浩歌兮顧汝。顧汝兮方將，思有戟兮須黃。聊隱忍兮文章，物玩之久兮虞淪降。〔二〕道師友兮以明，哀此非兮用匡。

丁酉作，癸卯二月書與仁。篇中「顧汝」謂眉也。僑黃傅山。

〔一〕此篇據晉祠博物館藏手稿整理。霜紅龕集張、劉、丁、王本收錄。

〔二〕「淪」，傅山全書初版本誤作「倫」，據手稿改。

夢賦

噩宜楙兮精馳，䆗寥悄兮荒祠。顴燁燁兮丹暉，棱嶽嶽兮朗眉。靈不怒兮憑几，巍翼善兮赭衣。探琅玕兮弈棋，嘿摩娑兮凝思。凝何爲兮逐遲，豫順動兮介幾。箝羣羊兮雅薹，晰三七兮捋遺。神手談兮殺機，芇陰陽兮匪夷。鋪漢局兮威儀，髯飄飄兮指揮。握廟算兮星飛，奉槍棓兮不違。

黠嫠賦

黠一嫠兮，袒澤蘭而負塗。謂羣職以姱修兮，孰知其爲辱余？容神壇村社兮，般紛紛逐簫鼓。羌誰諒此晨華夕月兮，嚴獨鉗厥門戶。徐夫人兮深懷，擬眈眈焉剸誰？負夫君兮徒繁睨，舉世焉當施。時嘀嘀兮嘻嘻，如無心之卷葹。夫固知陽之窮兮，孰兆此陰之謀？有姊妹兮，誚予以不藏。還有聞之兮，自信而中涼。欲陳辭以致謝兮，痛啁哳其不可明。原夫誚之兮，豈涕泣以正也。譓幸若我何爾兮，快啗競也。我益於此佩德兮，使我不異乎衆行。嘖吾離其内毀兮，外庶消其雀膪。礪暗沬以自塄兮，矢常污而不清。於夫君兮何禅，有難訛乎崩中。

侖數[二]

侖數賾之戢昬兮，道括之而不與。期二有不可知兮，惟要之于參也危。聖人曰妙觀不必兮，必

[二] 此篇據山西博物院藏手稿整理，由曹玉琪重校。霜紅龕集拾遺、劉、丁、王本收錄，題作「侖賾賦」。

之則悲。夫然後知不知之知病兮，知不知所以上。何必我之明兮，何必人之罔？何必人之遲兮，何必我之詇？以是而兵日弭兮，亦聊以葺吾之枳。卽不得已而用之兮，不可勝豫于斯。

豈聞受降如受敵兮，睨香象之于鼠。愚者謂之過兮，孰測其優以理？如是而多所容兮，顧容于枳之外也。不敢且以與物兮，如不能以之能也。藏不虞以生心兮，于不相往來邁矣。空非軍之地兮，軍于空者誰其敗矣。空軍而軍空兮，神武所以混同。勢婆娑于駕馭兮，心窈窕乎羲農。聖人憂于天地兮，其不憂者與天地而無窮。

好學而無常家賦

何人生之蹙迫，聽日月之虛耗；罔耳目之聰明，受聲色之導盜。遡疏仡於循飛，攬荒唐以觀妙。莫不有其嗜慾，澹不知其所好。愍混沌之既鑿，惜見聞之不博。聊汎濫於古今，孰載籍非糟粕？舍臭腐無神奇，悟輪扁於妙斲。據大覺以流眄，悲原伯之廢學。但聞道卽吾師，羣可樂而友之。豈山川之能閒，川至海而終期。何妻孥之足累，果百氏以忘饑。不沾沾於故紙，仍非罔於思維。山經若地如圖，信足跡以摶扶。從憐目之風飄，螺舟而舟浪桴。〔二〕覽自然之古道，唾王鄭之易疏。異忘年之挾策，還萬有於一無。遐雲霞夫徜徉，隨鴻鵠以翱翔。知山川之迂曲，洞天地之圓方。辨三幡以同歸，書八角而垂芒。超書契以充謏，釋名道之非常。以有涯隨無涯，深有取於南華。仰屋梁而憧憧，誰少異於井蛙？覩票騎之略遠，臨瀚海而無槎。彼區區之富貴，尚不屑乎

〔二〕丁本注：「唐林曰：山經句有譌，恐『山』上闕一字，而『如』字，『羕』也。『螺舟』上疑有脫字，而『舟浪』，『舟』亦爲『羕』。」

爲家！

春日小賦〔一〕

蕩蕩艸野，春心是傾。去人不遠，悔近郊坰。違人後豁，曳我柴扃。雲阡雨暗，雨陌雲明。花離柳合，日豔風輕。組金織碧，分丹共青。丹青界絡，金碧明涇。金碧挑盪，丹青崢嶸。轉疏換密，抽光繹精。細蠭閲香，詳鳥審聲。端失鹵莽，緒得丁寧。此時非我，蘧然遺形。外物豈假，誘我落情。情遠道近，因夢入醒。迴視大夢，覺癡夢靈。夢亂花忙，花多夢更。水前花當，花外水縈。縈洄不測，溟漲雲平。山川有極，神理不停。顛倒孤月，不指列星。比肩步趍，瞠乎不行。君不入夢，謂我逕庭。舉世蘄亂，爾將汝迎。吾將爲實？吾將爲名？有内無外，忍辱則榮。動靜專專，其神始凝。古迂今闊，俄經頃營。衾枕昏昏，不愜其生。耳目取資，天地之英。東風吹衣，神廬不盈。謝白若惕，納紅若驚。華年感慨，始葉初莖。不念頹暮，但憐奮苓。春日既鮮，新夜不冥。冥花如雪，涼月如冰。花飜月諜，月避花偵。翫而不喪，虛以損增。良晝佳夜，衆兆不誠。勿與人事，蚩蚩之氓。

〔一〕此篇據天津市藝術博物館藏手稿整理，霜紅龕集劉、丁、王本收録。

無題〔一〕

卽石成基，憑林起棟。蘿生映宇，泉流繞階。月松風草，緣庭綺合。日華雲實，傍沼星羅。簷下流烟，共霄氣而舒卷；園中桃李，雜椿栢而葱蒨。孤坐危石，撫琴對水。獨詠山阿，舉酒望月。聽風聲以興思，聞鶴唳以動懷；企莊生之逍遥，慕尚子之情曠。

〔一〕此篇據晉祠博物館藏手稿釋文，由任志祿先生整理。原稿無題。

卷二　樂府

夕夕曲

水晶之壺，葡萄之酒，目成顏酡，心醉非口。〔一〕一解。纖阿在窗，古梅餽香，蘭缸吐葩，垂歡玉牀。二解。歡牀如天，歡體如雲，登天抱雲，愁墜儂身。三解。

解珮曲〔二〕爲韓郎作。

解珮不解珠，解此古玉環。白如蟾蜍肪，紅當守宮瘢。〔三〕一解。〔四〕郎愛環色古，蒼苔點白雪。儂愛環款好，團圓無斷絶。二解。解珮在何許，乃在王孫園。王孫起更衣，明月當中天。三解。

採蓮曲

採蓮採蓮，欲採復懍。蓮花無語，蓮花有心。一解。姊選芙蓉，妹睇菡萏。芙蓉顛狂，菡萏靦

〔一〕「口」，丁本作「日」，據文意，當爲「口」字。

〔二〕此篇據百泉帖整理，霜紅龕集張、劉、丁、王本與晉四人詩收錄，俱缺第二解。由谷錦秋重校。

〔三〕此聯他本作：「白作蟾蜍魄，紅當守宮斑。」

〔四〕百泉帖無「一解」二字，仍據霜紅龕集各本補。下同。

覞。二解。花盛何許，盛在中塘。儂家不往，中有鴛鴦。三解。蘭槳揮揮，鴛鴦飛飛。女伴無良，妬彼何爲？四解。

夢中採蓮曲〔一〕

風來蓮衣批，搖舟向深處。〔二〕飛來白鷺鷥，〔三〕伴儂不肯去。

方心

方心，記燕方姬之心也。姬壚酒家，不壚。太原張生相而美之，請聘，許之。父母愛姬重離，約生官而後出燕，請館生如贅。生審得之，曰：「何澹清靜其愔嫕也。」館再月，生歸。姬裝中黯不失儀，生微之，如恐父母笑己之難壻去也。生益陰敬之，曰：「是所謂性沈詳而不煩者矣。」生歸一年，始再至館。姬又中喜不失儀，如恐父母之笑己之狂壻來也。迎之待之，飲食之，既婉嫿而幽靜，如人非燕女，居非燕市。生日益得之、敬之，曰：「嗟佳人之信修，羌習禮而明詩者邪！」館幾月，生又歸。幾月又來。裝之、迎之、待之如初，而日加練。生日圖載姬歸，姬於是含然諾其不分，喟揚音而哀嘆。蓋姬亦知父母之重離姬，而又

〔一〕蘇州博物館藏青主雜記手稿，記夢中所作此曲，文字稍異。見本書卷四十四雜記八。上海圖書館藏手稿與霜紅龕集各本、傅山全書初版本文字相同。

〔二〕「搖舟」，雜記手稿作「蕩槳」。

〔三〕「來」，雜記手稿作「將」。

不好雅授生以計，力困其父母而俱，姬於是乎奈何其爲心也。生約歸構裝來載姬，既期而愆之，於是乎姬病。書告生，延醫請治婢。生爲報書，先以資往，期某日至，而又愆之。郵書者，生舊遊一迂先生也，[一]誤溢言。姬家疑生，而迂先生日至姬家責報書。姬家所親一少年，闖然而紅鞵。迂先生曰：「是矣！是矣！」蓋迂先生不信姬之不生心於生之一年餘不來也，且燕之姬也。而迂日甚，言日益繁。姬頗聞之，病於是乎加劇，請死諸迂先生。然中不無疑生其有言於迂先生也，不然，何其期之屢愆，而迂先生又生之好友而託之財者也，而何其甚也？會生力至，又得書曰：三月某日發，某日當至。力既發，而生適又以他事發遲十日。至某日，姬力疾爲容，備待生至如初，而生不至。姬父曰：「生不來矣。」姬心曰：「其來。」母曰：「其不來耶！」姬心曰：「其來！」兄弟曰：「不來矣。」姬心曰：「其不來邪？」姬不合睫三日夜而革，請移牀，日屬其父兄接生蘆溝橋。父夕歸曰：「不見也。」兄夕歸曰：「不見也。」其母憐姬之必不能生而徒自苦也，曰：「看渠眞負汝不來矣，何不引絕自方便也？」姬於是閉目，喉間微句句而死。死再日而生至。於是乎悼良會之永絕，哀一逝而異鄉。生當奈何其爲方之爲心也？先是，邦之人羣噪生曰：「是不可已乎？何好色也！」道人曰：「生惡能好色？好色者，古人一荀奉倩耳！所謂『誠其意者，如好好色』，色何容易好也！」及聞姬死，而又羣然慶曰：「生之幸也。」道人曰：「老生之常談也。何幸？古人云：『死生亦大哉！』而況乎待人爲苦樂之死生也。」嗚呼悲哉！生但好色，不再無色。方負生邪？生負方邪？既爲之記，而三復「君思我兮然疑作」、「他人有心，予忖

[一]「生舊遊」之「生」，丁本無，據張本補。

度之」，係之以方心一篇。

方心方心，然疑沈吟。沈吟然疑，方心奈何？一解。奈何奈何，南山暮雨，北山朝霞。錯罵老蕩，老蕩戀家。錯怨愛儂，愛儂天涯。二解。郎擔名，妾飲恨。一恨爺娘拗，不許女隨倩。二恨爺娘窮，無錢買妾命。三解。說起三恨來，有淚沒處灑，〔二〕有口沒處寫。那裏不生長，生長北京家，教人當瘦馬。四解。前日寄書人，是郎好朋友。爲郎惜財帛，爲郎惜名頭。五解。郎底名頭善，郎底財帛儹。儂魂上泰山，也爲郎知感。六解。今日來呀，燒香煮茶。茶老香灺，風吹落花。明日來哩，强起梳洗。梳洗不辦，傀儡不起。七解。郎好逍遙，〔三〕有甚遲早！儂氣一絲，牀上悄悄！八解。自古皆有死，也了紅顏事。九解。只是涵胡絕，不得分明訣。十解。郎若眞有情，妾甘紅尾生。十一解。郎若眞相弃，妾作黛柱厲。十二解。弃我不弃我，死得胡塗殺。謝爺謝娘閉兩眼，傳語女兒莫遠嫁。十三解。嫁近休嫌貧，嫁遠休嫁山西人。山西之人，不知無心，不知有心？有心無術，要心何益？千恨萬恨，難向人說。妾是郎底，要誰攛掇？十四解。方心死，方心生。奈何方心，歌作新聲。新聲新聲，死於張生。有話告郎，郎不來聽。妾命短促，郎不手戮。既被郎誤，豈非郎毒？憶郎姓張，恨郎如谷。十五解。黃泉有酒妾當壚，還待郎來作相如，妾得自由好奔汝！十六解。

〔二〕「沒」，丁本作「無」，據他本改。

〔三〕「好」，傅山全書初版本誤作「到」，據霜紅龕集改。

莫舞代漢高語。

莫舞莫舞，劍光耀怒。客看舞歡，邦淚如雨。一解。戲下之享，邦命如羊。伯也蔽之，奈何彼莊？邦還軍中，爭言伯功。伯功不在，在救我翁。二解。羽暴如虎，置翁高俎。邦實不孝，分羹急語。三解。伯也緩辭，羽乃信之。侯公說來，伯實存之。四解。殺邦無君，烹翁無親。無君四海尚有人，無親天子安容身？五解。今爲天子，奄有四海。承顔上壽，太上皇在。六解。欲報之德，昊天罔極。罔極罔極，尤伯之德。七解。厥德何享？侯食射陽。壽翁顧伯，紀信莫當。德山報垤，但有心藏。八解。再拜獻壽恩伯前，祈天願伯千萬年。同姓劉，更名纏。劉邪纏邪？帶礪綿邪？聊永言邪？九解。

不人不鬼篇〔一〕

夢有贈老夫長聯，記得「山人不人，山鬼不鬼，蓋公由來爲蓋公」十五字。演爲短歌，凡九章，曰：山家樂府。

山人不人，涼踽離羣。山鬼不鬼，葵藿信蕊。一解。〔二〕中國有人，非陰非陽。八字莊子。蓋公蓋公，清靜之宗。二解。輻轂爲車，諸儒何知！醇酒相漢，師在膠西。三解。酒酸魚敗，切莫貪嗜。

〔一〕此篇據山西博物院藏手稿釋文，霜紅龕集各本均收錄。

〔二〕手蹟無「解」字，此依霜紅龕集。下同。

八字易林語。雉膏不食，聖訓孔至。四解。甲申正月筮得此爻。東風輷輷，雨來山間。酒甘魚鮮，敢忘訓言？五解。留侯老龍，傀儡沛公。始終客星，好畤太中。安車寶劍，鼓瑟侍從。越降呂誅，陶谿壽終。六解。重爲輕根，靜爲躁君。臣子慨慷，何有一身？天命不由，羞包於心。匹夫匹婦，告仇誰伸？陰符陽德，聖人不仁。七解。恬澹無欲，幽心合莫。戰勝喪處，誰敢代斲？南望介山，白雲粤粤。苟思其親，不盡其樂。八字大戴。遐哉王光，東海瓠落。八解。東海洋洋，百谷之王。納而不盈，誰測淺深？沐日浴月，大晦大明。圓方去我，混然落情。九解。八字張融海賦。

濁漉[二]

濁漉濁漉，與清寧濁，知希我貴，知美斯惡。濁漉濁漉，寧濁無清，有心莫示，有言莫鳴。豈曰無言？解言無人。雍糾謀婦，先殞厥身。婦口如箕，哆侈無知。男子婦口，終日是非，不竊不盜，穿窬之魁。苦語告之，不回其甘。巽語旁牖，無如其酣。東家牆厚，西隣屋高，東窺西計，心也徒勞。老知耄及，何時逍遙？程鄭實驕，血氣有詖。降階一問，鬷蔑爲憂。[三]有性不遷，仁人之願。神守在焉，鶺鴒何怨？言笑宴宴，秋雲鴻鴈。摩霄而南，不聞嚙調。無亦有之，天風吹散。維風無心，西北東南。指我蹈我，匪今斯今。莫不勝我，匪風之任。家有長子，國有大臣。臣罪實多，臣命實屯。渾淪元氣，隱忍乾坤。

[二] 此篇據山西博物院藏手稿整理，由曹玉琪重校。霜紅龕集各本均收錄。
[三] 「蔑」，手稿作「滅」，據霜紅龕集各本改。

羊裘篇〔一〕

皚皚羊裘，可以禦寒。五月負薪，披之實難。道旁遺金，可以惠單。獨恥不拾，癡公何無暑煩？亦有故人，天子物色求焉，袞袞尨尨，遠垂大澤一竿。釣不必得，魚惟之觀。裘亦非狂，土木之安。爰至餘杭山中，文舉先生，有遺韋衣，爛不到躬。豈不過矯，天賦寒情？吁嘻哉！寒能傷體，溫亦汗泄。饑不可忍，飽亦有悔。少不勤行，長不趨時。百歲林老，拾穗春畦。行歌何樂？樂不在裘。

山房樂府之二。後生輩知此意，可以無慮凍餒。傅山。

旁剛

數數聞西河子丹，世講道茲氏注虛。君肝膈意氣，山中之人爲之太息：今茲乃有斯人邪？爲之賦旁剛之篇。〔二〕

旁而剛而，夷庚一言，十萬師而。嗟呼此義，皋而已矣。乃知胡常，爰知驃騎，單豹無翼，遂爲虎嚙之。於維智叔，獨訟宋光。伊何于茲，不顧人之渭陽？宜訟宜殺，攸宜各行。瞻彼霍太山，嵸⿰齒來乎汾之陽。大姬有叔，陳裔焉昌？源而委而，虞周陰相。天下事皆如斯，豈得令獨有無

〔一〕此篇據晉祠博物館藏手稿釋文。霜紅龕集張、劉、丁、王本收錄，題作「羊裘」。

〔二〕各本注曰：「汾陽胡寬，字子丹。」

衣之章？

石河〔一〕

郝鑑盤六十壽，同人徵詞勸觴，率爾爲石河篇。〔二〕

石河石河，有那其薖。高楊冬青，翳翳雲阿。遡往涒灘，〔三〕避地載過。温温恭人，春風分酡。三十餘年，此意不諼。今還石河，載翠其椽。明哲永矢，厥心石堅。視彼昧昧，不畏于天。昔之石河，如入楊侯。今之石河，楊侯欲休。拭目舉杯，簫鼓中流。左圖右史，邈焉誰儔？聿念舊德，有蔚其葩。三晉解元，祥開日華。之子之藝，能世其家。知命不苟，逍遥道涯。柔有其舌，剛無其牙。三萬六千，旨酒力加。

松莊寺祈雨歌〔四〕

太原東山冢罕山，是請澤，歲不雨，籲厥神，肆城東鄉多祀之松寺，虚館寓祀神。爰有西

〔一〕　劉、丁本注曰：「雪崖曰：鑑盤郝姓，名德新，字舊甫，壽陽石河村人，解元。郝名聲子，諸生，晉府儀賓。甲申之變，先生負母寓其家。」

〔二〕　張本「篇」字上有「之」字。

〔三〕　「涒灘」，各本作「吞灘」，據文意改。

〔四〕　此篇劉、丁、王本無題，張本題作「松莊寺祈雨碑」。今參考張本改作此題。北京瀚海藝術品拍賣有限公司二〇〇〇年一月八日千禧拍賣會中國書畫拍賣圖錄所收傅山書札中有此篇，由葛敬生先生據圖錄再次校勘。尹案：此圖錄所收傅山書札均當爲傅眉或傅仁的抄本。

音之亭，用娛神聽。祭特羊，時或設糈，尚猶山經之遺。將祭之期，而棟之傾，臺之圮，鄉之人虞若靈之來也。丹厥楹而壯厥基，固以神之和也。而雨之希，且以愕于城東之隅。〔一〕心焉其巍，是列子之所謂無過我者也。須僑之人爲之辭。徵諸韓勑之陰、玄儒先生之碑，視此爲靡矣。爰集土語，爲迎送之歌二章。不文之飾，懼樸之離也。

拍鐃打鼓，東山請爺。裹衣挈糧，大家小家。我荷我旗，汝支汝蓋。有丁有男，汝莫我賴。東山之人，難其來臨。爺欲雨我，奈何村人？半夜竊請，神語之許。預人之知，就輿而雨。爺歇雨歇，爺起雨起。時起時歇，好雨不止。莫驚爺雨，甯濕我衣。下民艱難，只爺知之。爺入我祠，歇馬云好。秋成送爺，許羊而禱。

右迎神。

靈旗紛紛，龍虎其奔。靈旗離離，鳳凰其飛。小兒采衣，手握柳枝。齊聲謝雨，送神其歸。捉苗之難，嚼青嚼白。苗既出隴，共風共雪。〔二〕我苗之青，不樓其心。我苗之黃，亦不合穰。糜不見葉，穀不見穗。蒸糜炊飯，念我爺惠。離畝上場，除種還租。得到甕裏，始有其餘。收成儘够，新舊得見。不問人借，明年作佃。今年之收，誰其與之？連村作社，合力舉之。牽羊安神，跪坐以明。東山之人，謂我虔誠。擊鼓擊鼓，爺亦光彩。明年請神，雲雨其待。

右送神。

〔一〕「城」，傅山全書初版本誤作「進」，據抄本與霜紅龕集改。
〔二〕「雪」，丁本作「電」，他本與傅山全書初版本作「雹」，抄本先作「雹」，後改爲「雪」。

霜紅餘韻〔一〕

露墜阿蘭，主人何愁？風雨凄凄，賓亦難嘉。主人丘蓋，伽藍皇皇。皇皇非言，如有斯意。意復何在？在舉動心。主人微笑，其乃多事。曾被題鳳，偉妙卅支。而又六尺，莊嚴歡喜。明河之湄，不言不笑。水流花開，月朗雪香。方便供養，不自貢高。杜門卻埽，跫然者誰？翠榭甘厓，仿支天寶。有大主人，不飲不食。地有嘉賓，而見過諸。〔二〕拈優曇花，而不見者。非主人障，見主人者。體之與心，等無有二。而終不禁，不爲主人。韻人俗人，聽各自謂。不抵死纏，污丹翠者。〔三〕

僑僑書。

〔一〕此篇據山西博物院藏手稿整理，由王小蓉釋文，曹玉琪重校。

〔二〕「諸」，傅山全書初版本誤作「旅」，據手稿改。

〔三〕「污」，傅山全書初版本誤作「活」，據手稿改。

詠史感興雜詩三十四首〔一〕

高士薄珪組，蹈海心如歸。賢豪喜功名，快其得指揮。周公勤吐握，不爲榮謙撝。施施捐簞豆，謂可遇渴饑。但虞靈輒餓，豈識朱亥椎？雄才自瞻遠，卓犖亦知微。徐州慕聲名，平輿龍已飛。

有黄軒轅鳥，賦性無妒憎。蕭衍苦郗徽，下詔羅鶬鶊。羽毛何所知，珠宫粉豔朋。新人未見納，鄭袖孤娉婷。姱修不自藏，取惡乃衆情。

孝子多迂節，明王重封疆。解宏非曾閔，何爲辭巨創？金革不可避，劉珙六上章。豈不負君命？勳庸恐無光。

疇咨世已遠，功名士日多。機變有微中，詩書無以過。漢功誰第一？顯赫誠蕭何。嬴二動火德，鄂君始不呵。高士恥結納，道義期賡歌。慷慨亦相諾，邈矣如江河。

上山采枸杞，山徑多溲疏。溲疏實類杞，乃分刺有無。灼灼垂枝柯，滴瀝紅珊瑚。光耀詎不美，物性恐復殊。采藥養壽命，誤食當何如？棄置莫嘆息，此類安足儲！

鄴下多才士，吾獨怪劉楨。平面視甄妃，何無臣主情？四顧陳阮輩，鼠伏如畏烹。亮非雲龍依，戚施匄令名。鬼蜮哉路生，亦以高才稱。

〔一〕「三十四首」四字，傅山全書初版本脱，據霜紅龕集各本補。

孟德張漢羅，正平不可援。于于岑牟衣，落落鸚鵡篇。天子竟可挾，賤士終難前。愚者誚剛折，明知當不然。陳徐早委質，稱頌文翩翩。一時離疾疫，不聞獨長年。

元龍有五敬，子魚同見推。吳贈無所愛，魏禪能贊儀。清潔始何矯，禮法終若虧。知人良不易，君子可方欺。一身間邴管，誰必苛相疑？

經術蔽腐儒，文章難救時。譙郤富典故，建議草降辭。齷齪處人國，緩急將安裨！偉哉隆中人，長嘯誰能知？

吾聞士難得，千里如比肩。四海豈不廣，間絕多山川。知遇信有人，乃在千百年。覆瓿當時誚，桓子賞其言。

永元有君子，史策遺其名。縑囊撲諫郎，執法當殿廷。一語相舟旋，伯堅撲獨輕。遁跡宜城山，酒傭留國楨。直臣豈愛死，仁人爲求生。此義不可泯，讀之傷古情。

亢桑逃尸祝，穆然頤道眞。伯休隱賣藥，女子乃知名。名盛實恐盡，釋去如遺塵。況復富與貴，螫人毒且深。鳴豫快威福，誰知攖天仁？羊裘釣大澤，遐哉嚴子陵。既不見我賤，豈復知彼尊？流覽挹芳惠，狂奴非杓人。

石楠不可佩，佩之心擾擾。高臺不可上，上之見遠道。遠道遊遨子，潔皙何姣皓。駿馬班驎衣，光曜路旁草。草木無所知，臺上人已老。

明發不能寐，中軫非一端。呻佔銷壯志，繁弱艱一關。畇畇有先澤，耘耔非所閑。尸饔勤老母，晨夕忺兒餐。念昔虎頭子，傭書在長安。

毛義齷齪士，養母苦所需。檄到自可喜，無檄憂何如？願言騎龍馬，寶刀弓矢俱。旭旦入山林，雉兔隨手殳。射熊取其掌，割封從圖呼。微行傍河水，一箝雙鯉魚。日夕攜來歸，燒桂香中厨。

鮮羞饛金盤，香飯炊彫胡。兕觥酌醽醪，玉琖加醍醐。長跪獻北堂，千歲以承娛。

菽水可盡歡，聖言何其章。椎牛願及時，道義榮寵光。房生念母饑，日爲封猪羊。親腹詎不果，〔一〕歐歍成盜囊。有淑陶公母，一鮓不苟嘗。豈其厭鮓美，其子監魚梁。

委委河上梁，去水一尺强。梁柱剸河中，不怨河泥黃。事有須相成，未在高其行。孱鉅無權資，安由見所長。濡足無所濟，屑屑勞褰裳。乾坤非一變，得失不概量。洪範列周書，箕子心終傷。

爵祿未云孝，承歡在順親。太史救北海，閒關唯慈欽。賈母誠聖善，節義明古今。〔二〕彤管欺厥子，成濟專惡名。魏晉同亂賊，出反虞自天。不惜覆魏鼎，但傷孤母心。

魁岸史五老，〔三〕僬僥彼其儔。家貧嘗不飽，雄氣吞千牛。桃柳炫河干，聊復偕春遊。俯仰張電目，百壺傾不留。起舞弄負劍，瑣醯䮙沐猴。〔四〕醉過太史廬，涕淚哀千秋。

天鑒無遠邇，百年如朝昏。人命不久駐，施報嘗惛惛。欒武施未斬，黶以驕佚存。意天善善長，豈曰厚惡人。幽通闡一體，斯言似有倫。孟博死清節，其怨龍舒君。

大易訓幹蠱，小宛戒忝生。孝哉鍾公子，申志死闕庭。南樂相不時，乃獨瑺逆丁。吾猶及見之，詩文得其英。析薪亦易荷，司馬流清聲。〔五〕

〔一〕「詎」，丁本作「誰」，據他本改。
〔二〕「明」，王本作「名」，他本同丁本作「明」。
〔三〕劉、丁本注：「順庵曰：史生，平陽才士。」
〔四〕「䮙」，丁本作「駥」，據他本改。
〔五〕「司馬」，晉四人詩、張本作「今古」。

不牧奥有牂，不田鶉生堂。烹牂炙其鶉，鶉美牂正肪。妻子日厭飫，鄉里欣禎祥。〔一〕拘士聞之疑，以爲不可嘗。蘭茝雪籚簹，顑頷方未央。

青燈照書史，惻然動吾仁。賢愚去已久，毁譽惟後人。羿巧復誰中，盪舟力成塵。捷捷儀秦口，一辭無所陳。

海上徐孝子，奉母遊四方。〔二〕山川豁胸臆，水陸勤膳糧。母子皆自足，蘧廬忘橐囊。長嘯謝堯舜，不匱惟其行。亦有天下養，不在崇高堂。

華屋陳甘膬，板車臨家園。鷽鳩事其親，不出榆枋間。鵬雛致色養，負老搏青天。俯覽周八荒，露飲雲霞餐。考槃崑崙丘，玉臺無暑寒。王母命大駕，翱翔饋靈丹。

羣生蝨元氣，日以溷其眞。龍飛震草昧，掃蕩須眞人。唐虞行愈邈，天眷知焉存。五德遞文飾，豎儒羞惡倫。〔三〕巢許在盛古，已恐汚其身。〔四〕

神器如傳舍，眞人無私營。天德炤海日，人心消甲兵。舞羽有何威？有苗歸虞庭。〔五〕劉季稱豁達，終日憎韓彭。

唐虞不可際，道德將焉陳？執經就腐朽，無益空中塵。縱横自一時，傾危成儀秦。柔舌亦有

〔一〕「禎」字據晉四人詩本，他本俱作「嘉」。
〔二〕張、劉、丁、王本注：「徐道亨，定海人，後丐乞養母。」
〔三〕「倫」，晉四人詩本作「論」，陳監先先生所見手蹟作「淪」。
〔四〕「其」，陳監先先生所見手蹟作「厥」。
〔五〕「庭」，陳監先先生所見手蹟作「廷」。

權，焉得逢人臣！魯連眞奇士，〔二〕畫策肆賤貧。墳籍秘不見，載記何其厖。汎濫二千年，穢雜污神房。傭奴當染鼎，因循成帝王。〔三〕男兒有聲靈，豈借崇高揚？日月炤晝夜，萬物習以常。景星間代出，爭仰增天章。趙王草木腐，厮養精神長。涼州有張李，晉史生輝光。

田舍謹封閉，歲月歸盆罌。大寶非盤杅，緘縢不可藏。汲汲厭王氣，愚哉秦始皇。豎兒攫團黍，得者矜其長。既噉復覼顧，唯恐奪于旁。志態亦何鄙，腹飽氣不揚。曠觀杳千古，乾坤眞盜囊。稷契何盛際，揖讓見虞唐。

細草驕夏榮，一霜褫其魂。靡節受所染，欲落紅殷殷。仰視高岡松，黑醜無精神。僊鶴鳴喬柯，慘澹相主賓。眷言徑寸姿，蚴蟉亦見親。〔三〕僊鶴但玄縞，蚴蟉有紅帬。

雄劍不自柄，覩人舞蒯緱。辟擊昧虛實，焉得豁所謀。男兒生無權，〔四〕簡閱深低頭。文章費精氣，僅與刺繡侔。秋原腯禽獸，壯夫食其尤。快哉背上箭，明月眞風流。

人生不相信，豈但鴟與鴞？跖也膾人肉，謂惠當垂涎。惠也剖其心，白如霜雪蠲。示跖跖但笑，我心胡不然？中孚信豚魚，聖人何見言？相疑不相害，惠終感跖賢。

吾觀西方書，爰有共命鳥。一命而歧頭，性情不相了。一睡一頭醒，醒者食香草。私謂命非二，我食彼亦飽。不謂睡者起，聞香增其懊。毒草瀉所私，食之唯恐少。前香既已矣，毒發同死槁。萬

〔二〕「士」，陳監先生所見手蹟作「偉」。
〔三〕「帝王」，張本作「侯王」。
〔三〕「蚴蟉」，晉四人詩、張本作「蟉蚴」。下同。
〔四〕「男兒」，陳監先生所見手蹟作「須眉」。

類莫不有，物性良難考。

反招隱

蜆堂亙峻巖，若園薰玉隴。有松食厭苓，有雲衣無緫。幽黑少仁獸，神釋心不聳。絕智遊鴻濛，遺形習臃腫，忘我亦已多，孔道生闒茸。

種薤引

傳稱李孚種薤，欲以成計，一根不予人，亦不自食。時人謂能行意。

種薤復種薤，薤味多苦辛。不辛復不苦，何爲怨賤貧？貧賤不可苟，富貴非難臻。懍慄不經霜，〔二〕發生安見春。一春復一秋，日車不久留。東鶬司察忙，西魄返照幽。照見七尺影，蚤晚不相酬。有志不早定，有氣空噎喉。優游非不樂，氣餒志亦休。休休歲云暮，欲種薤已誤。不見薤根長，傷心薤上露。

結客少年場

快馬不在肥，快刀不在長。相許心如丹，不在面上霜。一言快人意，〔三〕千里不留停。笑取仇家

〔二〕「懍」，晉四人詩、張本作「凜」。

〔三〕「快」，丁本作「決」，據晉四人詩本改。

頭，混跡遊他鄉。豈不愛生命，恥終妾婦堂。妾婦亦殺人，被殺不覺傷。巾幗繫人手，簪珥刳人腸。一朝化塵土，泉夜羞蓬桑。功名誠難立，知己無相忘。

飲馬

馬駑人不騎，芻豆日在皁。馬良人過求，飛馳嘗不飽。惡馬逢少年，磬控長安道。綵韂金月題，辟人誇姣好。踏殺良家兒，如同踐蒿稿。烽臺火夜明，將軍事征討。傳令選上駟，駑惡各自保。良者三兩騎，左右將軍纛。沙漠萬里程，安必善水草。長嘶西北風，筋力不奈老。苦樂既已殊，駑馭無顛倒。

怨詩行

嗸嗸雲中雁，遺音悽以愴。悽愴如訴說，欻歎多衷腸。世人不可解，請問公冶長。公冶聽其眞，此鳥誠可傷。言自岣嶁山，將赴崆峒陽。一前慮矰繳，一後殿以鷞。一中前後恃，容與而頡頏。中道遇儇人，擁其前者行。行行沒雲旻，三忽成一雙。三里一回叫，五里一回瞠。叫寂瞠無影，誰可補我羣？誰可補我羣，問我君鳳凰。鳳曰爾多醜，梟鷙卽可當。鷙鸛及鵜鶘，後俯皆前昂。降心近鵝鴨，亦得豢稻粱。言念鵝與鴨，刀俎不可嘗。試去約梟鷙，不能高飛揚。禿鷲復有蛇，〔一〕老鸛陰不陽。鵜鶘厚毛羽，洿澤心非良。我羣不可補，我怨何時忘？

〔一〕「鷲」，丁本作「鵝」，據他本改。

苦陶先生於王撫軍座上作詩依韻代遣

舊遊難亢絕，援止尚咸腓。晉人餞宋客，榮悴各有歸。衆鳥新林趨，孤雲危岫依。勢利不可忽，〔二〕素心詎易違。共舉友生觴，疇深今昔悲。日車轉易世，出處不同輝。率此愛酒性，但愁酩酊遲。情所無奈何，勉道弃如遺。

白子隣虎居

摩肩不見人，卜隣眈近虎。炳毨儀其文，風生領其武。酩酊蹲石樓，弱肉如登俎。畏友能相容，謀食屢荷吐。山獸蒙惡聲，町畦者自迕。厠鼠不啖人，挾之有何祜？戛拊有仁聖，虞廷稱率舞。不可與同羣，宣尼語自苦。

惜正之老友三首〔三〕

文子實狂士，其狂在謙下。是甚不自有，老蠢受人罵。不遇可與言，終年如無話。半醉乃不禁，缺齒懸河瀉。博六賭大斗，醉死不復怕。高譚辟滿座，深情動人訝。因此似狂者，反爾疑其詐。

〔二〕「利」，丁本作「力」，據晉四人詩改。

〔三〕張、劉、丁、王本注：「順庵曰：絳州文養蒙，字正之。」

龍門有辛子，〔二〕自是操守士。信從與誹謗，各不得其是。文生遊其門，淑人爲衷只。不必樹標幟，實不負桃李。

弱冠遊錫山，受教素修老。〔三〕時文領精義，復得聞聖道。東林禍作時，〔三〕共疑崖岸掃。國難畢從容，門牆益定保。坎壈而窮終，竟能不潦倒。不然以其才，肯朽衡門草？況吾諗之子，心計足論討。

悼子堅二首〔四〕

王子狂而疏，行眞不掩言。於其所眞時，硜硜亦未然。詩篇多新警，殊不戛戛詮。短小過逵衢，厖大奴才駢。醉眼乜西河，黃茆連青天。

一命可不愛，如獨遺厥母。太眞猛渡河，終天恨終古。豈無膝下兒，病寒而汗迕？際遇各有時，性情殊樂苦。

〔二〕劉、丁、王本注：「順庵曰：復元先生也。」

〔三〕劉、丁、王本注：「馬文忠公字。」

〔三〕「東林」，晉四人詩、張本作「昔之」。

〔四〕張、丁本注：「汾州王如金，字子堅。」

悼孫女班班

弱女雖非男，慰情良勝無。阿爺徒解醫，不及爲爾咀。〔一〕遂使曾祖婆，失一嬌女娱。生怕阿禮尋，妹妹來牽車。〔二〕微情無不到，連日廢我書。極知恩愛假，眞者定何如？

好睡

好睡忙不得，亦須心太閑。〔三〕静神妙入竅，聲色如仇删。以此悟好死，一往愁復還。勞人待數極，乃怨鬼伯難。

秋霽向巖寺簷下枕書卧偶爾造適樹義不得〔四〕

乃如茲一時，造適比無賴。〔五〕誠然不在遠，心亦無所會。萬端莫知來，未勞經意汏。眼底長春花，不憎亦不愛。

〔一〕「咀」，傅山全書初版本誤作「咀」，據霜紅龕集各本改。
〔二〕「車」，晉四人詩、張本作「裾」。
〔三〕「太」，晉四人詩、張本作「大」。
〔四〕劉、丁本注：「石刻題作：古度索書，特爲作此，法詩亦近得。請印。」葛敬生按：「石刻原立於山西省壽陽縣宗艾鎮下州村洗心泉亭廊中。」此篇由葛敬生先生據堀川英嗣藏拓本照片釋文，霜集各本收録。碑文原闕第五、六句。
〔五〕「比」，傅山全書與霜集均將此字誤釋爲「大」，此據拓本照片。

春堤

好言不欲盡，不遠無言時。春河動惠漣，引我行春堤。虛空滿風雲，飛啄眞樞機。耳順亦何難，十年知命遲。

游燕

殘雪照高樹，夾道寒枒槎。星月帶夜色，凍洛開朝花。〔二〕母念遊子寒，應計衣未加。兒身寒有時，母心寒無涯。

玉河

孱孱玉河水，發自玉山趾。一段闕橋下，一段宮牆裏。宮河照蛾眉，闕河咽遊子。

丁酉二月十五日二首

世亂憐花朝，蹣跚宇文河。小砦俯春疇，古紅愁婀娜。酒間引微情，小語怨阿婆。鸜鵒選芳樹，翠羽凋蹉跎。老夫暗追憶，國難雙義娥。金鍾恥從革，折桂斤香科。各狥所從暝，豈復舞婆娑？呼延之宋莊，目擊非傳訛。摘豆襭紅裙，投繯攀青柯。

〔二〕「洛」，各本均作「洛」，據文義改。

北曲謾崝嶸，我好彈哀箏。直上空青裂，宛轉岭嶙登。傾得丈夫耳，喜無迂腐聲。大安好搬法，古雁飛冥冥。老桂與阿眼，在野雙儀型。花點亂絃索，危柱服先生。看看成絶響，寂寂誰傳情？儒生歎禮樂，積德百年興。歌妓亦氣運，大風須太平。文章光岳寶，粉黛山澤精。天地劇草昧，魑魅嬌飄飈。佳人滯幽谷，弱柳流春鶯。老來易爲感，强酒偏不醒。裂石好紅杏，七日又清明。

寺外

參佛不入寺，寺西坐石頭。静趺見寂性，柏子香微流。一晌當一世，須陀洹不留。夕陽淡山麓，收視空應酬。

兩嶺

消索兩嶺來，疏得松七箇。側根拏石舉，客影輕濤墮。小景亦可憐，誰能白眼錯？非關得少足，會從此閒過。

懷融苦酒薦至

極知酒猶兵，一日不可缺。老嬾想勝地，苦春得檀越。短阮委泥巾，荆筐連歲揭。香生新柳林，嬋娟酬娥月。麴米損財施，領畧實兼法。惜我多迂愁，不能杯下沒。長引睨山河，波瀾不自閼。倏忽千萬里，風帆溟海撥。康成八尺偉，一斛辨端發。袁曹官渡閒，經義無所豁。魯皋乎奈何？儒生徒温克。卬昔諳此方，大蘗倍常額。氣厚力自上，無待他醅醱。眞苦通心膽，回甘與天洽。有威人乃畏，無毒物罔殺。領酒思美人，不飲還契闊。

土堂雜詩十首〔一〕

嬾鬚紺轇轕，婉如不可畫。春心溯烟入，淒涼見之外。美人何時來，至不知所在。
高雲拂崖出，澹氣無空虛。吾生獨牽滯，流盼悲華鬚。伯鸞死有墓，乃傍要離墟。
衰柳翳秋堤，獨立觀灝氣。濱河勤畚鍤，哀此衣食計。誰謂管涔源，亦有朝宗志。
玉樹生庭階，菁葱自足喜。淝水捷書至，東山折屐齒。王家叔不癡，定解愛武子。〔二〕
冬山靜如睡，亦不廢秀美。樹外明一河，寒月與逶迤。幽人眠偶遲，獨賞其如此。
娟娟春柳外，春山與爭姿。組之以春雲，句嬾不勝思。心目亦何極，收視而置之。〔三〕
物性不可違，迻之妙于潛。鹵莽彼不服，我亦未能恬。牛餌稻不呵，亦復重其天。
不忍一世傷，老玄憐孔仁。甫田雜非種，〔四〕鮒入擾眞人。乃今論倚伏，莽亦漢功臣。
讀書如觀化，今昨無所住。轉眼爲陳人，寸心誰當遇？無用而篤生，卓老惜長孺。
青紫檀欒中，妙有蟬蛻宮。翟子如飛鳶，磔砢消天風。王孫裸近道，矯世猶棘胸。

〔一〕「十首」二字，傅山全書初版本脫，據霜紅龕集各本補。
〔二〕張學良先生定遠齋藏青主册頁手稿中亦有此首詩，自題爲「玉樹六句」。文字完全相同。
〔三〕故宮博物院藏有此首詩立軸，末書：「三韻十二章之一。書爲惠介文兄粲。僑老傅眞山。」據此，青主土堂雜詩似有十二首。
〔四〕「種」，丁本注：「一作稗穜。」

溪村六句雜詩〔一〕

高雲拂崖出，澹氣無空虛。吾生獨牽滯，流盼悲華須。伯鸞死有墓，乃傍要離墟。
衰柳翳秋堤，獨立觀灝氣。濱河勤畚鍤，甇甇升斗計。誰念管岑源，亦有朝宗志。
冬山靜如睡，亦不廢秀美。樹中明一河，寒月與逶迤。幽人眠偶遲，獨賞其如此。
娟娟春柳外，春山與爭姿。組之以春雲，句嬾不勝思。心目亦何極，收視而寘之。
騎馬何戀篦？冒雪借古書。功逸高此趣，遂復繪爲圖。令狐既難有，君房不可無。
物性不可違，迻之妙於灊。鹵莽彼不服，我亦未能恬。不呵牛餌稻，正復重其天。
不忍一世傷，老玄憐孔仁。甫田雜非種，鮒入擾眞人。乃今論倚伏，莽亦漢功臣。
讀書如觀化，今昨無所住。轉眼爲陳人，寸心誰當遇。無用而篤生，卓老惜長孺。

庚子二三月之間三首〔二〕

豈非物外人，經綸爲誰瘁？細雨杏花下，今古得小憩。物皆有自然，顔色誰點綴？山河氣概間，轉更增嫵媚。游梟溯前渠，春綠灩于醉。誘心如孩提，酣然冀一睡。

〔一〕　此篇據張學良先生定遠齋藏手稿釋文，由堀川英嗣整理。傅山全書初版本未收。篇中之詩有七首與土堂雜詩中的文字基本相同，但因標題與編排有異，且有一首爲土堂雜詩所無。故另行收入。

〔二〕　此篇第二首據山西博物院藏手稿釋文。霜紅龕集各本均收録。

癡山得妙雲，隱峯亂鎮㯋。欹危度枋子，春態不可攬。蘭村杏花白，裂石桃花马。〔二〕山根班宿莽，無言獨心領。

秋冬無一詩，花鳥詎如許。一年快一年，感慨何勝語。天機之所觸，不選生如穭。花鳥情有無，木人作意阻。韉揵多所礙，於道亦齟齬。南山起春雲，東風吹小雨。綠漣動青巖，澹蕩鷗一點。爾我無小大，逍遥皆容與。念人各有志，未償如責取。君章近孔徒，次都似老侶。難易歸所天，易地失蹙駈。無用不可測，未足抱奇舉。湟園解樊生，烏桓敗田父。計癢儁一中，亂賊恨賈詡。鳳雛不雄飛，伏龍井絡拄。阮公無臧否，豎子歎廣武。莊陵貞高尚，所際中興主。

蒼巖限韻

鐵崖苛草木，幽樹鏖貞幹。山樓敞夜扉，石縫一星爛。夢迴香客喧，無始方靜玩。紛紛與白來，菉抹巖之半。

覽眉所顛倒宋書王鎮惡傳歎息有作

奇人非巨筆，千古少生氣。以此歎弱翰，厥任亦弘毅。細腰月露情，奈此虓虎鑌。〔三〕煌煌雲臺功，寶彩卿雲贊。不得龍門才，英雄受經緯。小子學編削，早知左氏味。左氏如古錦，終古五色熠。

〔二〕「马」，霜紅龕集各本作「萏」。此據手稿。
〔三〕「虓」，丁本作「雄」，據他本改。

堂堂敍大戰，點綴波瀾沸。文章亦神物，虎豹所炳蔚。鄙夫飾固陋，迺云道不貴。皇猷久寂寞，鉛槧安彷彿。磤礴擬老腕，似足敵王㥪。輪扁有不傳，蕚花亦蔽芾。弧矢分已矣，黼黻當焉曁。每惜傅修期，露布名元魏。

枕舷

枕舷看秋雲，高情淡殺我。南榮向與偕，不知遺何所。轉頭心隨生，卽復多不可。皇皇尋前緒，盈耳軋軋柁。

別峯菴

一綠齊山灌，巖竹沾沾特。嬋娟笑風泉，未免罣眼識。僧樓香所荼，頓忘琅玕惜。誰教秋海棠，崢嶸雲根溼？前眼復迻注，紅雪珊瑚滴。瞟諦樓上峯，紫帶佩水碧。冉冉青婀娜，我又愛蘿薜。流浪總無際，過去亦頗釋。偕憂來東海，慷慨絕不得。

龐家谷爲趙生作

小谷喜名龐，幽期誰與迦？夫妻抱甕來，風泉慰勞搰。竭竭敲石火，徐徐引蘭鬻。燒春甜雪消，瓦罍素雲盂。跫音闃希聲，幽田動香瞟。無人入睥睨，誰可共杯盂？雌雄雙酒龍，佁儗蟠寒樾。玉蟻齊眉斟，白虹向衡沒。潦倒酣鴛鴦，豈復酗蛩蟨？氀㲮見太始，麤糟駭猝疣。臼季自晉風，梁鴻尚漢月。齞齞伯倫家，不共夫子汨。舉杯謝時人，老姬種已坳。任情遞眞君，禮法杳陳䵂。

同穴省荷鍤，醉死誓勿岀。

孔雀崖

孔雀崖之雲，作孔雀翎華。藤竹隨處有，蒨蒨茲覺佳。煩心頓地涼，悲意生梅槎。大石蔭空龕，木樨遲著花。

宿東海倒座崖〔一〕

闢窗出海雲，著被裹秋皓。半夜潮聲來，鼈抃郁洲倒。佛事要血性，此近田横島。不生不死間，如何爲懷抱？

宿東海倒座崖一章。玄老詞兄政。弟山。

附：東海倒坐崖（霜紅龕集本）

闢窗出海雲，布被裹秋皓。夜半潮聲來，鼈抃郁洲倒。一鐙續日月，不寐照煩惱。佛事憑血性，望望田横島。不生不死閒，云何爲懷抱？

〔一〕此篇據晉祠博物館藏詩軸釋文。傅山全書初版本據霜本收録，因文字差異較大，故將初版原文附録於後。

與右玄〔一〕

老友唯玄十，知吾獨與清。一氈擁離石，心亦異吳澄。讀書寫細字，華髮饒神精。小函屢有詒，眞義無葛藤。客歲吾離難，自信明夷貞。齒雪交羅干，未敢虛受名。愁我一朝溘，奇方撿秘經。君以香附子，三柰佐南星。庸醫不解旨，難其非參苓。櫝械獨微喻，精製而深登。藥香滿藁藉，沈睡俄晨醒。念茲出處異，違心有同情。破寒絶鐵嶂，直上胡牀繩。侑來茲者何？陰岡殘雪凝。逶迤轂百里，〔二〕蒼黑摩青冥。榛駁舉老赭，寒聲鳴甲兵。南睇氣爲壯，不憚孤侵星。有話敢與說，擬作懸河傾。奇字識無益，急謝侯芭生。皐比亦遊戲，元經續不勝。黃冠本寂寞，胡造深山甍。既見不可語，語即駭衆聽。當今之爾我，難乎其友朋！

始衰示眉仁

始衰學自解，一切遺不拾。所苦此心在，置之隨復縶。舟楫恣消搖，江山莫非泣。耳目竟何司，不覺老從入。飲食總無味，醒脾謝霜菰。違心之應酬，夢迴冷汗湆。極知需藥餌，一嬾不復急。本自才情人，遭際令獨立。天親多異趣，米鹽有未翕。今古不勝論，傅史勸自輯。分明詒汝曹，省如治命囂。文武各有數，識幹時難入。〔三〕子衛侯昆陽，母弟乃被執。薄功在雲臺，隱痛與臺岌。北史

〔一〕劉、丁、王本注：「右玄，陳姓，名謐，陽曲人。」
〔二〕「轂」，丁本作「殼」，據張本改。
〔三〕「入」，張、劉本作空格，王本作「緝」。

惜修期，知人囿於習。念我弱冠年，命藝少舊襲。塾題試致身，滿臆河山疚。遂云割裂收，如作殘肢葺。不謂竟成讖，短綆艱自汲。抱策瞻閶闔，傴佟視戈鈒。吾宗南宋奇，一高至百十。閒關黄漢勞，那得不重挹？獵寓胡元書，傅姓幸稀屆。金河殺佐奴，無知直中冊。沍寒天地閉，箕尾光亦蟄。甲午朱衣繫，自分處士⿰歹立。死之有遺恨，不死亦羞澀。斜川紀游後，十餘年乃畢。自顧無道氣，褊中但塡悒。一旦溘焉逝，諄告恐不及。〔一〕父亦多誤子，虞汲之兒集。

雪中過五峯道師留夜談

山靈若相召，適自長安來。紅塵不到眼，寒山生玉苔。王倪經四問，鮑照失多才。靜夜發微論，有身良可哀。

看巖柏度雲得

閑雲罥疏柏，去住都無心。撟首攬其妙，冷殺勞勞人。河渚霎鴛游，豈復坱寰塵？祇以情之篤，一偶亦苦因。晴霞籠花樹，蕩意山亭春。紛華閧卜子，書院歸西汾。玄心悟禮後，倩盼實先援。麥蝶若楓羽，〔二〕情性無端倫。〔三〕起滅有應否，莫不潛其根。丹烓守一命，大覺輪空門。還來理櫛栗，千山休厭深。

〔一〕「恐」，丁本作「皃」，據陳監先先生所見手蹟與張、王本改。
〔二〕「若」，拾遺本作「及」。
〔三〕「倫」，拾遺本作「輪」。

半刻〔一〕

半刻得無夢，覺如初有眼。〔二〕覽物不知深，觀道妙于淺。片席少勃谿，〔三〕花林蔭書卷。

調饑七章〔四〕

調饑厭穀氣，菊葉裹桑椹。甘苦俱到心，露濃回霜凜。顧彼丹榴花，灼灼傍寒井。〔五〕
何幽無草木，採摘鮮友朋。上黨亦有參，五臺亦有苓。何爲重獨往，幽獨難爲情。
七歲悲生死，於今五十六。此生旦暮了，不暇悔悠忽。哀哉種益滋，誰能斷不續？
服氣可以飽，餐志亦能饑。文章富肴醢，〔六〕仁義調和之。〔七〕山圖把芝草，〔八〕哀哀在瑤池。
遠期諒難得，卽今得何好？〔九〕立身聞聖言，撫心益用老。聊復學童蒙，離騷拾香草。

〔一〕山西省圖書館藏有此篇手稿，無題，文字略異。由范月珍據手稿校勘。
〔二〕「如」，山西省圖書館藏手稿作「來」。
〔三〕「谿」，山西省圖書館藏手稿作「磎」。
〔四〕山西省圖書館藏有此篇第四、五、六首手稿，文字略異。由范月珍據手稿校勘。
〔五〕上海博物館藏有此首手稿，文字相同，但題爲：「調饑，題壁七章之一。」由此知本篇題「調饑七章」似當爲「題壁七章」。
〔六〕山西省圖書館手稿脫「醢」字。
〔七〕「調和」，陳監先先生所見手蹟作「苟藥」。山西省圖書館藏有手稿作「芍藥」。
〔八〕「把」，陳監先先生所見手蹟與山西省圖書館手稿作「執」。
〔九〕「得何好」，陳監先先生所見手蹟與山西省圖書館手稿作「安得好」。

掃地亦假淨，心乃爲清涼。中外有相待，耳目宜高爽。[二]天下謾掃除，一室施吾牀。紫芝清眞士，自處如羲軒。我心何獨褊，惡人門外喧。兒孫許詩酒，不容無微援。

偶因灋字翻杜句答楓仲二章[三]

問詩看㳒妄，索解傍人癡。知此不知彼，一是還一非。情性配以氣，盛衰惟其時。滄溟發我見，慧業生詩歸。捉得竟陵訣，弄渠如小兒。

風有方圓否，水因搏擊高。偏才遇亂世，噴口成波濤。印板覓盛唐，師聖雄風騷。不論河岳氣，私各光燄豪。文人不相下，直不眞文曹。鹹芥臭味投，旗鼓權勁茅。擬議屬誰何，小技吾心勞。傅山。

附：偶借法字翻杜句答補巖（霜紅龕集本）

問詩看法妄，索解傍人癡。知此不知彼，一是還一非。情性配以氣，盛衰惟其時。滄溟發病語，慧業生詩歸。捉得竟陵訣，弄渠如小兒。

風有方圓否？水因搏擊高。偏才遇亂世，噴口成波濤。按著盛唐覓，突灑奴目逃。不論河岳氣，私各光燄豪。文人不相下，直不眞文曹。針芥膠臭味，旗鼓權勁矛。擬議屬誰何，小技吾心勞。

[二]「高」，山西省圖書館藏手稿作「當」。

[三]此篇據中國國家博物館藏手稿釋文，由賓元章整理。傅山全書初版本據霜紅龕集收錄，與此文字有異，故附於後。

費眼打油示少年〔一〕

費眼又費心，讀書本無樂。蓼蟲不覺苦，業自幾時作？以茲爲名地，惟恐不弘博。〔二〕穿竊復掩藏，不中冷眼噱。憐此襲取勞，其意亦不惡。無奈所與者，黠覺多輕薄。不能驢耳見，掘地小么喝。若是老伽文，妙點覆藏橐。財施亦福田，不如法施渥。未聞以名施，受名日墮落。離婁閉其眼，盲瞽舞摸㨶。不知誰紿誰，萬古黑難覺。妻子見握卷，公然推坯璞。奴婢見作文，主人好才學。不如不識字，天全其五鑿。苕帚透悟時，亦虧老鈍殼。此中實踐程，百巧不如拙。男兒生世間，何必此管搦？眞名已如膩，達士求解脱。假名復何味，如蜜如乳酪？抵死不肯捨，何關于皮膜？莊語犯之怒，謔浪風耳邈。山斗相稱贊，傾倒逆與莫。此咎當誰任？嗚呼朋友厄。

李賓山效東野書壁

古舌老鶴寂，新簧春鷽娟。孰耳後牙後，于佛前僧前。峙流持不動，義利風難圓。片石獨勸芥，宿夕華嚴緣。

〔一〕此篇據山西博物院藏手稿整理，由曹玉琪重校。霜紅龕集張、劉、丁、王本收録。
〔二〕「弘」，手稿又作「得」。

看灰稻

佳稻蘇惡蔕，用灰以殺之。殺草不殺稻，灰之威愛奇。陰陽莽生意，良惡原兼滋。造化隨種性，人工須芟夷。君子少爲貴，宵人多其宜。内觀阿賴識，染淨同樞機。心王卽天吏，逸德無過差。百藥中灰力，一吐百病衰。積習一痛除，亦屬眞宰威。安得援胥良，皤然無用師。

示弟姪

四十年前時，曾於東塾牆，楷書百一詩，冀爲眞冷方。睥睨末如何，謾謾經滄桑。濯纓風耳巽，逢怒能意莊。鱗甲生庭荆，姑息融面霜。且圖將順美，不發在心兵。奄忽至今日，鴒原火猶張。老夫無比數，學力劣雁行。〔二〕自居謂他山，似可發玉光。異性或少益，同氣看茫茫。不知是不屑，其別有肺腸。無咎恥一悔，復憶爲軒昂。撫孤轉歎息，宿留成清狂。來氣久染卑，往意當何强？頽茅畢草味，〔三〕我本徒蒙莊。不欲弟姪輩，不登賢者堂。修名竟難立，甘孤宗祖望。怠忌兩痼疾，昌黎窺膏肓。

〔二〕「學力」，張本作「學行」。
〔三〕「味」，丁本作「味」，據他本改。

樓煩河橋上經行〔二〕

云何於此水，不覺天爲親？樓煩橋上耳，裂石灘中音。豈非所習故，〔三〕乃見臣子心？

天龍禪閣燒香

心香薰彌羅，四十萬里上。一片爇栴檀，諸天敨瑶幌。斤斧雖時窺，性氣不改亢。靈根蟠碧海，日月浴香浪。

〔二〕此篇據晉祠博物館藏手稿整理。手稿無題。霜紅龕集張、劉、丁、王本收録。山西省圖書館亦藏有此詩手稿，無題，由范月珍校勘。

〔三〕「所」，霜紅龕集各本作「以」。山西省圖書館手稿與晉祠博物館手稿均作「所」。「故」，山西省圖書館手稿作「尔」，他本作「故」。

蓮甦從登岱岳謁聖林歸信手寫此教之

我十五歲時，家塾嚴書程。眼界局小院，焉得出門庭。今爾十五歲，獨此重小丁。老病岱宗覽，許爾隨之乘。先師小天下，亦於此焉登。登此不自振，虛俯齊魯青。嵯峨藏礌砢，疏松嫿霄冥。聊堪棲海鶴，小鳥傷短翎。培塿茂小草，但足藏蒼蠅。人松不人草，後凋已自徵。況松乎泰岱，結根萬仞嶒。奴人難攀援，神山蔭崢嶸。小書不屑讀，小文焉足營！凌雲顧八荒，浩氣琅天聲。瞻言聖域近，汶水龍奔騰。循循歸洙泗，春融曲阜城。宮牆蒲伏進，有嚴司寇型。紳圭赫暄下，想見夾谷盟。豎儒不此究，素位時中鳴。三字微管仲，動引喧經生。唐碑崇丈五，兩兩峙舟亭。檜北雄一碣，獨罹地震掏。有字駁難識，撫心領師靈。〔一〕爾愛五鳳字，戈法奇一成。當其摸擬時，髣髴遊西京。風期亦如此，日上極所能。聖宮以立命，泰山以危行。環顧熙攘者，嚷嚷爭榮名。日子長樹葉，千秋信自轟。

作字示兒孫

作字先作人，人奇字自古。綱常叛周孔，筆墨不可補。誠懸有至論，筆力不專主。一臂加五指，

〔一〕「領」，丁本作「領」，據他本改。

乾卦六爻睹。誰爲用九者？心與擘是取。永眞遡羲文，不易柳公語。未習魯公書，先觀魯公詁。平原氣在中，毛穎足吞虜。

貧道二十歲左右，於先世所傳晉唐楷書法，無所不臨，而不能略肖。偶得趙子昂香山詩墨蹟，〔二〕愛其圓轉流麗，遂臨之，不數過而遂欲亂眞。此無他，卽如人學正人君子，只覺觚稜難近，降而與匪人遊，神情不覺其日親日密，而無爾我者然也。行大薄其爲人，痛惡其書淺俗，如徐偃王之無骨，始復宗先人四五世所學之魯公而苦爲之，然腕雜矣，不能勁瘦挺拗如先人矣。比之匪人，不亦傷乎！不知董太史何所見而遂稱孟頫爲五百年中所無。貧道乃今大解，乃今大不解。寫此詩仍用趙態，令兒孫輩知之，勿復犯此，是作人一著。然又須知趙卻是用心於王右軍者，只緣學問不正，遂流軟美一途。心手之不可欺也如此。危哉！危哉！爾輩慎之。毫釐千里，何莫非然？寧拙毋巧，寧醜毋媚，寧支離毋輕滑，〔三〕寧直率毋安排，〔三〕足以回臨池既倒之狂瀾矣。

趺雪起二章〔四〕

久閉眼亦嬾，逃字如蒙童。〔五〕孤山戲春色，淡墨誰能濃？守黑自陰符，知白眞吾宗。

〔一〕「山」，劉、丁、王本均作「光」，據張本改。
〔二〕「輕滑」，張本作「朴滑」。
〔三〕「直率」，張本作「眞率」。
〔四〕山西省圖書館藏有此篇手稿，文字略異。由范月珍校勘。
〔五〕「字」，山西省圖書館藏手稿作「名」。

神顗參太始，淨義不可署。瓦鼎薰蘆芽，一縷亦無住。遙遙蘭村鐘，帶雪落高樹。

方山〔一〕

方山方如墉，埤堄列疏松。日莫俯諸山，蜿蝘盤紫龍。黑陰坐老虎，〔二〕嶔崟搖天風。般般亦佛子，山僧無過恟。長者載經至，七尺何其恭。

碑夢

古碑到孤夢，斷文不可讀。茂字皦獸大，夢迴尚停睩。醳名臆蕚茻，〔三〕是爲葵之蜀。炎漢在蠶叢，漢臣心焉屬？奉此向日丹，雲翳安能覆？公門雖云智，須請武侯卜。

青羊庵〔四〕

心隱亦傷厚，況復肆其簧。多所不忍道，豈復勝篇章？流連鄭衞詩，使人不能狂。澹靜陶處士，乃有詠荊卿。劍術惜其疏，舉杯飲欲忘。重籬不可解，頗異山谷黃。

〔一〕張、劉、丁、王本注：「壽陽。」
〔二〕「坐」，丁本作「作」，據他本改。
〔三〕「茻」，傅山全書初版本誤作「草」，據霜紅龕集改。
〔四〕張、丁本注：「菴躋崛巏松林中，故名。後改霜紅龕，以秋季樹草葉色胥紅也。」

賤夫美一睡起宛潭至於濁醪有妙理而乙之

賤夫美一睡，一睡豈易美？方剛惡人臣，老來慚人子。皇天不解劍，仰臥切冷齒。高陽老狂生，邂逅惡苛禮。儒冠本溺器，不蓋戴圓恥。新室九祭酒，皆漢明經氏。中興一瘦羊，史册景星擬。惆悵六經澤，如斯而已矣。晦名早荒宴，看破此輩伎。不直一錢業，五十春秋以。以此憐游俠，瞻識多豪舉。孟公鴟夷居，誠擾諷誦鄙。不知槐里兵，實和東郡起。豈不擾三輔，三輔尚誰枳？嘉威於此侯，大負滑稽脎。意中之俠腸，向背復不爾。泛濫詞人場，性情月露眯。吾宗清泉剛，樂府謏無俚。惟庸蜀一篇，名義嬀君子。聲歌辱鱗彨，丹青掉狗尾。諸無忌憚兒，正自操觚喜。侯門頌仁義，倡和代殺改。何怪魏蛺蝶，南國島夷詆。薄言此小技，何益眞人斐？半句不刺眼，珍重玄黃篚。風教存其中，豈敢遺葑菲？淼園者何人，寄詩簡自婉？編中三致意，東晉諸名士。豈伊秦有人，心肝未全死？痛攬無衣什，茫茫一河水。稚恭自有志，起疊壯孤矢。士稚實高才，河南畧經紀。天意薄司馬，憂瘁折梗梓。獨憐老越石，智勇未愷悌。姬衛自北來，有用兩敵壘。不能朱訥忍，憒憒沒安悔。昨到桑乾河，城問莫含址。一人非長城，忠義閃漢底。〔二〕情滿詩慇懃，庭虛嘯洟涕。聞子好談兵，無乃陣圖紙。得意眞能游，豈復責泥滓？敢揮彥先顧。扇，何忌令思毀。石奴功當成，次倫朱序。陷或使。反經多權奇，幽巖有知己。西方多若人，老夫念佛耳。念佛念佛念，人名。計行其有豸。永興護小慈，索顒磓磓侍。滎陽好奇捷，中原竟榛否。流連古今事，意何難可只。導引學神仙，傷此筋骨靡。生有不欲長，藥有不屑餌。靈丹來賊鄉，柳公弃如菌。方寸亦何褊，充類

〔二〕霜紅龕集各本注：「晉方言謂落空曰閃。」

義爲謑。好我有祕方，詒之救衰餒。傳云多奇效，都堂常御此。又云甚犒功，服之得清祉。撫心不敢嘗，福薄久自揆。僭妄一刀圭，褫奪干神鬼。卽如葵藿園，原不受蟠劙。名山多蘆草，儘得爲黃綺。但能學老續，業寓春秋旨。羯羝自石都，銅鞮自我里。亦能九十七，不聞儲菊杞。幡然顧心腸，又非木石比。此心誰可聞，私告六字母。先是感異夢，開士懇牖啟。六字屬熟持，旣熟荷得去。瞿然撿金祕，咒名驚一視。是臣意中言，佛故隱躍指。以茲誓愚誠，禮誦餘生已。誦餘飲食外，口眞樹綱似。無聊頗作詩，不諳古近體。操筆取懷抱，花月翻我悝。澒洞蕭摵來，莽蒼千萬里。極知生有涯，[一]微情渺無涘。蕩蕩老廖廓，脈脈消湖海。知所無奈何，大命安眞宰。文武遞盆盎，仕宦等奴婢。器各受所容，志卽榮厥委。神姦一哀章，孟佗多祕謂。氣類歆錦羊，天地厭篚簋。此事不得與，豈闒一老侶？行行漸掃除，咄咄誠糠粃。局外洞倚伏，大冶毒張弛。誰何送酒來，甘苦都唯唯。鉼罍無小大，列案撤書史。向衡少別腸，倦極那花晷。清客不可爲，繩牀倒昏黶。一盞得一瞳，花眼明如洗。淖馬周老來，闒門殺棊駛。勝負總不計，定勝如神旅。又憶杜陵言，濁醪有妙理。

河房

魏闕的的在，江湖何爲心？瘖寐一河房，欲依嘉樹林。鷗鳥豈易狎，無生忍浮沈。西山白雲外，是吾崛巑岑。何必故鄉遊，昔賢留佳音。

[一]「有」，傅山全書初版本誤作「我」，據霜紅龕集改。

病登西山縛倚爲轎〔一〕

縛倚作山輿，〔二〕伊軋鳴䚟䚗。生肩不貫舁，跬步大小俙。舁者苦無狀，坐者心恆跳。遇難先代相，左右高低詔。山花多奇姿，秋雲杳高妙。兢莊如木神，不敢恣意眺。欹危入村落，儘供山嫗笑。不知笑何爲，老夫靈府燒。豈不負且乘，還來辱蘿蔦。久知有待煩，〔三〕況待二賢顧。四大不自便，厭人安傻俅。極知其非情，罷氻未能饒。苟且盡如此，偷安至命譙。子威畧用李，豈見薛荔誚？元瑜中晉風，〔四〕秦山藥非療。〔五〕遠情念謝艾，〔六〕亦復板輿僄。知也眞無涯，時志默相卲。石蹬入綠天，頗覺精神超。高松鳴青禽，吾庵蓁中寫。遂初一何難，殊未得其要。古今勞俯仰，誅茆意彌劭。

五言六句一人一首

王适冥於酒，深醉無一言。繪事老益妙，蒼潤欲㮄仙。獨牀二十秋，一室壺盞千。〔七〕陽曲。

〔一〕「倚」，張本作「椅」。張、劉、丁本注：「椅本木名。今世以坐子爲倚子，義當從木從倚而省。」張學良先生定遠齋藏傅山册頁手稿有此詩，自題作「椅轎登西山」，文字略異，由堀川英嗣校勘。

〔二〕「倚」，張學良藏手稿作「椅」。

〔三〕「久」，張學良藏手稿作「亦」。

〔四〕「風」，張學良藏手稿作「氣」。

〔五〕「非」，張學良藏手稿作「豈」。

〔六〕「謝艾」，張學良藏手稿作「艾韋」。

〔七〕山西大學王磊向編者言：「千」，張、劉、王本均作「半」，不韻。陽曲縣志收此詩，末句作「一室懸半箋」，於義爲長。

不知平水人，謂吉生何如。吾意石艾驢，於焉德不孤。袁門於今日，乃有兩博徒。臨汾。
伎倆亂益妙，誰知其聰明。敬天不敢用，詩畫聊人情。〔二〕西方之人兮，蘆鶿梁先生。〔三〕陽曲。

覽息眉詩有作

道心希微間，癡情復歷落。此自吾家詩，不屬襲古格。細吟五字中，頗與王儲邈。念我四代來，文學代有作。然皆餘力及，未盡瑰瑋橐。〔三〕從好負雄志，先祖園名從好。彫蟲恥寄託。晨星見慕隨，集曰慕隨堂，先祖未曾有此名，京山公傳詳之。是否亦消索。以我所摭拾，不解何遺落。穆穆離垢翁，先君自號離垢居士。淡靜青天鶴。松雪發警句，道要在幽壑。下漚亦多篇，先伯有園名下漚。大都類講學。軒昂而風流，惠文大綽約。先叔祖御史公。峩峩獬廌冠，叟叟芙蓉鍔。冢君無聲草，御史公子先伯有無聲草。高視三象閣。讀書齋中閣名。離合任疎放，長須拈寥廓。孝廉於杜陵，御史仲子。顛倒霤簷濩。時復有短章，紫霧障春箔。同學嗤笑之，以爲無處摸。大謬無奈何，而今我與若。目論有公道，憐才不苛虐。一字半句間，冷眼明肫臎。寬法覬多遇，往往遇不著。暗商此道微，消渴難挹酌。亂世多妄人，萬丈自光爚。奴物共旗鼓，公然山斗卓。不知范陽美，燕趙擅芍藥。花林緯鳴鶯，翠袖嬌倚薄。頓詅牛腰卷，大發虎齒噱。罷酒忍嘔歔，側耳向寒鐸。是可巽規否，宏篇行已僣。〔四〕李杜不作噎，撫掌覥傖顇。孟生

〔一〕「畫」，丁本作「盡」，據他本改。
〔二〕「鶿」，丁本作「鶿」，據劉、王本改。
〔三〕「瑰瑋」，丁本作「塊瑋」，張本作「瑰瑋」，參考張本，據文義改。
〔四〕「篇」，丁本作「偏」，據他本改。

謝唯唯，緺眉費忖度。作者今人爾，不管人生殰。我輩三自反，差免鯌鯩惡。不喜爲詩人，呻吟實由瘼。凝滯何難化，運氣中乖錯。一綫憑元氣，陰陽與盤礴。晦冥得奇句，瀰然汗泊泊。時復能少閒，還復理摩削。自知愁是豎，自覺詩是鵲。〔一〕扁鵲。救急策非長，排遣度今作。亦不博名高，閒書邃巖咢。江北盡白丁，南人習欺魄。誰能爭勝負，又去多酬酢？丁亦何必黑，自信少彫鑿。當其所得意，豈望人解獲？近聞有評論，碎細響蒿爝。〔二〕翻憐其識見，幾時得開拓？嚼肉有大腸，脂膩滿包絡。與之嘗橄欖，酸甜遙遙瞘。昧心作好語，於我亦何樂？妙哉不惹妬，怡雲信牢落。

河邊

白鳥歇新凉，微蜩引秋唱。朗月流柏端，河聲在崖上。若非所際爾，吾心豈不曠？

河濱〔三〕

河氣可窗白，生我心之虛。淨義不可舉，如讀高人書。一嬾臣槃考，十年君海隅。山林容此老，何微無蠉蠕？

〔一〕「覺」，丁本作「知」，據他本改。
〔二〕「爝」，丁本作「憯」，據他本改。
〔三〕張本題作「河濱警奇」。山西省圖書館藏有此首詩手稿，無題。由范月珍校勘。

鳳毛之集一僮愚頗近道問得所從來因篤戒僕

鳳毛花酒禪，大陵之别調。不無捩人眼，徽之以扢繚。小堂切城陰，是木不欲凋。綠煙常不晴，入門竟窅窱。一僮魋儗佁，拾之撫有顡。茶酒粗給力，惠者責其僄。初見我憐渠，似不知啼笑。皤然代渠憐，我之天機剿。瞠對相太始，有欲淺乎竅。人既勾喬禪，禪得僮鼿䖘。道氣可靜參，聰明皆不妙。世界習所薄，誰黨爾獨佻。再來勸勿酟，主僕意可釂。

夜氣〔一〕

夜氣四端備，羞惡尤崚嶒。火土混沌中，金木寒光騰。睫間有漏盡，牀上無尸腥。凍餓相戛拊，一志深鉉鏗。

明日九月節，霜氣流淒風。蒼鷹礪勁爪，駿馬搖疏鬉。老農舞連枷，瓶罍愁不充。萬類各有業，雲中鳴孤鴻。

生緣唯一齋，死緣唯一埋。終然負天地，生死何爲哉？鬼伯不發蒙，晨鐘摐心來。嬋媛孰告予？抱一聽其哀。

白日照强顔，朝氣亦纁黃。詩書包長恧，溝壑有不忘。儒生待堯舜，甕牖猥稻粱。孔甲抱秦恨，慨然死陳王。兩生豈不笑，亦各云行藏。

〔一〕此篇據山西博物院藏手稿整理，由曹玉琪重校。霜紅龕集張、劉、丁、王本收錄。

講學

神易非禮書，老生羣嚼糟。聖言偶及此，不敢離分豪。玄田妙畜義，天在山中包。何必不實有？多識亦塞茅。劍須鋒者利，花亦樹之蒨。意氣吹萬有，高才欠一迂。無情並無性，不俠猶不儒。龍川似水火，其實知程朱。

老眼

老眼苦濇痛，每日强半閉。春風動支蘭，作嗽牽積氣。佝僂護右脇，轉變遂爲瞖。隱几忍頻伸，業性閑不去。舊書時一探，迴復山海異。塔院送錦函，慈恩傳箋至。不能待明發，瞬夕就陽諦。開卷起衰顏，正見秉彝貴。要兄趣長安，人王屬唐帝。卽此一趨向，豈復猫狗薙？悲彼蔑戾人，安謂佛無地。所以繙經表，傷昔所朝僞。未見法藏時，法眼琉璃吠。忽憶王景略，生死苻氏媚。茫然昧神州，公爲司馬祟。至今齷齪儒，動自羌猛置。老齒終年冷，十六春秋記。崔鴻祖草竊，類語串一致。以其奴見解，而爲僞點綴。苻猛與石賓，帖括如一事。客秋到頻陽，流寓聞一士。自居王佐才，自許不可世。不云我管樂，津津捫蝨忕。豈其囿于方，欲鄉先達媿？雨中擣□歸，〔二〕忍笑爲齒避。大虧裝和尚，兩言豁肝肺。今日腰痛減，輒復此游戲。再浸薤仁湯，少救麻沙翳。

〔二〕「□」，王乙本作「藥」。

失題

文詞有帝業，不屑媚茲脩。擘頂放龍變，靁雲轟九州。蟲蟻編摩誇，老龍從不知。道人嘻嘐笑，惚恍原如茲。不文亦已矣，文須那伽似。鈔撮姹淹博，搬倉升勺取。又有掘穴人，〔一〕升勺竊鼠偖。妻妾分顆粒，亦怙厥夫力。大小分如此，性稱其命役。蠅蚋聲耳耳，精物本星星。幽田閉無術，半聾偏能聽。響竹起撲之，刹那不混人。殺生損佛性，佛性亦殺生。閒寫至此，投筆欲睡，而蠅混來，不覺爲王思之憤，遂度響竹。老人把筆，無初見爾爾。若蠅不混來，響竹豈不閑閑自在？若四天王肯以彗孛爲響竹，那須數數勞，只一刷而已。〔二〕小言足喻大，聖人怒有憑。掃蕩蠢非類，誰曰非義仁？掃盡無一言，雄文靜乾坤。三元八會書，龍鸞雲霞中。世人不能識，軒轅朗朗誦。

雪林讀左傳〔三〕

雪林好腹赤，遇書無不讀。初爲行脚時，左傳擔頭束。回復施嘈嗏，嘉肴分段觸。卒業向我言，一字足以覆。我問字云何，曰禮是其目。擊節頷其慧，佛子眞不俗。持是印瞿曇，斷不外道逐。尹生無文藪，作壞六經戮。哀哉奴鄙儒，不如吾老禿。蹇茶供大嚼，靈通毛孔馥。

〔一〕「掘」，丁本作「握」，據拾遺、劉、王本改。
〔二〕自「老人把筆」至此，丁本無，據拾遺本補。
〔三〕劉、丁本注：「雪林張姓，陽曲人，庠生，亂後爲僧。」

讀杜詩偶書

杜老數太息，黎庶猶未康。此輩自芻狗，徒勞賢者忙。追憶甲申前，日夕盼鞶鞓。只今死不怨，熙熙寶慶楊。皮業自應爾，天地有大綱。小仁無所用，故林何必嘗？所悲數奔竄，奔竄復何妨？宴安不可懷，仰屋無文章。有恨賦不盡，頗異江生腸。

壬子年下過紅土道場懷雪林雪林别時正解則陽舊國一則

煙春媚暗年，東風拂南岡。雲情寧馨勤，〔一〕早欲栽花芒。老夫無客拜，雪徑來僧房。幽唄不出谷，煖地憐陶堂。劈柑過律師，柑作蓮花香。齋牌隨大衆，潤益亟十方。不知雪林子，何處餺饠噇。草木緡舊都，不化舍闔嘗。今日眞讓爾，奈何難一忘。

離石遘鄆羽脩見我用天瑞先生韻詒右玄詩輒原韻賡贈能押秦字無怔奇哉中且無論矣言爾何人爲復一訓託玄轉致兼復玄責

康樂之詩曰，本自江海人。豈好先名實，天子不得臣。有生同一𪊲，移是任大鈞。嬾散畢所受，無力清黄塵。殘編寄崛嵎，松垣圮不垠。遠惟新亭集，江南仍舊春。嘗笑水心劍，獻于胡□汾。〔二〕

〔一〕「勤」，丁本作「動」，據拾遺、劉、王本改。「寧」，拾遺本又改作「避」。

〔二〕「□」，疑爲「虜」字。

穹廬塞大鹵，唱和歎韻倫。美人自蘭陵，游戲葫蘆濱。見我萬山裹，跫然忘其嗔。冷眼對瑶席，孤靜意自尊。私推一榻寒，有所不能淫。蠱上謬相詡，月脇鏤白元。六朝花柳市，籥雲馳天驎。心魂動秀色，頓解圚图昬。知有白色河，渺漭出崐崘。百川受不溢，枯木懸風輪。深情亦瀟瑟，微言及韓秦。大荒可同逝，披髮騎騏麟。沆瀣堪漱齒，曇雯可膏脣。其如有身患，我輩情爲藩。老周百餘歲，趙遺俄來民。其或得噉珠，於彼癡龍殯。

讀虛舟先生詩

老氣壓全晉，此道人嫌傖。插花競雲鬟，美豔終女郎。曹家無靡語，何嘗少暉光？鮑謝自妮人，風氣南大江。可憐偏安習，琱組排天襄。頗怪元暉子，突兀驚莽蒼。大江流日夜，客心悲未央。十字徑欲霸，詞人誰敢當？

柳〔一〕戊戌正月。

柳氣又黃透，教人奈春何。年光訓廉恥，薪水勞巖阿。老病久自廢，〔二〕一槊安所薖。伊吾絕萬里，壯士投身過。〔三〕

〔一〕此篇據山西博物院藏手稿整理，由曹玉琪重校。霜紅龕集拾遺、劉、丁、王本收録。晉祠博物館也藏此詩手稿，字略有異。

〔二〕「廢」，晉祠稿作「棄」。

〔三〕「壯」，晉祠稿作「志」。

失題〔一〕

寺園有桑椹，老僧許我喫。佳實在于顛，扶奚上樹摘。探著與老夫，不者衛烏雀。壯夫耻彫龍，文士學刺繡。□□一箇家，天地放不彀。軒轅看昌黎，山斗須俯就。一代遜一代，文章日不眞。儘其所知聞，衒之勢利人。七上八下才，五角六張奔。黄君五味在，〔二〕不用酢益齗。不拘□□戒，芹苣芥皆可。新春嫩柳芽，有香無煙火。風乾當禦冬，緑韻磣齒瑳。山房三兩筯，蒸糯仙飯顆。

題慈節傳後

亂世死一婦，欻霎眞微末。不死再脂粉，幡然有難活。胥井待賢媛，蝴蝶潔如脫。書袋漫操觚，丹青莽鈔撮。乃令面目假，識者笑塗抹。大官省緐縟，餅師與战敠。不爲渲雲鬟，束帛聊鬐髻。傳神正阿堵，豈復來疑喝。所以有道碑，中郎不媿汰。文章有廉耻，詞場亂可撥。〔三〕

〔一〕此篇第三首據晉祠博物館藏手稿釋文，與霜紅龕集各本文字相同。
〔二〕「五」，他本均作「玉」，似誤。
〔三〕「撥」，丁本作「掇」，據他本改。

乙卯中秋同王珸王璟胡庭兒眉孫蓮蘇遊寧鄉柏窊

今秋何秋兮，乃從河之涯。物外三四人，帶情聊煙霞。檵薄得霜早，〔一〕蒼翠紅紛拏。嫵媚領南國，睥睨摘幽花。言言語語而，行行來柏窊。

翠柏嫿幽壑，細雨騰秋香。〔二〕柏根轇轕鎛，雲根函一牕。老人忌清薄，朝暾散林光。俯批綠影入，石房殊不涼。坐久神氣和，貪書有蒙莊。〔三〕林邱之所善，先令靜慧長。碯珂出蒨倩，〔四〕可以弄文章。

前窊多茂柏，後窊復松林。既無樵蘇擾，亦鮮腥葷尋。高步取微徑，香綠滴素襟。大石任坐臥，古蘚天花茵。〔五〕何處能喪我，入林即外身。親知時一至，相戒獨晨昏。牕外有虎跡，牕中冥坐吟。彪炳此畏友，總勝奴文人。

蘆芽山徑想酒遺劇

綠來無雲樹，山溪淙綠中。老樹倒爲橋，綠毛僵古龍。遇壑起疑難，卜度將焉從？批林得微

〔一〕「檵薄」，王磊曰：「應作『灌薄』。」見傅山詩選注，山西經濟出版社二〇一四年版〇七八頁。

〔二〕「騰」，王本注：「石刻作森。」

〔三〕「貪」，王本注：「石刻作探。」

〔四〕此句，王本注：「石刻作蒨倩被碯砢。」

〔五〕「茵」，張震批：「石刻作裀。」

徑，愈覺獨往雄。一轉迷黝盭，桻桻爭鬱濃。無窮亦可畏，〔一〕隨復慮有窮。天藍漏樹罅，藥苗穿雪紅。採藥嚙素雪，紅玉呵洞胸。冷豔駿花眼，神上青芙蓉。想酒勞犢鼻，焉得村醜醲。晴空映丹櫨，琥珀光瓐瓏。想極如活見，翻悔不專傭。榔栗雙瓻來，醉死林花叢。昨到北溝灘，南山筆閣樅。我已喪灘外，不復戀老儂。瞻言藏酒者，六百里之東。蒿亭枕麴臥，有酒無山松。豈念蘆芽山，渴死僑黃翁。移志玩衆妙，鳥語林莨聰。嚶鳴皆有侶，益傷鮮我同。名山亦何限，禽向唯雙蹤。四子者安往，汾射留元風。糠粃至今在，佳氣窅鬱蔥。林邱誠大善，雷電殷蓊蓊。天聲到巖岫，青綠凌霄翀。深情岐中岐，題詩不知終。

旅次燈下屬孫蓮甦信手限廿四字倡令髯眉和〔二〕戊午秋。

生死卽旦暮，男兒無故鄉。血丹中土碧，骨白高秋霜。德繳信𧼮𧼮，園觀豈茫茫？〔三〕吟諷本無用，痛快空文章。魏闕何處熱，〔四〕江湖心自涼。美人遲遲來，徒誦水中央。父子俄然別，君臣恐難忘。〔五〕春陵漫蔥鬱，斟灌當誰望？〔六〕浮沈三十年，何日不膽嘗？神孫遽武健，〔七〕如意祝文昌。靖篇

〔一〕「窮」，丁本作「第」，據他本改。

〔二〕此篇原題作「偶錄五言古一章諄復圖賓不似詞人之作」，據山西博物院藏傅蓮蘇抄本改。「戊午秋」三字亦據抄本補。由曹玉琪重校。

〔三〕此二句中，「𧼮𧼮」，抄本作「竭竭」，又作「揭揭」；「豈」，抄本作「非」。

〔四〕「何處熱」，抄本作「在何處」。

〔五〕此二句中，「俄然」，抄本又作「傷心」；「恐」，抄本作「終」。

〔六〕「誰」，傅山全書初版本誤作「誠」，據手稿改。「當誰」，抄本又作「徑無」。

〔七〕「遽」，抄本作「果」，又作「說」。

翼軫旗，〔一〕天兵壯繆將。一枚生不扶，墓酹中興觴。〔二〕數當撇捩盡，奈何乖義方？〔三〕恭忝皇天玉，其諸有不茫。〔四〕我死非允吾，五噫爾其遑。〔五〕瘦熊省經白，老牛矢執黄。〔六〕據地吐盜食，咯咯爰旌吭。嗚然決於心，〔七〕豈復容再商？秦風悵衣澤，楚騷悲沅湘。〔八〕筆墨有前車，〔九〕巖谷固厥藏。華甸陽馬死，麗藻爭虎倀。〔一〇〕老我目難瞑，子孫眉翻揚。〔一一〕變局忌傷性，〔一二〕暗喜仁能當。横流有疏鑿，豈其終懷襄？

〔一〕「靖箒」，抄作又作「轟傳」。
〔二〕此二句中，「不」，抄本作「未」；「酹」，抄本又作「澆」。「枚」，當爲「杖」。
〔三〕「乖義」，抄本作「參苓」，又作「無良」。
〔四〕此二句中，「忝」，抄本作「承」；「茫」，抄本作「芒」。
〔五〕此二句中，「死」，抄本作「既」，又作「本」；「爾」，抄本又作「汝」。
〔六〕此二句中，「省」，抄本作「不」；「矢」，抄本作「固」。
〔七〕「決」，抄本作「裁」。
〔八〕「悲沅湘」，抄本作「怨澧湘」。
〔九〕「有」，抄本作「亦」，又作「我」。
〔一〇〕此二句，「甸」，抄本又作「向」；前句又作「中原無龍變」；「麗藻」，抄本作「熙穰」，又作「奴隸」。
〔一一〕此二句，「難」，抄本又作「不」；「翻」，抄本又作「當」。
〔一二〕「忌」，抄本作「莫」。

附：傅眉和詩〔一〕

遨遊情事異，莫概輕故鄉。道心入煐地，不消鬢上霜。快意期的的，耳目混茫茫。功業無丹青，花草羞文章。血性不時熱，不妄自謂涼。專滯固傷慧，散亂愚未央。以此爲往業，再來期不忘。夷吾能堅忍，喜距總勿望。氣運有贏縮，邪正亦何常。陰符既微露，可以見其昌。安排幸異夢，雀躍如雲將。上帝於今醒，久罷鈞天觴。人間多庸醫，無膽習此方。亂後閉齒舌，〔二〕畏其放光芒。當其逞辨才，〔三〕顧忌有弗遑。恥昧明作明，離合黄馬黄。勝負虚要害，未聞解批吭。〔四〕巨伯妙漁利，弦高仍行商。伐樹赭君山，風波怒沅湘。無怪來狙擊，横暴氣不藏。河北風沙間，至今猶悵悵。誰能獵龠魚，馳騁爭飛揚？穆之裁袴褶，雖老堪一當。君看樹豹尾，不減織七襄。〔五〕

題自畫老柏

老心無所住，丹青莽蕭瑟。不知石苛木，不知木拏石。石頑木不材，冷勁兩相得。飛泉不呰相，

〔一〕　此篇原在霜紅龕集中，以爲是傅山之詩，題作「旅次燈下屬孫蓮甦信手拈二十四韻倡令眉和」。據山西博物院藏傅蓮甦抄本，此篇緊接前篇，並注云：「前濁翁倡，後濁子守丹和之詩」，知此篇爲傅眉和詩，故附於傅山詩後。由曹玉琪重校。

〔二〕　「閉」，丁本作「無」，據他本改。此句抄本作「亂世閉齒舌」。

〔三〕　此句抄本作「辨才故顛倒」。

〔四〕　「聞」，丁本作「開」，據張、王本改。

〔五〕　抄本後注：「武昌記：吴孫權獵於武昌樊山下，見一老母問權何獲，曰：『只獲一豹。』曰：『何不竪其尾？』忽然不見。權稱尊號，立廟於山下。」

憑淩故衝激。礧砢五色濺，輪困一蛟軼。寒光競澎渤，轉更見氣力。擲筆蕩空胸，怒者不可覵。笑觀身外身，消遣又幾日。

遊樂平石馬寺

愛石卽欲死，礧砢而扶疏。天華蒸太始，古菊千葉敷。采采日月菁，飢飱渴亦荼。心肝藉貞氣，物外保廉隅。何處雲根罅，不堪埋老夫？

斑璘石上華，青綠硃砂塗。沈吟計年代，豈非天地初？何有於商周，屑屑誇尊壺。〔一〕文章落言句，眞彩日受汚。偃仰玩自然，寶色當其無。邱蓋焚筆硯，經緯省拮据。彫龍競藻繢，轉眼亦土苴。雲霞幻鸞鳳，神仙誰窺圖？

老檦頂石出，檑檑黑虯鱗。寒情拖鞝骼，冰霜無枯榮。黄葉凍不落，風捲金石鳴。倚薄呞苦酒，衰顔紅稜稜。拏攫恧筋骨，腷臆勞呻吟。奇語琢肝搨，不掃神州塵。終供勁卒笑，常談之老生。

寒月課兩孫讀左氏傳

西山凍玉牆，寒光明舊書。瓦罏焚柏丁，袖手不能舒。兩孫戒犯寒，聊復佔畢劬。左氏世所習，上口當賦芋。調饑是足飽，貧兒氣爲麤。誰知茅簷下，日厭大官廚。

〔一〕「壺」，傅山全書初版本誤作「壼」，據霜集改。

不想

不想寐有覺，何人傳天聲？嘉名自天命，神孫日用亨。宜樹意有無，胡爲撩魂停？謬命久自安，三獸示箕陵。庚辰秋，夢游箕子陵，有三獸守之。國難實原筮，大易凜神明。一得雉膏塞，再得盤桓貞。臣子心難灰，爻繇流連徵。雨復何所遇，信建誰亶膺？窮壑一老叟，諒非簡在明。摭拾快朝飽，車馬帶覆傾。田生抱奇策，聊復干營陵。地貨眞可惜，藏己非功名。〔二〕聖人目望羊，大盜睡不醒。四海學廉隅，百姓熸榛荆。麻糯餵天馬，江外終小成。白頭待扶杖，一豁遺民情。

爲保德王君思作

東山有大膽，初不在淝水。當其入幕時，府主爲元子。可惜嘉賓兒，不與賭墅士。

來青軒遲月

樹氣渲石鬢，泉珮珊雲香。〔三〕娟月上南峯，杏林飛夜霜。鄭虔荷氈至，支遁下繩牀。睇笑煩想像，森森成曉涼。

〔二〕「藏」，丁本作「蔵」，據拾遺本改。
〔三〕「珮」，丁本作「佩」，據他本改。

壯士

黃沙舞笳起，榆柳鳴楛枝。〔一〕壯士夜不寐，撫劍傾深卮。貪醉乃益醒，瞠眼觀天儀。仰視參中伐，短縮當畏誰？拊髀復大笑，天遠安可知！人氣憚一鼓，委天亦何卑！不聞淝水捷，空中有鼓鼙。鷄鳴上馬去，鼻頭飛素霓。迴首天氣肅，旄頭爲之垂。

失題

明月嫿中林，美人來遲暮。杯酒且獨酌，自諦安所遇？結詒豈無言，一水復難溯。藁葬非允樿，〔二〕旁吾寧先顧。果蓏度淨命，德繳覺臨數。眼光落人間，魂氣任之駐。本非高尚人，形跡亂疑誣。若早十來年，猶能試露布。筆花遭夜合，萬物一俯覷。毒酒甘如飴，巨游眞長慮。合浦漆癩酬，任馮當何訴。視息聽早晚，浮雲澹空素。

〔一〕「楛」，拾遺本作「枯」。
〔二〕「樿」，丁本作「禪」，據拾遺本改。

卷五　五言古詩（三）

讀老子

河上義未圓，使我爲經生。依而未能離，〔一〕聊復如童蒙。行行進此技，屑金於眼中。伯陽老慈悲，縫掖多刑名。薄禮階大亂，無禮當奈何？申商非道德，棘儒庸餘波。意□尊其名，少選是其時。飄風不崇朝，一宿蘧廬之。損之純厥儒，又損達農羲。同憂勞聖人，剝復因道師。平陽得蓋公，醻酒醉漢初。

效唐人樵人十詠複斧、擔二章。

樵谿

蓊蓊雲不流，黑綠一溝谿。水石恣藤蔓，斫伐見日月。多少擔頭命，天植此生活。相戒有山神，無犯古崖柏。

〔一〕「而」，丁本作「面」，據劉本改。

樵家

雲破茅簷出，雞聲在籬梢。賣柴帶醉歸，一覺紅日高。煏焞竈下歇，松柏香不消。顧瞻烟橑上，亦有春燕巢。

樵僂

骨勁虎風嘯，膚老龍松鱗。春秋看斧柯，棫樸矜兒孫。肩背有天命，林廊無佚心。興亡不到擔，永言燧人民。

樵子

神全不知險，敢上無徑崖。舉斧聽雉雊，放斧逐鹿孩。日夕懸爺心，認得歌聲來。除頑不算力，一背山花柴。

樵徑〔一〕

月黑一線白，林底林端縈。木心信石路，只覺芒鞵平。雲霧遮不斷，禽獸蹂不崩。〔二〕侶伴任前

〔一〕日本二玄社一九九八年版山内觀編傅山の書法收有此首立軸照片，題作「樵徑一章」，末署「傅山」。文字略異。
〔二〕「崩」，傅山全書初版本據劉、丁、王本作「奔」，晉四人詩、張本與傅山の書法照片均作「崩」，據改。

後，〔一〕不讓亦不爭。

樵斧〔二〕

斫乾信手拔，斫濕時復留。荏苒有不斷，反責心手柔。蘸鋼大匠冶，磨礪高風秋。鐵心將入山，山中木髟愁。

一段不仁鐵，入山仁心流。荒厓足枯朽，誰忍方長謀？脫復猛虎脊，亦可毒虺頭。〔三〕高松不敢試，惡木見如仇。〔四〕

樵擔

乾濕久戮力，輕重不相猜。風雪軋軋動，步驟勻勻開。筋骨石中老，精神肩上來。多少脃弱中，嗟此堅貞材。

察理見直性，轉換何便娟。寒熱領恩義，切劘聳雙肩。杈枒勤拈播，爲誰挑火烟？挑得是男子，〔五〕放下眞神仙。

〔一〕「侶」，傅山の書法收立軸照片作「伍」。
〔二〕此篇第二首據山西博物院藏草書軸釋文整理，霜紅龕集各本收錄。
〔三〕此二句，霜紅龕集各本作「脫復毒虺脊，亦可猛虎頭」。
〔四〕山西博物院藏立軸末署：「樵斧一章。傅山。」
〔五〕「子」，丁本作「兒」，據晉四人詩、張本改。

樵風

柴影照水面，船上生林藪。魚龍不相妬，風似吾家有。到岸理薪束，颼飀微在後。〔二〕大帆打鼓者，尚在波心守。

樵火

敲石引紅餤，望望集徒侶。空山種煖因，圍煬相笑語。手足暫舒展，豈得久偎聚？去去豎寒肩，遺燼不再睹。

樵歌

一聲林表度，不知何者機。四體怨尤盡，渾消山谷淒。百鳥聽眞籟，林靜和鳴低。擔頭寒花朵，不覺開蕤蕤。

喜故人白生兄弟出家得戒〔三〕

大怨不易和，翻頌善知識。借此天地根，消彼蛇虺黑。〔三〕分明兩慧儒，先後逃歸墨。對爾懷雪

〔二〕「颼飀」，傅山全書初版本誤作「飀飀」，據霜紅龕集改。
〔三〕劉、丁本注：「白生，交城人。」
〔三〕「黑」，他本作「異」。

林，大肚蹇茶食。拉搭無威儀，遇書手不釋。幾時小道場，供養入流客。我挾我老莊，參同當莫逆。晨鐘流荷葉，恩親爾願力。幸免北山移，聊復東林集。拔我毒龍嗔，兩塊清涼石。

病極待死戊午六月。

生既須篤摯，死亦要精神。性種帶至明，陰陽隨屈伸。誓以此願力，而不壞此身。世世生膝下，今生之二親。莫謂恩愛假，父母愛我眞。佛謂恩難報，不必問諸人。

入涼暫爾醒快戊午。

秋陽朝便熱，病軀已不任。閉目壓驢背，筋骨自覺沈。南崕醒清涼，如夢入綠陰。灌薄蒙紫露，靜好壑壑深。性命知無益，忍死欲披襟。人生多憂患，情事復交侵。感此幾步幽，而況入深林？蟬聲忙不斷，高亮勝鳴禽。大化蒼翠閒，石傍冥寸心。何必勞喘息，促迫逆旅尋。

不如戊午。

一兒五十歲，兩孫近弱冠。都是好身手，不能解憂患。促壓無所展，坐歎復坐歎。惟有心裏淚，

儘多背上汗。不如楝椓子，〔二〕筋骨甚能幹。〔三〕

艾僑小極作 時枕邊獨有管子。

極知病斯致，病劇還致斯。心在命爲外，神攝形聽遺。豈卽見至理，聊復憐微詞。小枝有玄箸，麤士無實知。知虛合内外，安往非眞其。晦媒潔府待，佳句無鑪錘。波瀾香古楮，玉隴通華倪。邂逅適然遇，弔詭誰與期？

老趣 盂邑作。

老趣深自領，弱喪將還鄉。天地既逸我，豈得反自忙？言語道斷絕，瘖寐束吾裝。早起聞霜肅，嚛嚛明南岡。素雪籠紅樹，奇豔茲秋光。好語嬾一裁，茹之時復忘。卽此省心法，不藥服食方。潞州紅酒來，聊復進一觴。憒憒待其至，負贅日已長。

枯木堂讀杜詩 直隸崇文門外圓教寺。

詩王譬伽文，詞人亂佛子。雲山花鳥逢，眼耳心手以。高才一觸磕，直下道者是。好手擬中的，

〔二〕「椓」，丁本作「檖」，據他本改。

〔三〕此篇後，丁本有旅次燈下屬孫蓮蘇信手拈二十四韻倡令眉和一篇，據山西博物院藏傅蓮蘇抄本，此篇爲傅眉和詩，故移至本書卷四傅山同名詩後附錄。

活語被參死。莊嚴非莊嚴，不似乃眞似。可憐無寸心，得失傍故紙。非非法非法，一燈室則邇。

可憐

可憐一往業，竟無塹回心。翻令老夫痛，不在一生今。靈光能幾許，當得黑業侵？業業轉加黑，心心毒陰深。于彼未必螫，仁根焦輸煁。父母愛不及，鬼伯屯稠林。韓非亦道師，亡徵家國箴。曲士警一語，蓮花牙泥涔。頑冥塞幽田，奈何哉德音。受報永不覺，妄謂魔力任。太始清涼地，迷復無蹊尋。每誦圭峰偈，結癰決一針。不知不可勝，瀆武勞兵斟。子孫習餘酷，密喽刀頭淫。奉之爲義方，誓矢同商參。哀哉道日遠，飽煩亦此斟。

遇虎有作〔一〕

辛酉寅月初，三日黃風吼。坱圠御南岡，棘徑跋躐取。一松黑墓門，宿留蒼顏久。枒杈枯灌中，白額猙獰醜。咆猲叫欲撲，〔二〕狺狺匑抖擻。何物獶獅兒，藏茲鬼伯藪？睥睨問虬須，〔三〕愜是於菟号。徐步踰北隴，廻顧想馮婦。嬰非單生色，咒無赤刀口。終年欲一見，新春能邂逅。漫語村少年，烏

〔一〕 此篇據中國嘉德國際拍賣有限公司二〇〇三年十一月二十六日秋季拍賣會中國古代書畫拍賣圖錄釋文，由葛敬生整理。霜紅龕集各本與傅山全書初版本收錄。

〔二〕 「咆」，丁本作「泡」，張、王本與圖錄均作「咆」。

〔三〕 「問」，傅山全書初版本與霜集各本均誤作「同」，據圖錄改。

鎗叉棒走。〔二〕須臾見皮肉，割剝衆人手。翻悔口不緘，豈非殺生垢？畢竟害人者，殺之未爲負。轟傳吾遇虎，訊慰勞朋友。〔三〕驚詢遻彼時，何如心動否？廻想加諦憶，恐怖實未有。文章不彪炳，聲氣雌吱狃。攫搏亦自雄，吾終以爲狗。不則梁渠類，見之有兵咎。天君至今靜，遽居告子後。先本無戒心，坦然亦其偶。人生所遭遇，非類未勝杏。觸目難爲羣，何必在禽獸？一以無機予，爪牙無地受。〔三〕豈得矜沈勇，〔四〕浪詡膽如斗？徒然無忌憚，怕處鬼隨姤。山林多不若，榔櫟不豫楸。濁翁山〔五〕

待死六章〔六〕

老病不待說，鞅掌玩死趣。冰消水任流，成偶虧何故？作息淺淺看，勞旦而逸暮。

誰痛復誰覺，痛過覺何之？極知痛爲假，眞覺爲提撕。鈍人無超詣，決潰癃迺夷。

生事都向外，惟死乃近裏。風卷浮雲去，蕩蕩千萬里。不見天愛雲，戀戀怨風駛。

一拜先師林，皇皇知弱喪。無窮繫表言，一臂竟誰抗？雞足待慈氏，未空壽者相。

生陳死又新，來輕往亦勇。蒸變聽自然，知覺有不動。一兩明髁子，記著帶紅腫。

〔二〕「叉」，圖錄作「乂」。

〔三〕「慰」，傅山全書初版本與丁本作「問」，他本與圖錄均作「慰」，據改。

〔三〕「爪」，丁本作「瓜」，據張本與圖錄改。

〔四〕「豈」，丁本作「其」，據張、王本與圖錄改。

〔五〕落款三字，傅山全書初版本與霜集各本無，據圖錄補。

〔六〕此篇據山西博物院藏手稿整理，由曹玉琪重校。霜紅龕集張、劉、丁、王本收錄。

淨名之園觀，莊生之卵彈。遷化無死生，嬾人獨泮渙。去去阿那含，不來阿羅漢。

題昌穀堂字率意所及多蔓言不責侖脊〔一〕晉王善書，自署「昌穀堂」。

一舞而見殺，有唐食馬報。歌工聲如雷，霹靂哀號嗈。王鄭高才士，忍死戴紗帽。貴賤意懸絕，〔二〕顛倒憤懷抱。〔三〕不謂工書王，⿰黹卯黼邀賊笑。〔四〕不負臨宮池，絳碑就將造。府寶賢堂帖，傳云摹自絳帖。〔五〕始知北地王，衒技不可耀。不然何無俚，淒涕哭宗廟。朽才分溝斷，翻譽爲忠孝。〔六〕有能卽有濟，天授此墨妙。兒子習琵琶，指備身口道。所利有大小，得計則同調。宜乎署有能，惟嫌不治躍。戴絃不輕鼓，老迂昧竅導。雪林重寫人，防人或有肖。貧道簡金石，念茲仰高蹈。〔七〕作字如作人，亦惡帶奴貌。試看魯公書，心畫自孤傲。生死不可迴，豈爲亂逆要！老倪眞倔彊，未但言論峭。〔八〕糞船而燒香，不受張吳召。

〔一〕張本題無「多蔓言」等七字。
〔二〕「意」，張本作「義」。
〔三〕「懷」，丁本作「褱」，據張、王本改。
〔四〕「黼」，丁本作「⿰黹肙」，據他本改。
〔五〕「云」，丁本作「之」，據張本改。
〔六〕「爲」，張本作「以」。
〔七〕「仰」，張本作「是」。
〔八〕此二句，張本作「老倪死爲元，耳食東南噪」。

七賢祠〔一〕

疎柏粿高楸，哀陰古祠假。簡樸貌七子，眉目先進野。宣孟顔不舒，受法無以寫。韓子矜而恭，意注舉我者。膈臆哉彌明，殺獒怨未解。桑餓釋菜色，報德果然也。還顧觸槐人，恬然嗔怨寡。公孫死既烈，豐温像安暇。爲事易已了，〔二〕道腴自閑雅。肅容禮程公，癯慘神獨冶。保孤終下報，勞瘁量難舍。〔三〕惻惻流離子，泪酹無杯斝。〔四〕乾坤此何時，七尺未狗馬。龍髯不及攀，前星暗天下。亭毒三百年，寰海盡聾啞。草莽惟一死，死恐未瀟洒。仰天看怒雲，驚如義旗哆。

祠僧患風不能禮客既令其徒以筆硯請留題貧道怪其意曰聞名能詩許再復之因自歎有作

毛錐不殺賊，吟情附雙淚。男兒生何爲，壯業雕蟲蔽。悲壯浣花老，顛躓雍梁際。忠憤發金聲，誰識此公志？〔五〕當年事如何？哥舒失險備。上皇樂游覽，八駿馭西轡。〔六〕翠葆駐蠶叢，百靈擁仙

〔一〕劉、丁、王本注：「趙宣子、韓厥、程嬰、公孫杵臼、鉏麑、靈輒、提彌明。忻州北門外。」案：以下諸篇，劉本在甲申集中。
〔二〕「事易」，張本作「易事」。
〔三〕「勞」，張本作「憂」。
〔四〕「泪」，丁本作「汨」，據他本改。
〔五〕「公」，張本作「翁」。
〔六〕「駿」，傅山全書初版本誤作「輾」，據霜本改。

帝。靈武正飛龍，四海仰新制。行在尚可達，不負閒關致。元勳推郭李，河山破復易。口號記天誅，劍外喜收薊。哀哉生不辰，英雄遁何地？絕裾懲太眞，棲棲尸饔計。知名不賣藥，月露遂成祟。投筆起吞聲，雄劍爲誰礪？老衲好客詩，七子知客意。

棗下

兒童匝纂纂，共嬉枝上繁。引石打新紅，一中羣譁諠。野老扳樹哭，顆顆天地恩。飽德不知自，浪嚼味亦單。願言計根枝，滋培非一年。請觀棗下井，不改當時泉。

頓邨舊家作〔一〕

老屋簷弱欞，中宵月漏亮。四壁翠苺衣，稱吾窮宅相。須眉負日月，凍餓死何悵？漢季一寒貧，〔二〕無聊與友尚。華屋豈不宜，魂夢亦羞傍。匈奴何與漢，爲家恥大將。

鄰老攜酒過

亦解酒忘憂，杯盤不敢舉。隣老攜燒春，殷勤啗辛苦。辭謝無峻詞，但云偶病暑。糟瀡請自斟，意到不在酺。坐看梨面頳，顏開計禾黍。所慮惟飢寒，此外無艱阻。自憤善憔悴，何獨少樂土？人

〔一〕各本注：「忻州頓邨。」
〔二〕各本注：「寒貧，東漢石林號也。」

生亦無幾，盛衰自今古。況復師漆園，烏蟻從上下。委形付大冶，舜蹠同一腐。安用愁墜天，戚戚不歌舞？聊爾憑曾樓，〔一〕一豁半年楚。四塞放眼底，忽復淚如雨。自悼誠小人，茂弘駡中汝。天高雲意閒，望望勞延竚。

過先居士舊墳〔二〕在邑東山洪子峪，遷西山馬頭水三年矣。

禾黍搖悲風，高原日氣白。曖焉先子棲，哀敬不禁集。先人之所依，後人之所翼。故宫憫宗周，臣子同一德。嗚呼此性情，不共邱墟易。守墳父老存，延坐問消息。陶穴下豆粥，剝棗慰饑渴。相視益親厚，如對父之客。問我家何方，蕙畹亦難跡。湖海牀自高，無心起蓬蓽。〔三〕悽悽隴首勞，未欲田舍覓。一亭蹲亂山，野菊香可摘。采之裹爲糧，將造山圖室。

七機巖〔四〕

勞人尋幽山，青鞵破秋紫。驀躋七機巖，丹黄鞠荆杞。美人化何之？杍柚空久矣。愁緒紛無端，鈎綜將相死。〔五〕惜哉天孫堂，〔六〕不棲甕繭子。富兒怙壑舟，囊篋羶僊址。白霓嬰肩吾，豈任縢緘

〔一〕「曾」，張本作「層」。
〔二〕劉、丁本注：「甲申八月。」
〔三〕「心」，張本作「地」。
〔四〕劉、丁、王本注：「盂縣藏山之口。」
〔五〕「鈎」，張本作「鉤」。
〔六〕「孫」，張本作「絲」。

使？金銀氣不藏，胠探足自駛。村僮貪煖飽，比屋賁育起。如赴君父難，弱肉甘刀矢。我來相鍜鑪，兩人呻瘡疵。相視發浩嘆，何處無勇士？戰場問國殤，乃獨少如彼？大盜容侯王，鈎竊仇無已。中原用劍戟，偷生亦可恥。向禽五岳游，漢郊妙無壘。

題陳十右玄買得韓雨公所藏管畫〔一〕

名畫滿兵市，貪夫賁育搆。管紙淡無色，不顧慮難售。一士非新人，〔二〕識自桼園舊。見之動金石，饑餓忘前後。易歸意何得？似與園主遘。俗奴昧此義，眞假滋呰詬。或復貌賞識，感傷爲管瘦。手們心代驚，幸畫無情竇。願言爲畫謝，憐儂無地受。即使眞有情，娉婷從少疢。藁砧嫁兩朝，習見未爲垢。尚悔減紅綠，令人不驚走。今歸故人笥，得無怨側陋。

願旱〔三〕

雨浸人心熄，旱燒冀復然。燒之竟不熱，心臭腥寥天。願訴祝融帝，火龍揮三千。烈焰吐一世，熸此污邪原。大地見高明，菑畬種聖賢。皇天知好生，安用禽獸塡？烈哉伯益勳，上帝俞其炎。桓宣記有年，孔子尚不然。

吾度夷齊心，不惡肥遺蛇。神州不生草，誰當有室家？采采首陽薇，豈能獨萌芽？樂哉無可

〔一〕丁本注：「甲申。」

〔二〕「非」，傅山全書初版本誤作「空」，據霜紅龕集改。

〔三〕劉、丁、王本注：「甲申五月。」

食，早死心魂嘉。

石河村與郝子舊甫〔一〕

須眉覥人臣，瑣尾窺林藪。尤恨爲人子，宅親無安土。籃輿歷畏途，捍禦力不赴。〔二〕蓦入石河村，通家遘舊甫。老氣率眞意，避居寓吾母。黄雞勸燒春，新穀舂數斗。墨突不買柴，稭稈盡塲圃。〔三〕飽我煖我者，薪米見朋友。飽煖吾老親，薪米過璠玖。事異閔仲叔，片肝逃腹口。飲德暗感歎，古人行處有。徐徐蘊藉書，〔四〕筆硯精無垢。見之如老農，耒耜委南畝。野鶩意中翔，不禁柔鈍肘。流離潛荒野，文物安所取。少年多才用，子眞黄玉偶。憶從黄玉案，見子七襄手。機杼天孫花，芳潔仙雪藕。視彼時髫髦，塗抹但畫狗。侘傺天步艱，月露且無受。青楊長玉林，百株匝垣牖。卽此成小隱，風俗况淳厚。寒月到籬落，清光浸郫酒。沈緜何用愁，時郝子病。〔五〕醉死快邱首。北極望不眞，涕淚日就老。蕭艾隨地榮，蕙蘭惡羶臭。彼其怕生促，君子嫌命久。

〔一〕張、丁本注：「壽陽。」
〔二〕「赴」，丁本作「赳」，據張本改。
〔三〕「盡」，丁本作「足」，據張本改。
〔四〕「書」，丁本作「出」，據劉、王本改。
〔五〕「子」，丁本脱，據張本補。

趙氏山池

風塵黯天地，逌走惡遺跡。符生志買山，百萬難于頔。棲棲向子平，因人問幽僻。俄游天水鄉，小壺一邱側。入門綠韻寒，塘組菱花碧。玎璫簷玉鳴，滴瀝哀箏擊。中喝緒如焚，霜梨黃玉摘。造席見番繪，黑繒金代墨。驚哉一狻猊，降意馴羌笛。邂逅何太親，豈是好奇癖？中原一陸沈，羞見神州客。心魂安亂賊，毛髮猙獰逆。未如茲老番，鬖髿踏烏革。不必通詩書，尚存古顔色。撫心通畫情，凡物皆足役。猛獸可教戰，指顧妙組織。唐京亂羯虜，〔一〕花門亦需力。所咎留不遺，〔二〕浣老吟詠戚。爲問握機人，此事將焉極？日月果重明，豈愁聽觱篥？無端傷隱心，小懟終成泣。趙壁懸畫，一胡舞笛，指顧一狻猊。傳倭筆也。〔三〕

見內子靜君所繡大士經乙酉。

斷愛十四年，一身頗瀟洒。豈見繡陀羅，悲懷罣牽惹。卽使繡花鳥，木人情已寡。況爲普門經，同作佛事者。佛恩亦何在？在爾早死也。留我惟一心，從母逃窮野。不然爾尚存，患難未能舍。人生愛妻眞，愛親往往假。焉知不分神，勞爾盡狗馬。使我免此嫌，偷生慈膝下。紺緜傳清涼，菩薩德難寫。

〔一〕「羯虜」，張本作「安史」。

〔二〕「遺」，丁本作「遺」，據張本改。

〔三〕末四字丁本無，據張、劉、王本補。

哭雪

臭土三千丈，想雪如調飢。靈霽生一葉，惟恐風復吹。無端敲朔霰，〔二〕瑟瑟鳴珠璣。大韶冰氏子，〔三〕故人天上來。市井難放眼，選地山招提。老松玉虯立，著寒添瘦姿。折枝喜代塵，豎義理清辭。皓結發中楚，機動不自知。暗念姑射子，何必復來茲？忍以鮮潔蘤，委作塵沙泥。雪豈亦無奈，舍此莫可之。或圖田舍老，諛訟春扶犂。扶犂期一飽，飽死欲何爲？儘可囓子卿，不必氈毛資。誰深屈原淚，玉米如京坻。

〔二〕「朔」，劉、丁本均空一格，據王本補。
〔三〕「韶」，丁本作「器」，據劉、王本改。

卷六　五言古詩（四）

題師子林畫册〔一〕

問梅閣

清晨下蓬閣，但爲梅花起。心遠屢欲前，頗已失之邇。晚步明月歸，覺來比舍是。鼻觀能譬人，春風自莞爾。

臥雲室

白雲狎無心，飄然若孤鶴。朝從川上來，浩浩秋宇廓。既乏作霖雨，終欲笑龍蠖。所思餐霞人，相將臥林壑。

冰壺井

玉色澄冰壺，下疑明月窟。湛湛映千春，一勺孰可竭。于時思丹砂，誓將刻肌骨。神仙可寓言，

〔一〕此篇錄自王晉榮刊霜紅龕詩卷一，他本未收。王晉榮後記云：「以上詩爲榆次常君子襄得之報紙者，時值刻工未了，囑余補入。子襄於先生詩，能別眞贋，余亦信而不疑。宣統辛亥四月小亭記。」

其事亦恍惚。

玉鑑池

玉池如鑑平，天開月華色。浩然思箕潁，清風將安極？我持一瓢餘，焉得不努力。澄瑩類淵古，渺焉非所惑。

獅子峰

陰風偃勁草，未至毛髮豎。劃然天地晦，一吼破雷雨。特兀古已尊，勢欲吞貔虎。何當問巨靈，心懾竟莫吐。

指柏軒

禪宗示一指，其意柏嶺表。怡然柏樹間，相視輒了了。我希無言師，大道懼莫曉。危坐始自言，多嚳孰非擾！

吐月峰

危峰抉陰霓，萬象值其内。烱然吐白毫，了若無所礙。平生抱幽壑，舉足時養晦。道心方自閒，孤寂啟宵昧。

脩竹谷

朝陽下幽谷，綠霧寒不定。回飈時冷然，一鳥忽深應。初疑風雨懷，便覺山水勝。長嘯殊未言，瑶華竟相贈。

大石屋

石屋無四鄰，端居多坦易。不識我言閒，但覺巖穴肆。有時延清風，或與白雲至。何必貽遠才，卽此經世意。

立雪堂

道在豈外人，不能譬以口。虛室止吉羊，所得亦非偶。古有立雪堂，來者孰曰否。道同輒漸分，莫懼曠日久。

小飛虹

爲虹作長橋，五色騰光彩。淩雲形飄蕭，引領企所在。我思乘無倪，千載儻相待。會當從津梁，因之叩眞宰。

含暉峰

憺忘始自佳，頗復賞心遇。何須登雲梯，終日得靈悞。連峰意不盡，一拳獨屢顧。遨遊泉石間，清暉且留住。

偶然四首〔一〕

混沌我何有，一識二不知。蹣跚隴畝間，豈曰眞農師？仍仍老幽田，塞以新黃犢。
閉門繙梵書，淡彼諸有爲。父子得各異，安命以爲基。諸妄不須戰，慈身猛自持。
直道天無雨，乾旱且無期。皤然小風雷，兩日爲稀泥。彼蒼妙迴斡，我輩安得知。
黃鸝未吹簧，鳴鷄先來叫。鵂鶹高榆間，又復一年笑。光陰不過爾，小屋萬流櫂。〔二〕

最鳴從平水來損橐以縑素徵書小陸適在信手限廿一字口占復之仍寄右玄〔三〕

一氈不濟寒，薄於赫蹏紙。蟋蟀習深思，唐風復如彼。平水非江湖，聊復芥舟艤。文明之古道，不無五色雉。翳視惜羽毛，豈忍射以矢。有捄復有鏄，如挾夫人匕。有癯東野來，寒格應不爾。何必長安花，姑射霞如綺。肥腐當春秋，爨篆尊於璽。苜蓿勸索郎，檽星炤眼紫。得意氣亦粗，夢勝槐安螘。那怕官畏罵，鄭處有芳軌。〔四〕科頭倒茆齋，喜廢韜髮纚。何爲蹙窮額，同年看元美。前日入太原，問我雕蟲技。啖棗幾二年，不見黃其齒。大損束脩橐，沽我思柔旨。野鶩非□意，短羽戛

〔一〕此篇據段帖整理。
〔二〕詩末署：「傅山。」
〔三〕此篇據晉祠博物館藏手稿釋文，由牛樹檀先生整理。
〔四〕「處」，傅山全書初版本作「索」，據手稿應爲「處」字。

流徵。寄語陳寧鄉，孟郊不寒矣。〔一〕

張裁〔二〕

一襖十來年，拾掇與將息。重自張裁手，老成細謹蹟。世亂百工變，氣焰嫮時式。錦繡裰纙才，我輩豈敢役？此翁心不爾，恬然舊藝執。直領連方襟，爲我舉剪尺。肢體諳明王，針綫知中國。著之不膚撓，雖舊但親德。鶯背漸成緇，吾道願守黑。易辱潔亦患，裕帖裹壞色。追憶用爾時，崇禎四如昔，低頭四十年，蒼髯坐勞疾。新衣誠難穿，新人亦難覓。〔三〕

遠客〔四〕

遠客銜泥到，畦蔬摘未遑。向陽東道快，當暑北風涼。〔五〕邂逅能無厭，〔六〕因親更不忙。杯盤着劇酒，枕簟讀書牀。對尔開襟戀，教吾老興狂。情懷何必久，顧盼有難忘。鍾板禪家有，覼縷我輩唐。太原西北路，四海一劉郎。

〔一〕此下，傅山全書初版本尚有「尋魯城北范居士」三首，實爲陶潛、李白之詩，故删。
〔二〕此篇據山西博物院藏手稿整理，由白春娥釋文，曹玉琪重校。
〔三〕此下，傅山全書初版本尚有「貴賤雖異等」一首，實爲唐韋應物之詩，故删。
〔四〕此篇據鄧實珊藏手稿整理。原稿無題，標題爲整理者所加。
〔五〕「暑」，傅山全書初版本誤作「署」，據手稿改。
〔六〕「逅」，傅山全書初版本誤作「逌」，據手稿改。

六十八歲生日避客土堂哭姪仁追痛往事〔一〕

生死一日中，久諳東野語。篤情老紛糾，苦趣獨多取。亂世防飢寒，念汝累子女。含苟因生活，楝棪小壺許。好步豈不移，慧性詎儈侶。惡姿伏所習，老眼胥螟聚。天親饋嗜蝕，劍鋒欲倒舉。疑訟染何處，无咎震無所。虺蛇塞天地，鶺鴒□酟醑。火色甘糟丘，陰陽患莫禦。隱志痛先兄，呻呫空柚杼。大郎既玉折，蕭歎復仲阻。撫孤未周密，桑榆心萬杵。老降羣從來，灶觚俯淚語。僧撩勉茶酒，蕭琛寂鼎俎。觴政想松僑，仲容醪旁午。長人如紅鶴，起舞勸有諝。客散場圃涼，一壺自容與。頗復領蘊藉，眞可巖谷旅。以此慰兄嫂，版築一士處。亦可謂佳兒，差足庭階樹。華甸有驅除，白頭漫延佇。三日忽豎二，十起愧第五。於道微有聞，令叔過得去。皇皇中陰際，童心往來緒。一子痛失性，二女尚無主。無可奈何事，世間不勝數。不解爾因緣，徒令吾中楚。容易三十年，抬掇顧瞻傴。不爾偃蹇安，若爾只少汝。痛汝及兄襄，追痛汝之父。不曾少快意，咄咄成今古。吾情安所用，傷哉願力梏。

〔一〕此篇由陳監先先生錄自晉詩二集第十二卷。

丁巳弟山看水仙二首〔一〕

根柢何流落，〔二〕風塵來土堂。主人不輭美，得無黯江鄉。瓦盆安所遇，幸脫市井行。此賈人所寄。具性無南北，豈其遷弗良？爲我亦著花，癃鼻領微芳。道氣香不酷，臞容淡能長。瑤池醉春露，羽扇搖翠翌。丹崖皓月下，白髮黃冠傍。待以無腥羶，陪以古衣裳。解醒無茗盌，避煙那書窗。寒泉裂石來，澆之如玉漿。爾情翻我移，伯牙當更張。精神共寂寞，晤對相冰霜。芳草亦有命，去此徒脂肪。

同來幾百科，離羣此雙蒔。彼其或華屋，爾獨蓬蓽翳。華屋酒肉嘗，蓬蓽落詩思。嗚呼西北詩，未得婀娜似。南風習綺靡，瘁瘵驚贔屓。莽蒼逼靚妝，相形轉嫵媚。濁翁蔥蒜夫，從來少清製。不忍誣本冬，違心贈此字。草昧又花朝，山河動腷慨。不顧凌波步，暗啞卒粗厲。墨池噴蛟螭，冰肌且休懞。鼇躃波上來，老顏亦仙輩。蒼然鼓雲濤，道心可遊戲。迴看綠劍梢，白霓爲增氣。

極知

極知道我愛，微妄不許萌。約束每獨覺，涉非多痛懲。櫻桃偶刺譏，翻首血淚迸。疾惡傷自和，偪側旻天瞠。老口才會哆，隨聞拂意聲。低頭數日思，拂志飄風平。好風忽相落，旅復洋洋盈。步

〔一〕此篇與以下兩篇據上海有正書局傅青主先生自書詩稿手稿石印本整理，由吳崇謙先生釋文，谷錦秋重校。霜紅龕集王本收錄。此篇標題之「弟山」，王本釋作「弟四」。

〔二〕「何」，傅山全書初版本釋作「河」，據文意，當釋爲「何」。

健飯亦香，不敢爲豫嗚。少頃好風過，幽田靜翳翳。即如眞大悟，轉眼浮雲更。豈昧拂天性，於我何虧成？雪髮樹寒乾，支此神化情。予性不予命，皇天弄老生。禿穎舞屋座，妙度雄從朋。呰裂鄒魯澤，沒此蝨蝨釁。小人忌名分，惟恐冠履正。老命在朝暮，噶彼四海英。終憶東池笠，知負豈謀乘？度有人驚射，準者一獲令。日幸玉鉉悔，久安膏雉貞。義旗未産新，聊覩改市旌。推方自得牢，風雨多葛藤。七十好奇計，落魄防疽生。流覽頷詹子，神傷不自勝。眞論極俯仰，緣率難情形。絲竹未易陶，輒復霞灣行。秋桃皸紅頰，野老傾筐迎。班荆徧倚薄，纍纍丹砂雲。飽看何必噉，爲目無所櫻。迴光遂初理，始氣連雲青。

連雨晚晴步自澤村西望原歲憧憧不覺至河邊問渡

涇雲花擔開，夕陽射河淀。河柳濃無枝，檀欒帶河譔。綠水千萬團，瀼瀼罣西堰。歆蒸潤大生，柔弱滿秋甸。晉人不敢死，有年荷天眷。綢繆亦狗蒚，蟋蟀終鳩宴。饑莪待英雄，安飽豢留戀。鋪藥有原隰，蒿荻少藏箭。夸矜喜功名，宿昔太原羨。無禮少年豪，有靦老夫賤。用夏原空言，奸腐莽爲援。聖人在天位，不殺豈能成！恢恢亦可變，皇皇江東見。文定誰何振？武遂此物擅。脣齒一河水，苦樂東西辨。老革舐犬子，兒肉不之嚥。遙遙風鶴驚，寂寂山鷹練。秦川罷歌舞，巖谷亂雷電。不知赤伏符，稱據十二煽。□□□成搏，芍藥嗜欲津。吹噓不自覺，聊了英雄因。葫英挂棗枝，石枳貧光灩。此蓄饒別旨，和芹漚漿掩。苦香發酸韻，油膩滌黃琰。細嚼過杏蕊，詩書頗無忝。彼其粱肉命，薄性豈能諂？大官有左氏，朝夕指旋染。文澤興介麋，華筆僕姑剡。擊鮮快一飽，淨不腥羶點。老夫無䢅言，小子閔馬儼。忍饑謝居沽，研池甕菱芡。五臟有眞歲，不問年豐減。捧腹吟妙言，金莖露微餂。豈復有世味，嗛嗛令吾慊。貞士無遠略，大權歸亂人。龍戰氣運雜，雌伏壚米嗔。大冶鍊聖寶，天地如不仁。亂絲一朝斬，乃見眞君臣。因緣紛起滅，各報無明塵。此亦大樹好男兒，荆棘之年戰間關。上林喜躭逐，白水面武人。少此心功狗反覆猸當密樂河東上塵郡就倓繕。〔一〕幷州得君長，乃獨免蹂踐。當時沮汝間，千里亦偷忭。環顧舊山河，□體謝連拚。〔二〕器仗無大材，栲杻尚豐衍。斧柯鎌柄餘，棘矜天與僝。亹亹前塵來，行行彼岸現。秋河晚更明，利涉裳一搴。

扶病歸里喜老友玄錫攜口腹數種惠顧卽目亂拈三韻〔三〕己未。

名玷薦賢中，總愧搖傖皓。二豎預揶揄，一瘡故打攖。荆耙千里舁，六月僧牀倒。呻吟無故鄉，友生撥懷抱。每見紫峰强，卽憶玄錫老。同歲八十四，營相自靜好。散花亂石間，豈復能清擾？驊騮舞交衢，巨麋念山草。得免菟園策，濫陪玉衡考。嗛嗛八珍賜，不得眼一飽。傷哉安命薄，扶病還山悄。雪林知我歸，慈悲慰煩惱。坐定問羽一，客冬物故了。歎息如有負，脈脈此中檮。雙塔握手送，恐不烟蘿保。今茲如屬來，然疑夜臺杳。羽一，高生，訓蒙鄉曲，知大義。甲午之難，鄭重顧屬。戊午北發，別于塔院，相期初服。知我信我，老友爲最。急圖告慰，不負所約，遂善逝不得再見。別有近體六章，專申此意。細細問文翁，得無少加耄。云裁昨日面，精神全不槁。矍鑠素所諳，想見豁懸慓。明日策蹇來，蹭蹬三臥道。徐徐步入村，略不傴僂伕。風鬋飄鷺羽，霜頂籜冠小。傒擔滿一肩，物色未分曉。乃言爲老夫，麰麯

〔一〕此段手蹟釋文句讀均有困難，疑有脫誤。

〔二〕「體」字上一字不識。

〔三〕此篇錄自陳監先生霜紅龕集補遺稿本。

□□抓。綠豆嫩架摘，紫茉條桑捎。復慮饞無肉，蒸羊□□熓。習我非清眞，新蒜□□帎。既承周黨意，誰能閔貢矯？開懷三兩言，錚錚興未掃。生氣映蓬蒿，眞蒂且不殳。禮法東魯尊，因果天方拗。鐘鳴具羞惡，屋漏儼蒼昊。鄭重述乩仙，旦暮氣當嶭。篤誠未覺癡，心憐豈思昭？疇昔老衣冠，儘惹少年謅。此老顧少年，舔餘雄靴靿。發縱指示間，不堪充輿皁。兒郎能把鋤，日畝鎛斯趙。下春脫粟餅，半升無菜咬。此兒自足貴，捫腹休恅悼。不欲移此志，苟圖粱肉膘。我見富家狗，粱肉滿槽舀。非分恣世亂，逸德待天討。柴門窮父子，堅築塞翁堡。

耐貧〔一〕

六極列貧弱，救貧還得强。世亂習氣賤，〔二〕多令本業荒。日鋤一畝暇，晚飯六碗香。天與此骨力，豈是窳劣郎？顧彼驕强者，氣皆奴婢揚。一僕怨主貧，此亦小人常。憧憧晝夜計，〔三〕若或登華堂。恐落甕城諺，乞兒勞空忙。〔四〕少年轉更失，與此同侹儴。每見老及耄，亦多苟且望。胺臢置從來，喜勝園之唐。公侯畧小節，豈皆法秦房？老杜贈人言，讀之不能忘。一請甘飢寒，不願飽煩傷。悞失將帥意，深慮投人悵。極知貧難忍，忍卽醫貧方。〔五〕翁健知天意，兒强且地壃。〔六〕薄薄舊田

〔一〕陳監先生所見手蹟題作「又囑」，緊接前篇。霜紅龕集收錄，題「耐貧」。此仍以丁本爲底本。
〔二〕「亂」，丁本作「晚」，據手蹟、張本改。
〔三〕「晝」，傅山全書初版本誤作「書」，據霜紅龕集改。
〔四〕「勞空」，丁本作「空勞」，據手蹟、他本改。
〔五〕此二句兩「忍」字，丁本作「耐」，據手蹟改。
〔六〕此句丁本作「子强且地僵」，據手蹟改。

圃，耕耘眞道場。

美源〔一〕

膴膴美源鄉，無復張楊澤。斛山鶡菴。撲天蝴蝶飛，粤夆橫其滑。瑣尾殘詩書，恨不爲朽麥。望望頻山陽，何處美田宅？猶風辣漆沮，烟田滿阡陌。眞虧黑李才，天生，鄉人謂之黑子。詩文好氣魄。一行爲翰林，心事無莫適。雖非冥飛鴻，亦難稻粱弋。寥寥玉衡賦，深深盾頭墨。雨中約老夫，共促九芝劄。九芝瞿瞿言，今夕夢奇特。開門接文書，案牘倥傯籍。角角大成書，映映字有赭。驚駭劇遮蔽，既覺猶戰慄。問我此何兆，六夢皆不測。老夫暗自笑，君已應何繹。宜楙太好事，穿盤莽呹肸。將此一不化，齟入清官密。清官徐自談，極知失身讁。歎息此知難，知失卽未失。一簿曰祖官，細記饋送目。爲問老佃戶，此租何時畢？撫掌相與笑，此名自爾闢。詎浪素所善，薄詎未爲虐。鄭重官之難，急欲遂初服。遂初何容易，始謀且漫執。上黨郭細侯，未被百姓疾。再來竹馬迎，亦未沒史策。范陽得文通，武侯車騎逆。陳留死爲秦，不得怨老鄙。亂世有用才，豈同樗朽質？老死守嵓穴，于世復何益？至正東南士，鼓勇講守節。蟪蛄論春秋，厠牏矜松柏。鼊鼇聖裔腸，學祖令我喀。多少迷復人，生怕翻此局。天威儼不殺，漢儀先濫及。人生幸不幸，際遇互求忒。寄言明哲人，保身有變術。順動大時義，盍簪爾輩得。

呹肸，甘泉賦：「薌呹肸以棍批兮，聲駍隱而歷鍾。」呹，疾也。肸，佈也。仍是肸蠁之義。

〔一〕此篇據山西博物院藏手稿整理，由吳連城先生釋文，曹玉琪重校。

庚申六七月之間卽目〔一〕

一年無好雨，臨了復秋旱。一覽非吾土，不收何憒惋？不收我亦饑，我飽亦何幹？父母生我來，豈使但喫飯？四郊紛流人，乞活瞎奔竄。生墮餓鬼趣，棏然浮萍渙。野火狐不鳴，嗷嗷哀鴻雁。膽既餓不出，安命壯亦懦。山長頌清化，天意不許亂。益知壟上嗟，古今不易誕。紛聞過河南，不下十來萬。沿道陸續死，嗟蹴苟暮旦。皇天豈不仁，此流仁亦怨。先皇四事徵，較無今之半。盜賊未來時，終日雲霓盼。至今徹骨窮，額外何勝算。連歲妨農極，愚頑以爲慣。忽然此流離，拖挈悄悄歎。不知恩義心，釀此雹後熯。大地不時動，休咎付一慢。豪奴習腥羶，日夜饕烹爨。益令崩迫者，訟天不均看。終然淨饑死，或復塞翁逭。彼其待天誅，恐復有糜爛。芻狗終横及，苦樂共塗炭。天威在咫尺，得意燕堂幔。莫愁玉石焚，本無玉可判。皇皇明太祖，至今怨殘悍。老夫祇點頭，聖人奉天憲。〔二〕

〔一〕此篇據山西博物院藏手稿整理，由吴連城先生釋文，曹玉琪重校。
〔二〕手稿至此，似未完。

題戴本孝山水畫册〔一〕

西山

青紫檀欒中，宛如不可畫。春心溯烟入，淒動見之外。美人何時歸，至不知所在。

西村

烟柳鬬春夢，睇笑寫嬋娟。草樓聳河濱，幽人聊化觀。遥而不悶者，時遇莊叟言。

蘆芽山風雨中迷途待霽至西庵追憶希有之作〔二〕

山深林復茂，風雨加其威。轇轕濃雲忙，林舞山皆飛。幽人不知往，帖崖孤立危。想像陰陽中，形骸奚足吹？奇文警欣賞，不化欲何爲？

村酒微醺二章之一

上頓酣烟雨，緡緡合掇命。千日中山勞，彈指鷄足定。韜精非荒宴，門外嵲蔓薹。

〔一〕此篇據中華書局一九一九年玻璃版印本、上海博物館藏手稿、日本二玄社一九九八年版山内觀編傅山の書法及山西人民出版社版傅山書法整理，由吳連城先生釋文，谷錦秋、堀川英嗣重校。

〔二〕「芽」，傅山全書初版本誤作「茅」，據手稿改。

李賓山坐馳題壁

性癖躭佳句，連抃總無傷。弱翰舞山水，縱横議其將。弔詭昧的卓，特有駭荒唐。芸芸復歸根，變化自摧揚。反聽怒者誰，槖籥雕龍藏。

懸窑逕中

天地逸我老，老趣能自領。十仞縣衆間，望望難躐等。支笻筋骨商，内外蠖皆省。迴憶五梯游，日車徒漫騁。

綿山

宜檞久不至，獨造綿之山。萬松靜雲顚，混沌來蒲團。睫交不欲醒，綠琴鼓無弦。

裂石渠邊有會而作

盆洲石島中，不知幾萬里。菌人坐杯舟，頗復得其似。處厚無厚游，江湖看沼沚。爲小不爲大，吾師伯陽子。

造適〔一〕

乃知茲一時，造適大無賴。誠然不在遠，心亦無所會。眼底長春花，不憎亦不愛。

藥嶺僦小樓同白鱸作〔二〕

無聊月云九，紅信託笻詢。百草靡五色，雙梨殷半村。秋光原自豔，俗眼但知春。塹得喧卑避，疎砧亦可聞。

借靖東山夜趺

明淫作心疾，心明誰能淫？向晦入宴息，夜行人何尋？東土有楞嚴，大目隨大陰。三更日正午，自古以及今。

蒲臺

半山氣肅穆，榛逕通荒宮。愬曈一丈石，礧砢孤章松。石莫測子雨，松奇爲雄風。一松一石間，一我愁龍鍾。

〔一〕此首據傅山書法（山西人民出版社版）與山内観編傅山の書法收錄，傅山全書初版本未收。

〔二〕此首據上海博物館藏手稿與山内観編傅山の書法收錄，傅山全書初版本未收。

秋日藏山看奕分韻得心字

仙奕妙不勝，丁丁昭氏琴。落葉到局上，眞泠霜紅心。霜紅，西山小龕名。

山房卽事

老鶴萬里心，柴門神亦王。飲啄非樊中，合喙鳴無聲。偶爲含架書，豈曰詶稻粱？

松莊雪霽獨步至水峪口歸賦老眼四章之一

老眼明春雪，東山攬臥雲。敵泥高屐曳，防滑薄冰循。淨界無人共，平林一鳥分。夕陽簷乳下，煮藥閉柴門。

東山秋逕四句

翻覺霜須豔，於紅樹裏行。片時成少貴，一往坐多情。

舊作憶書，不復計戴晉人之笑我。七十三歲病夫傅山。

無題〔二〕

溪回松風長，蒼鼠竄古瓦。不知何王殿，遺構絶壁下。陰房鬼父青，壞道哀湍瀉。萬籟眞笙竽，秋色正瀟灑。美人爲黄土，况廼粉黛假。

無題〔三〕

睡足癡未起，簾外流朝雲。傍枕桔槔響，不以機心聞。攬衣徐徐出，園露香草薰。夜岑若遠岸，新月如孤蓮。修潔露一枝，搖曳時風烟。更深納快涼，垂膝茅檐前。山經言伯高，上下至于天。拘細有不信，夏蟲亦可憐。此時吾可飛，星辰如比肩。忽復難壓按，道心與氣爭。陳人無此氣，與道豪無櫻。氣機與道機，血性平不平。但使無血氣，庸人皆道人。道人有至性，不肯亂天眞。豪傑易露發，然亦須精神。秋氣日惻惻，秋空日淩淩。上無枝上蜩，下無盤中蠅。豈不感時節，耳目去所憎？清曉卷書坐，南山見高稜。其下澄秋水，有蛟寒可罾。惜哉不得往，豈謂吾無能？春雪融復凍，松根帶水晶。貪茲人較少，喜歷冰之層。亭午一齋足，穿雲不借能，峆岈老閣在，

〔二〕此篇據山西博物院藏手稿整理，由吴崇謙先生釋文，曹玉琪重校。原稿無題。此首前，傅山全書初版本尚有無題（開摭殘木石）一首。但揣摩文義，當爲兩首五言律詩，故移至本書卷十一五言律詩（四）中。

〔三〕此篇錄自百泉帖，由吴連城先生釋文，谷錦秋重校。原帖無題。

半日兩迴登。〔一〕
八月風冷，閉戶擁被，起甚無聊，〔二〕强寫此紙。

無題〔三〕

行脚笠子裏，一股金釵心。兩個殺人賊，竊釵投深淵。揹得者禪和，叫天無處尋。釵心既已斷，賊人爲天親。死而不亡壽，漆園良知音。〔四〕

餓名〔五〕

餓名覶一哈，何須嘉美鬻？盜簞誠可飽，異哉苦愛旌。避世勤學死，字字皆營營。羶葷祀闕里，腐奴特筆榮。籩豆蹙聖顏，羣然餃其馨。

無題

主意似頑石，賓心何處容。閱歷見衆懷，始知賦不工。龍性本難訓，亦須延年頟。眇眇獨愁予，

〔一〕此下，傅山全書初版本尚有「行邁日悄悄」與「鹵中草木白」二首，因均爲杜甫之詩，故刪去。
〔二〕「聊」，傅山全書初版本作「柳」，據百泉帖改。
〔三〕此篇錄自拾遺本，他本未收。
〔四〕此下，傅山全書初版本尚有「無題」二首：「鞍馬上東門」與「幽娟松篠逕」。因均爲王昌齡之詩，故刪去。
〔五〕此篇與後四篇由陳監先先生錄自代縣張銘據西村消夏墨蹟抄本。

火燒龍睛紅。

冠履嬉倱伅，名分然宵人。皇天好更愛，不肯終吾身。衰老厭鼓鼙，兩耳偏能聞。太平何易見，何處樂我員？駃奴爾忘卻，韎鞨堪歸魂。但令心匪石，愁他轉我們。

神州誠可厭，容易新乃爾。鏖糟食舊德，扳援論聒耳。倪顧富清福，豈樹華甸枳。鞋杯老鐵崖，一罪可樂死。胡爲春秋義，呶呶迴口士？刺譏未忘情，頷波草木子。大虧輟耕生，狼犬系偏理。何代無雅頌，何朝無書史？藴戴之所守，王宋詎能彫。受知各有時，正經在永矢。

薄薄三杯未，僘僘一弄前。逃生誇釁勇，罵坐之人憐。帖括勞旋備，矜奇姓偶然。老僧聞見寂，一日枉枉顛。

票假徐州走，帆逃使相風。賓賓張儉跳，望望孔融逢。喜道圓形構，甘爲負義翁。金剛如是解，此數可慎中。

三道河桃花林中作

桃花三道河，連月老夫在。寒紅不崽眼，瘦綠靜與旋。色塵聊觸食，春風無礧磈。野老留水飯，七箸不違背。居然放浪翁，未覺形骸快。中原多闌提，一夜紛芥蔕。華嚴難勝地，是非何不汰？幡然入花林，是非置花外。

叔度誤四大，臨稍空軒昂。天地既我逸，豈容翻自忙？不遑蓬桑痛，云何吟咏狂？素雪籠金樹，奇豔茲秋光。好語嬾一裁，茹之時復忘。

山觀九月中早起時，遠友寄詩，似當一答，竟發嬾已之。

偶較五樂漫綴不修之辭

人間五欲樂，財色名食睡。老夫常細評，其一不得四。聖人大寶外，聚人卽是財。雄擁百萬資，頤指無違意。烏倮奉朝請，女清臺壯麗。豪傑顧盼間，顛倒相天地。儒者惡富强，貧弱豈福事？解珠買娉婷，金臺娥眉侍。嫣然發蘭笑，妙香篤耨次。燕玉暈朝霞，炤眼天酒醉。鏖糟不敢看，比之斧斤厲。不見遠色人，蒿里削名字。信陵達公子，千古知所敝。青楊尉調饑，珍錯加風味。不爾卽偶枵，烏喙誰甘試？糠覈一果然，潤溢亦有濟。捧腹信俯仰，嗟來謝簞食。未得飡霞法，小咽如法喜。勞生苦筋骨，倦氿想一寐。横陳角枕嘉，木石皆可憩。軒軒鼾齁中，豈復有富貴？伸眉覽山河，清淨本然意。惟彼作名者，張角無所謂。樕樕過肇牽，板援車牛鞴。翹翹賣籍甚，粉題自標致。識者牙含砂，馬侯頭益媚。饑眞不可飫，夜行覿委積。經營眼剸柴，紅眵濃膠熾。華胥萬里遙，望望劇長逝。性有不可解，身後誰何睨？悠悠滿人間，不暇差等識。賢愚各有私，夢夢夢何異。眞冷遇慧耳，此非妄語士。

二月二十四雨雪尋杏花效庾子山體卽用子山詩古人持此性遂有不能安十字爲韻

杏蕊初紅時，春雪復春雨。信步細尋伺，不計墮愛取。老旣奈何今，花且顧頑古。相看念子山，怨憎會獨苦。古。

博塞亦何與，紅多可盆春。茯苓仙餌到，荷葉流風新。神皋沒白草，鬼方横黃塵。遙遙金沙江，萬里可憐人。人。

丹心信有結，向品亦在茲。三毒許正有，一念加等持。雷火起眞龍，清濁徒勞螭。長沙未爲速，仍氏亦非遲。持。

咄咄昨日事，魚鳥亂林水。西山有羞惡，嬾放雲霞起。老字舞玄鶴，杈枒借籬枳。何處桃花源，使我獨在此。此。

非時有謂命，正見無□性。左右冥逕庭，枝梧漫辭令。準繩飛鳥知，屈伸尺蠖柄。彈指有可待，亦作脩羅定。性。

滄海是何君，黃石亦何事？貴愛以身爲，同憫韓兒志。臣惄朝難餐，子怨夜無睡。同仇苟一心，齊師殲于遂。遂。

彼其之一時，我不身先後。一需萬事賊，百乘匹夫有。躁躒越人恧，專諸吳趨首。寶符何必望，利劍不在手。有。

多喪感莊生，難救柰佛出。窮極有必反，爲習無所不。天怒滿一概，人驚□山突。慈悲自神武，黑業久鬼窟。不。

肇山一何在，柏高一何騰？榔栗老不擔，神彩飛不能。陳倉雞不鳴，眞人牛未乘。遂令對吾土，樓賦仲宣登。能。

英雄久已無，豎子名亦難。疇昔步兵歎，于今回部安。孱提謝七屬，蠻劖乞三餐。馬羣獸行中，尼山何盤桓？安。

卽事寄秋香居士温先生〔一〕

温生盡地力，今之古君子。黄冠多孟浪，而能聞之喜。信心帶善根，願力不肯止。兼解形家言，起伏論千里。往遊先生山，陪我曳屐齒。雙橋映老眼，幽討正爾爾。饑食紅山果，意興得其使。使之得其至，至之非其指。

無題〔二〕

正則遊天上，猶然睨舊鄉。支離連暑雨，草木漸秋霜。死要精神貫，生休怯避茫。自知非鬼瘧，何必誦神章？

無題〔三〕

風崖多危花，雨壑淹側曛。逐道瞠若後，抗物俄已紛。盲貴不心對，索寞非至仁。芳菲達神理，感激爲陽春。

〔一〕此篇由陳監先先生錄自康熙丁亥平遙縣志。
〔二〕此篇據山西博物院藏手稿釋文，由吴連城、張秀蘭整理，曹玉琪重校。
〔三〕此篇由陳監先先生錄自墨蹟。

賀毓青丈得子〔一〕

毓青丈五十二歲而舉一六陰朝陽之兒，詒書屬一言，以快萬事之足。而書歷敍十年來所遇之苦，不無芥蔕。卽事奉答，聊用發噱，不成詩也。

世人禱嬰者，心力竭神鬼。或應或不應，司命豈厥祉？良繇有用物，無益于人耳。沙令罷官來，拮据海隅駛。荒涼黄閣堂，亂作驛亭止。身仍代督郵，札摯不責里。酒果絡繹辦，唯恐不甘旨。荔枝黄龍眼，狼籍等杏李。厥田唯下下，厥貢海物美。八閩之風味，日輸沙塞鄙。卽此大功德，救濟窮桑梓。豈但波羅蜜，布施方外士。編戶不知覺，天作陰德紀。特賜一佳兒，辛日時戊子。朝陽合上格，啼笑熊羆起。開尊請自慰，恩害原伏倚。蚌珠今在掌，所失皆穅粃。仍告無兒翁，秘方總無俚。勤劬任傜役，勝服破故紙。若但唯正供，沾沾未足喜。犀蠟易麒麟，彼蒼司厥市。修羅亦菩薩，恭敬等獲祉。

老僊懶散，不會作一好語。麟郎之誕，自有子卿春容之章徽揚世德。方外唐園，打埽芳潤不出。又怕翹脚拈手，勉學嬌嬈，益賣嫫惡。索性胡謅，不藏眞醜。須毓丈讀宗工金玉後，引滿半酲，取此一睨，定能胡盧不已。如黄鍾大吕收場，忽然一陣村鑼社鼓，教人又笑又嫋，乃知天地間原有此一種伎倆也：不知說甚，不知唱甚。到海屋七、八歲時令看此，定喜。正如初學，于街頭看耍把戲，唱「日頭出來萬丈高」，紅墨塗面，說獅子牛鬭虎之類，未有不豔之不

〔一〕此篇錄自中國歷代名家墨蹟精粹（清傅山），上海人民美術出版社二〇〇一年版，由堀川英嗣釋文整理。標題爲整理者所加。傅山全書初版本未收。

忘者。稍長，關睢麟趾果然于腹，而老叟此技，知告退矣。若少爲生冷肉麵所中，亦不妨時令見之，會作嘔歕，吐其閒積，或亦可當山大夫之通病丸子邪！

方外弟眞山附記。響環買賣，不覺露了馬脚，臨了上皮兒家一蕩。

棗華寺[一]

日日棗華寺，去來無是非。牀上老僧病，樹頭殘杏飛。居士參禪不？示尔此春機。寺園好桑椹，老僧許我喫。嘉實在其槇，扶舁上樹摘。探着與老夫，不者衞鳥雀。閉眼扶僮肩，左右覷縷歇。見性不作嗔，知此未曾絕。到頭開眼看，不知經過轍。

歎悅開士能破積莊墖[二]

惠明向浮圖，阿育王之一。白馬旣不鳴，寶綱閉碧色。開士能塗惡，力與鐵輪敵。傅山。

破書餘古香[三]

破書餘古香，薰人勝旃檀。供養諍妙心，芳杜抽靈山。今君無學問，雲烟籠糞丸。山。

〔一〕此篇據上海博物館藏手稿釋文。傅山全書初版本未收。
〔二〕此篇據浙江省博物館藏立軸整理，由寶元章釋文。標題爲整理者所加。傅山全書初版本未收。
〔三〕此篇據山西博物院藏立軸釋文。標題爲編者所加。傅山全書初版本未收。

淺草〔一〕

淺草盤旋視，平沙睥睨看。一鞭常沒恤，三步亦艱難。五星猶未聚，忽已墮陳摶。

〔一〕此篇據山西博物院藏手稿釋文。標題爲編者所加。傅山全書初版本未收。

卷七　七言古詩

長歌壽楊爾禎老友

上章攝提格，十月初旬十，是爲老友楊方生，行年五十之生日。僑黄適在晉水湄，依我昔年結社祭酒程仲食，[一]相與買酒烹羊略爲介。果能不遠五十里，衝寒竭來赴野席。日夕强飲飲不酣，其中感遇傺侘之意，彼此不言各能悉。寒月惻惻泉錚錚，閉門相視明一燈。道人自顧形氣久蕭索，靜睨長卿玄髯紫面何精神。吁嘻哉！閼逢涒灘以來七年矣，凡在吾黨，三五金石，魄魂摧折誰欲生？爾獨何爲堅奈不即老，爾又不能日日割肥打酒追頑冥。獨吾算爾身中大有不死理：天眞渾淪，自足醉飽，無庸烏申而熊經。日者薦紳子弟罹賊難，多少子忍死父弟背兄。楊家羣季有陷湯火者，爾一聞風勇猛奔入城。見賊自言我是楊家冢子某，有利有害吾當承。引頸受繫釋兩弟，陶然待死無怔忪。不知今日榜也明日殺，其心以爲兄不如是令弟死，死日何以見諸清白先僉兵？卒之黧黑囚辱六十日，不死而出，昆季食貧雍睦少怨憎。客歲九郎復爲里胥毒，引充鎗手隨胡營，爾又涕泣閒關左右走，委心荏苒於非其類，[二]眞至誠！九郎既歸，兄弟慰勞如夢寐，此時大親忘德無以鳴。凡此至情

[一]「昔年」，張本作「十年」。

[二]「類」，張本作「倫」。

至性誰能爾，是爲吾儒還丹復命之元靈。痛念昔年吾亦有弟被賊苦，吾竄伏七亙山中，〔一〕而爲怯肩縮頸寒龜俯。至今弟與弟幸各皆在，兄亦時一與兄邂逅共樽俎，我兄有靦豈敢同爾兄，天性厚薄懸絶天淵不可數。卽使我有韓衆山圖藥，令爾嘗嘗當如土。是以少爾尚六年，精神筋力不得與爾爭良楛。頃來吾弟依爾頻，爾拂塵甑飲之食不厭勤。迺知愛其弟者愛人弟，源深不竭波皆仁。前日再飲汾河湑，三日三夜隣雞聞。吾敬吾愛知爾會不死，但須大口飲酒酣其純。吾雖名游方外未解事吐納，塡胸膈臆崚嶒秋殺少復春，若復登山臨水旦暮未溝壑，〔二〕尚當竊爾太和餘瀉毉吾三毒之一嗔。

長榆南崖之孤松

長榆南崖之孤松，蓬頭老仙躬曲穹。〔三〕簡重不屑苦作峯，〔四〕枯皮一片圈窳⿱穴甫。高綠重蓋低月宮，抽風繹雪心不容。老人物色三年久，望見欣然過回首。想琢一讚字岣嶁，離奇殺了松不有，向空一吷吹劍鈕。〔五〕幾時無情如吾松，乾坤萬事無好醜？

松在壽陽北長榆河南崖，偃蓋無多枝，奇老如畫。松之身穿一孔，遠望之，空明而正圓，奇爲古樹矣。〔六〕

〔一〕劉、丁、王本注：「平定州之山。」

〔二〕「若」，丁本作「苦」，據他本改。

〔三〕「曲」，陳監先先生所見手蹟作「倔」。

〔四〕「屑」，陳監先先生所見手蹟作「肯」。

〔五〕「鈕」，陳監先先生所見手蹟作「首」。

〔六〕此段注，陳監先先生所見手蹟作：「長榆河在盂南馬首北，松在河南崖。」

邂逅看續宗老禪和打拳歌

金陵老僧曹國裔，十八十九伏龍騎。大黄一挽三十鈞，先登能鼓大刀氣。殺賊爭功羞雷同，參戎偏壘銅鼓致。猛念沙場殺鬼魂，菴摩羅果迷根蔕。剃頭勇仗金剛力，抖擻蓬毛霜掃地。朝山朝海四十年，靜了於今七十歲。光頭矍鑠瘦不脩，腕腰翹捷古獮猴。糟凍頻婆紫鵝卵，〔二〕鎟鎟礪齒渣不留。老拳技擊筋䰟壘，臂稍指鋌風颼颼。木劍到掌五步内，觀者不敢傾其頭。舞罷雙趺似無足，六虚囪鴿子精靈收。老人見僧氣爲壯，〔三〕羼提甲裏眞龍象。綿筋弱骨假菩薩，波摩當佛爭迴向。毛道沈淪彌戾車，鷲嶺鈐鎚終不撞。願言拳頭大須彌，痛打衆生教淚垂。痛極乃知叫父母，方便托出蓮花泥。

石城讀居實詩淚下如雨率爾作〔三〕

讀詩何故爾，莫測淚從來。吟者見眞性，會家能不哀？酸甘黑白傍味色，眼睛齒舌皆奴才。荔枝絕似江珧柱，嚼之不見但爲咍。痛眞不用棒，啼亦非關饑。持佛之佛陰盼霽，〔四〕自聞其聞陰霽開。春風不使梅花笑，梅遇東風不及排。

〔二〕劉、丁、王本注：「順庵曰：糟凍頻婆，汾州府佳果也，别處無之。」

〔三〕「老人」，張本作「道人」。

〔三〕「作」，晉四人詩、張本作「成」。

〔四〕「盼」，丁本與他本均作「盻」，據文義改。

題自畫山水

天下有山遯之精，不惡而嚴山之情。谷口一橋摧誕岸，峯迴虚亭遲臞形。直瀑飛流鳥絶道，描眉畫眼人難行。觚觚拐拐自有性，娉娉婷婷原不能。問此畫法古誰是，投筆大笑老眼瞠。法無法也畫亦爾，了去如幻何虧成？

迎春花壬戌立春作。

僕皮迎春不作拏，長年誰復哥穀他？嚴寒落寞白雪里，稀疏開似黄梅花。主人春盤無彩勝，插向盤中春滿飣。影映村酒鵝兒茸，朶零水餅鸝嘌冰。凡花淺心向人輸，此花之心深更無。不想麗人雲鬢戴，〔一〕不期墨客唫咏污。堅貞有恆正在此，命寒情熱亦奈死。不厠繁華嬌養羣，獨得我貴知希旨。〔二〕

〔一〕「想」，丁本作「向」，據張本改。
〔二〕「旨」，丁本作「音」，據他本改。

失題〔一〕

龍腦膽脂藥何靈，〔二〕合以曹老心之誠。一點陰翳不夾襍，〔三〕持之醫陰胡不晴。空青自是眼仙餌，經無良手當加盲。提婆剜睛睛隨出，由來不假瑠璃成。〔四〕每見孤立村市罷，雪林如戟無多營。斂容深揖不敢褻，虛監道童秋月暎。認得仁巖金篦叟，不欲大地人無明。

劉連雲先生畫像讚

八十七歲豢龍氏，不驕不奢信素履。孝友任卹敦古始，有子永言思無已。請肖厥容獨樂擬，古堂今構樂何以。脫巾露頂樂在此，不寢而屏且禪喜。方衿大領方外禮，如意一鈎代拂子，廣長舌在如意底。評古論今隱在耳，豢龍火德薪傳旨。撥灰尋火火不死，你說沒有只個聻。

〔一〕陳監先生所見手蹟題作「與眼藥曹老」，並自注：「此老直樸，吾最敬其不妄計非分。」嶺南美術出版社傅山書翰精選一九九五年版收有此詩手蹟，文字略有不同。

〔二〕「龍腦膽脂」，手稿作「黃蓮龍腦」。

〔三〕「夾襍」，手稿作「間雜」。

〔四〕「瑠」，手稿作「琉」。

贈景陵韓先生〔一〕

景陵先生面麻𪏭，期艾之口能滑稽。大杯小琖總不辭，一引浮白鬼神駭。〔二〕宅相賈家三日羈，無有一日不詼諧。貌也語也醜而奇，絶勝粉頳妖嬈姬。對君形骨忘支離，忽憶九章之思美人兮，言不可結而詒。

李賓山松歌〔三〕

黄冠萬事已如掃，忽爾入林生舊惱。〔四〕小松無數不成材，龍子龍孫盡麻藁。蓬頽蔓委不作氣，〔五〕蘱顇苟且培塿保。〔六〕保此枝條千百年，幾時鱗甲摩蒼天？安能含吐風雲作雷雨，〔七〕不如藋蘼野草徒芊芊。〔八〕春生秋死無關係，安於躄踏人不憐。

〔一〕此篇與下篇劉本在甲申集，爲乙酉作。
〔二〕各本注：「叶如諧。」
〔三〕晉四人詩、拾遺本題作「李賓山松樹子歌」。
〔四〕「忽」，晉四人詩、拾遺本作「驀」。
〔五〕「委」，晉四人詩、拾遺本作「引」。
〔六〕「且」，丁本作「具」，據晉四人詩、拾遺本改。
〔七〕「吐」，晉四人詩、拾遺本作「蓄」。
〔八〕「野」，晉四人詩、拾遺本作「小」。

遺山懷古〔一〕

今遊晉昌見遺山，憶昔遺山眞相似。知是天竺靈鷲峯，飛入元家作才子。遺山大節若元氣，乾坤不老山秀峙。秀峙古標柱蒼穹，清操恥與降臣比。君不見，先生雍容氣象列賢行，杜陵詩史屹相向。道符前哲德蓋世，騷作絕代稱宗匠。假使子非大手筆，將來詩草焉無恙？匪茲退藏老于斯，安得後世有令望？又不見，龍歸冥海淨煙雲，鳳隱丹邱全羽翼。金元英雄今已矣，寒鴉猶噪故廬北。嗚呼！世事如流水，所遇踵陳跡。心靜地皆山，物虛城是壑。我來添作一峯青，以對遺山秋月白。

〔一〕此篇錄自王磊著傅山詩選注，山西經濟出版社二〇一四年版。王磊注云錄自元遺山志。傅山全書初版本未收。

卷八　五言律詩（一）

義蜂

羣蜂失共主，〔一〕浩蕩往來飛。苦螫撩人打，甘心得死歸。穿花紅乍落，入樹綠全腓。燒睫君臣淚，無從濕道衣。

庚午闈撤有懷卷自縊於奎光樓者詩以弔之

生平羞墮淚，爲爾不禁流。白眼甘長夜，青蠅弔暮秋。懸梁生有志，懷璧死難休。魂冷欄杆裏，依希王粲樓。

哭姪襄秀才

事了不相與，情來無奈何。公弘年不永，務仲理能多。雪候怕時簡，虹巢嬾再過。露絲新樣綠，獨少仲容酡。

〔一〕「共」，丁本作「其」，據他本改。

病征〔一〕

青外響孤鵠，綠中哀亂蟬。秋心滿天地，病客澹山川。開眼見村店，支頤問水泉。若能來野化，眞足飽烏鳶。

盆蕉

惱人蕉五葉，小染一簾秋。夜雨清旻過，幽田綠響留。美人雲不動，草聖筆禁抽。風至自搖曳，無情亦惹愁。

僦陋〔二〕

壁榻懸山郭，村房僦陋棲。蓬蒿仍舊逕，簡牘顧新奚。風雨不題鳳，槐榆長坐鸝。得無華屋士，爲我雪窮涕。〔三〕

〔一〕張、丁本注：「舊辛巳。」
〔二〕王磊注：「元遺山志此詩題下注：遺山留月軒有感而作。」
〔三〕劉本注：「陋，唐林作破，郭作廟，爲作代。」

西庵

禽向豈無句，神山祕不傳。蘆芽才一到，幽韻與誰言？亂澗鳴春雪，高松綠老天。西庵撿行李，心失北溝邊。

即事戲題〔一〕

亂嚷吾書好，吾書好在那？點波人應儘，分數自知多。漢隸中郎想，唐眞魯國科。相如頌布濩，〔二〕老腕一霎摩。

雪夜同文伯子堅木公伯渾驢背偶成〔三〕

一段寒山夢，濛淞撥不開。樹魂皴淡黑，天影軃清霾。酒倦煙扶起，鐘來雪舞迴。暗香花未遠，冰友韻如梅。

〔一〕北京市文物局藏有此首詩大草立軸，無題，第一句作「客嚷吾書好」，最後兩句作「相如額布使，飛腕一崖磨」，末書：「久不作大書，老友長伯爲所親勸，遂爲揮汗。傅山。」

〔二〕「布」，傅山全書初版本誤作「佈」，據霜紅龕集改。

〔三〕丁本注：「張刻題作如夢。」臺灣何創時書法基金會藏傅山手稿與右玄書冊中收有此詩，標題相同。手稿第三句「魂」一作「痕」，「黑」一作「墨」。

小樓寒夜

昏黑暗人閒，龍鱗不可攀。疎鐘聞遠寺，小月上高山。白虎馱經去，青烏取食還。有兒常懶惰，幽戶待風關。

青羊菴

畢竟吾菴好，三年忙一來。七松盟舊矣，二友快相隨。宗子黄玉、程大伯醣。吾骨何方葬？吾魂猶當歸。先人塋已近，死後得依依。

子堅先生齋竹

小院賓春色，蕭蕭立此君。自憐低顧影，孤逸直捎雲。縱雨分青靄，〔一〕驕風緯碧紋。綠笙吹別韻，青鳳遠來羣。

子堅書齋移得竹十一个

癖眞何待醉，春雨就佳期。靜立瀟湘水，瀾迴五六絲。綠瞻煙與隙，粉笑月偷姿。韻疎多不事，了得子猷癡。

〔一〕「青」，丁本作「清」，據張震說與王本改。

程仲示周讀書寓中竹三十个

青青三十個，到是有程生。雨雪幾迴死，琅玕何能情？深根移不得，苦節爲誰貞？酒罷主人去，捎雲月倍明。

晉源逢示周

四年離國難，兩月再留連。瘦骨聊師席，空囊損客錢。烹葵邱嫂得，捧饌復哥圓。共是明雙眼，迴還晉一泉。

病發示眉仁〔一〕

蕩蕩乾坤病，戔戔肺腑收。三山逃不得，百藥庋何投？速化終期盡，孤情死未休。奇文須塹發，風檄後生求。歲月如茲過，往來驢背勞。書行忘甲乙，花晷貯低高。乞食眞同亮，裁詩不可陶。黄鸝囀初夏，添得耳根忉。

〔一〕「病」，晉四人詩、張本作「疾」。

河張

臺駘猶敢怒，雷電總無勞。平地浮槎起，獿頭五丈高。黃陵來裂石，白氣冒波濤。對面蘭村樹，希微只沼毛。

看書〔一〕

還是看書好，闢門目也尊。無塵到銀海，有美共唐園。〔二〕藥餌村居省，〔三〕秋心對雨言。〔四〕鶉襤容易癢，不學猛奴捫。

示兩郎〔五〕

傳家文武幹，元魏說修期。亦似男兒概，終嫌志氣卑。高才生不偶，落魄死其宜。重廢君臣

〔一〕晉四人詩題作「還是」。張震云：「手蹟以起句爲題。」臺灣何創時書法基金會藏傅山手稿與右玄書册收有此詩，題作「還是看書好」。文字略異。

〔二〕「美」，張震改作「穫」。

〔三〕「村居」，張、劉、王本作「居村」，晉四人詩同丁本。

〔四〕「言」，晉四人詩本作「諼」。

〔五〕此篇據日本二玄社一九九八年版山内觀編傅山の書法圖版釋文。傅山全書初版本據霜紅龕集各本收錄。圖版無此題，當爲「不覺二首之一」，張震亦云：「手蹟書此題云：不覺二首之一。」現仍據霜集作「示兩郎」。

義，〔一〕春秋自一時。

不覺二首之一。　山。〔二〕

村來月中蒼茫獨立〔三〕

凍月浸心白，烟霄萬石吹。〔四〕彌天方睡熟，獨立一翁癡。道廣計誰合，情孤方自疑。柴桑寧乞食，未被輞川知。

書扇貽還陽道師〔五〕

師今年整九十歲也。〔六〕人多謂師無道術。師兀一足，脚脫脛，骨出。師靜處用功，竟能肉下包骨。于今十三年矣。師素祈雨，多被三界尊神譴之，故遇此報。然足以見師本領矣。

吾師九十矣，談笑益精神。高閣蒲消日，深杯酒漾春。興亡從世局，忠孝自天眞。眼見松喬在，朝菌尚不信。

〔一〕「廢」，傅山全書初版本據霜集作「念」，張震據手蹟改作「廢」，傅山の書法圖版亦作「廢」，據改。

〔二〕落款七字，傅山全書初版本與霜集各本無，據傅山の書法圖版補。

〔三〕此篇據山西博物院藏手稿整理。曹玉琪重校。霜紅龕集張、劉、丁、王本收錄，題作「村夜」。

〔四〕「石」，傅山全書初版本誤作「不」，據手稿與霜集改。

〔五〕此篇據傅徵君法帖整理，谷錦秋重校。霜紅龕集劉、丁本收錄。

〔六〕「今年」下，劉、丁本注：「戊子」。

虹巢二首〔一〕

虹巢不盈丈，臥看西山邨。雲起雨隨響，松停濤細聞。書塵一再拂，情到偶成文。開士來徵字，〔二〕新茶能見分。　書爲正翁老詞宗政。　眞山。〔三〕

汾水新出峽，〔四〕遠心爲小欄。〔五〕山花春暮豔，柳雪夏初寒。細盞對僧盡，孤雲旋自觀。饑來催晚飯，〔六〕苦菜綠堆盤。　眞山書。〔七〕

閒過虹巢主僧勸酒命題

虹巢久不過，屐履爲花登。誰好居詩客，相撩故酒僧。燒春深玉色，滌硯發金星。一筆山雲起，高松綠雨冥。

〔一〕劉、丁、王本注：「老杏一株如虹，作書齋。在省西北四十里蘭村裂石廟前右側，汾河出峽之口。」「二首」二字，傅山全書初版本脱，據丁本補。此篇第一首又據河北美術出版社清傅山墨蹟三種釋文，由竇元章整理。第二首又據山西博物院藏立軸釋文，由曹玉琪整理。

〔二〕「來」，霜集各本與傅山全書初版本作「多」，此據手稿。

〔三〕落款十字，霜集各本與傅山全書初版本無，據手稿補。

〔四〕「新」，霜紅龕集各本與傅山全書初版本作「初」。

〔五〕「小欄」，張本注：「一作小瀾。」

〔六〕「飯」，霜紅龕集各本與傅山全書初版本作「食」。

〔七〕落款三字，霜紅龕集各本與傅山全書初版本無，據手稿補。

黄玉柳供茶

依樓新柳綠，韻士採充茶。玉隴歆春苦，杯雲墮碧芽。稱無酥酪味，澆此菜園佳。三盞煩能滌，滿冠簪杏花。〔一〕

西村

西村帶河曲，十月停秋光。柳擇輕黄雨，蓮花老絳霜。村翁負朝旭，野鴨靜寒塘。紅飯慰調惄，勸人新豆香。

秋色

秋色淨河渚，朝暾紅破檽。閑心臨字在，老眼抱孫明。空闊歸高雁，搥敲亂小鳴。頭陀詩適到，眞率任吾評。

〔一〕「滿」，張本作「黄」。

五臺八首〔一〕

中臺

中臺五六月，積雪在經厨。闃梵木魚瘦，〔二〕齋鐘麥燕腴。霧雲堆冷絮，花草薦寒毹。信是清涼地，中煩獨不除。

北頂龍祠〔三〕

斗柄那伽藏，連天海霧蒸。非人來水怪，締影塹香僧。〔四〕潛德誰能豢？嗔心佛可盟。蓮花悲相好，身作毒龍曾。

萬年冰舊社〔五〕

甚處堪雙眼，佳人或一僧。壺蘆空玉豉，榔栗猛金鐙。佛性儘多狗，駿神無復鷹。波崙多少淚，添結萬年冰。

〔一〕晉四人詩無第八首。「八首」二字，傅山全書初版本脱，據丁本補。
〔二〕「闃梵」，張本作「梵闃」，劉、王本作「梵間」，晉四人詩本與丁本同。
〔三〕張震云：「先生爲右玄書册有此首。」
〔四〕「塹」，丁本作「躄」，據張、劉、王本改。
〔五〕「冰」，丁本作「永」，據張、王本改。

清涼石〔一〕

疎磬可林冷，雲根一片秋。無情薰不熱，有骨踏難柔。眼孔齊芥子，肘弓量石頭。堅貞見龍象，施利領吾游。

滴淋嶺〔二〕

顛哉一杖癯，滑滑滴淋嶇。滴豔山玫紫，〔三〕淋濃石樺旅。崖黏雲不起，溼斷鳥無餘。一羽深深度，花林抹兩鬢。

栴檀嶺

問渡栴檀海，招招甚處過？子臣癡一結，鐘板頓能磨。法許婠妸了，疑當抖擻多。金乘空萬有，何外富蘭那。

〔一〕臺灣蕙風堂二〇一二年紀念刊收有此詩立軸圖版，詩中「薰」作「熏」，「眼孔」作「眼紅」，「施利」作「師子」，末署：「清涼石一章。松橋老人傅山。」由堀川英嗣校勘。

〔二〕香港佳士得國際拍賣有限公司二〇一四年五月廿六日拍賣會圖錄中有此詩立軸，無題。「黏」作「沾」，「兩」作「雨」。末署：「冒雨過滴淋嶺，題崖上花間。請迂翁先生詞壇教正。石黃冊眞山。」由葛敬生校勘。

〔三〕「玫」，丁本作「玟」，據晉四人詩、張本改。立軸作「玫」。

獅子窩

斜日澹金松，松林響玉淙。新蘭懽祝國，敗寺泣神宗。夢薄明鐙閣，雲沈黑夜鐘。裂天鳴佛子，〔一〕擊搶一生龍。

北山寺〔二〕

金碧燀獅子，名山敕署巍。蒲團孤黑撮，〔三〕鈐椎亂緇衣。〔四〕薰習何時盡，〔五〕丹元觸著違。長旛工繡字，〔六〕來往甚幡飛。〔七〕

靜對西僧頓得

諸妄苦一遣，對師都若逋。容他原是我，有待亦非夫。世界甘同處，皈依浪遠圖。扳緣終不濟，啼佛淚何奴！

〔一〕「裂天鳴」，張、劉、丁、王本注：「一作列天來。」

〔二〕張震云：「册有。」案：指與右玄書册。

〔三〕「孤」，張本作「來」。

〔四〕「椎」，張本作「槌」。

〔五〕「薰」，丁本作「薫」，據張乙本與文義改。

〔六〕「旛」，張本作「幡」。

〔七〕此句張震改爲「丙戌已龍飛」。

病間早起見西山〔一〕

修疎霜木表，淺黛睇嬋娟。〔二〕朝氣忘衰暮，西山方妙年。境佳不全外，情至寓眞緣。〔三〕無礙正爾馨，辨才安所言。

題梁樂甫畫〔四〕

凍泉依細石，晴雪落長松。髣髴素心老，微茫冷眼中。伯鸞風雨臼，蘆鷟水晶宮。若个琴書解，丹青亂長雄。

爲袁生小陸作〔五〕

米方南社許，衣又北風掀。飲酒誰兄弟，朝陽共祖孫。面難生客掛，心向故人言。小雪天將雪，人堪再姓袁。

〔一〕此篇據山西博物院藏手稿整理。由曹玉琪重校。寧波天一閣博物館亦藏有此詩手稿，由張文穎據手稿校勘。霜紅龕集張、劉、丁、王本收録。

〔二〕天一閣手稿此句作「冷黛横嬋娟」。

〔三〕天一閣手稿此句作「塵靜隨眞緣」。

〔四〕此篇據山西博物院藏手稿整理，由曹玉琪重校。霜紅龕集張、劉、丁、王本收録。各本注：「梁畫杜詩『凍泉依細石，晴雪落長松』。」

〔五〕各本注：「陽曲人，國甥。」

題九子故里〔一〕

必社文空訂，誰堅赤石盟？九子一個死，兩變衆多能。詩骨憑人瘦，遊魂敢道寧。小碑題可惜，不是舊盟朋。

别正之

十朝留絳邑，明日别文生。千古汾申舊，三秋盂又訂。梨花鐙下紫，〔二〕雪鬢眼中青。西夕棲烏亂，煩喧總不聽。

介山石乳泉

佛恩滋静者，石乳敕龍潭。菡萏瓊茄引，摩尼玉線甘。惠該功德八，清徹法身三。一勺醍醐足，那伽不許貪。

〔一〕張、丁、王本注：「洪洞郭新字九子。」

〔二〕「梨」，張本作「黎」，並注：「絳酒佳者名黎花。」

書胡季子詩稿後〔一〕

讀胡三哥奇篇，不能復助，喜成小詩八句，還記室附知，不敢當謝朏也。

風流胡季子，花筆起河西。豔選徐陵勝，奇添李賀悽。〔二〕大巫爲氣盡，老腐但頭低。公子爭裘馬，文章有駃騠。　寓人山。〔三〕

碩公盆蓮〔四〕

茂草暗雙眼，芳蓮明一莖。拔污青孑孑，承露紫崢崢。獨可心之苦，誰知目以清。〔五〕似嫌千頃蕩，太惹棹歌聲。

芙蓉種無地，菡萏寓花盆。日月臨眞臭，詩篇敢俗言。水仙孤對遠，岳象靜觀尊。誰測耕泥藕，如龍蟄不宛。

〔一〕張、丁本注：「汾陽胡庭字季子，先生門人。」此篇據晉祠博物館藏手稿整理。霜紅龕集張、劉、丁、王本收錄。
〔二〕「悽」，霜紅龕集各本作「淒」。
〔三〕「寓人山」三字，各本無。
〔四〕劉、丁、王本注：「碩公，曹偉字。」
〔五〕「知」，劉、丁、王本注：「一作能。」

蚼𢑥祠三首〔一〕

耳食蚼𢑥者，人頭喜一當。有仇不敢殺，黑夜貌昂藏。細故何勝記，君恩不可忘。南來憶古跡，國士署途傍。〔二〕

吾𢑥能作佛，心手妙丁庖。想獲難奇中，鈍根徒自勞。菩提寧諱殺，痛快不容豪。斷得無明盡，蓮花可善刀。

無心不負者，匕首可勝鐫。𢑥客於今在，頭顱取孰先？揮戈中一快，代斵手何憐？已矣黄冠了，皇天重與擔。

借得居實驢善臥戲成

長耳耽高臥，秋山强被鞍。一鞭常沒衄，〔三〕三步亦艱難。淺草盤旋視，平沙睥睨看。五星猶未聚，只見墮陳摶。

牛鼻虧能走，驢蹄許漫忙。藥奚分稍馬，山徑共相羊。訝醉何朝酒，如泥又夕陽。推攙還會起，幸不索匡牀。

〔一〕臺灣何創時書法基金會藏傅山手稿與右玄書册收有此篇，文字相同。由堀川英嗣校勘。

〔二〕「士」，丁本作「土」，據他本改。書册手稿作「士」。

〔三〕「沒衄」，張震改爲「衄勿」。

禪巖蒲臺方外格二首〔一〕

無情難頓至，幽意一亭分。綠霧上輕雨，黑巒頹重雲。秋心健孤往，水勇轟三軍。雄劍耻未舉，碧靈知有文。〔二〕

半山氣肅穆，榛徑通荒宮。恐戀一丈石，礧砢孤章松。〔三〕石莫測子雨，松奇多雄風。〔四〕雲根對霜幹，一我愁龍鍾。〔五〕

畦家呰限韻

蜿蟺林巒白，瓊龍髆石暝。空濛常霧雨，灌薄少青天。樹戛高巖寂，壺觴半日偏。有情山未免，爲我淚嬋娟。

〔一〕「二首」二字，傅山全書初版本脱，據丁本補。晉四人詩本題作「禪巖」，只有前一首。後一首另題作「蒲臺祠下」，陳監先先生所見手蹟題作「禪巖秋霽坐道士房」。遼寧省博物館藏有後一首立軸，題作「蒲臺」，末署「山」。

〔二〕張、丁本注：「靈一作霄。」

〔三〕「松」，遼寧省博物館藏立軸作「榕」。下同。

〔四〕「多」，晉四人詩本與遼寧省博物館立軸均作「爲」。

〔五〕「龍鍾」，張本作「無窮」。

崔嵬砦限韻同居實

冷壁高禽絕，香岑小麝通。人忙虛慴慄，山靜老沈雄。龍象張天眼，獮猴弄棘工。〔一〕莫虞逢不若，魑魀入觀空。

太行

紫盤天井上，青幕太行邪。風雨詩何壯，岡巒氣不奴。爭韓來破趙，報楚去趨吳。臨老河山眼，蒼茫得酒壺。

葵老惠訪病不能晤期霜紅再理前約四首〔二〕

處士孤村臥，先朝大老來。沈綿期一豁，秋氣重三台。土木闌干倚，〔三〕星雲杖履迴。藏山寫悃悵，黯黮欲情開。〔四〕

〔一〕「獮」，丁本作「獼」，據張本改。
〔二〕張、劉、丁本注：「平定張三謨字日葵，明大理寺卿。」臺灣何創時書法基金會藏傅山手稿與右玄書册有此篇前二首詩，題作「柬日葵先生」，文字略異，由堀川英嗣校勘。
〔三〕「土」，丁本作「士」，據書册手稿改。
〔四〕「欲情」，張震改爲「待青」。書册手稿作「待青」。

伏枕悲臺閣，嘉猷鑒御屏。〔一〕爭詹峩豸直，議射翼龍靈。〔二〕朝野漢廷尉，絲綸晉典型。聖恩何處憶，痛切有雷霆。

迴首雲霄慘，龍髯不及攀。錦裘少年熱，華髮老臣寒。瘦蹇馱分穩，幽山徑吝寬。杜鵑聲若起，松木恐難湌。

無奈還城市，相期只壑邱。涕洟三秀草，矍鑠一虛舟。簋簠忻時棄，藤蘿勉月留。黃冠疏藥裏，紅葉下書樓。

傷垂雲墮驢〔三〕

此邦白意士，眞个不多除。隱痛常私語，同心逕發予。杯盤誰不可，面目竟何如？撥置休深理，看雲忽墮驢。

哭范垂雲二首

吾軍亡一范，豈是甲兵期？古道誰相照，時文獨不魑。諸生惟得兩，〔四〕先死孑餘奇。自解無知

〔一〕「鑒」，書册手稿作「重」。
〔二〕「射」，書册手稿作「謝」。
〔三〕陳監先先生曰：「常贊春云：據墨蹟，題目作：又同右玄騎驢出州郭，右玄浩歌，此邦赤心、白意只兩人，今獨一耳（指居實也），道人墮驢，復成一章。」案：此注有脫訛。
〔四〕「兩」，丁本作「雨」，據他本改。

樂，泉臺怕有知。

死生誠旦暮，先後未須遙。語敢幾人盡，心枯一个凋。廉隅如不立，肝膈覺孤標。酒酹西郊草，〔一〕榆關氣爲消。

也居許小樓避暑〔二〕

一命眞如梗，三年不結廬。今來白水曲，借得小樓居。常偃方牀席，時攤短佛書。高雲與疏雨，青靄主情俱。〔三〕

同居實樓寓數日〔四〕

小樓才許借，〔五〕白秃可來過。〔六〕靜對昂昂鶴，悲懷究究羅。〔七〕日湌恬鹽米，夜語淡星河。將子且潦倒，盂山鬼見呵。〔八〕

〔一〕陳監先先生曰：「常贊春云：墨蹟草作外。」

〔二〕張震云：「手蹟但云借樓。」劉、丁、王本注：「白石樓，前明隱士李鑌建。先生至曲沃，數寓此。」

〔三〕劉、丁、王本注：「曲沃志作：鎮日共樵漁。」

〔四〕張震云：「手蹟題云：喜居實來。」

〔五〕「才許借」，張震改爲「剛借得」。

〔六〕「可」，張震改爲「喜」。

〔七〕「懷」，晉四人詩、張本作「聽」。

〔八〕「呵」，丁本作「阿」，據他本改。

白驢二首〔一〕

白驢吟有會，不苦琢篇章。性懶眞成癖，才高簡見狂。秋深霜菜圃，雨寂浣花堂。筆硯共啼笑，妻兒少稻粱。

七亙巉巖徑，騎驢帶酒行。村翁常共賭，葉子不圖贏。本莫知愁死，人翻代慮生。尋常難可入，點染一雙睛。〔二〕

雪林二首〔三〕

全不關蹊徑，靈根動與謀。知誰能出世，〔四〕愛爾未僧流。榔杖涼孤雁，金園邈斗牛。偏教重七夕，鉤慧入鍼樓。

獨我憐和尚，全渾酒共茶。安居看左傳，閣淚誦南華。者箇雖疼痛，〔五〕終然勝木麻。赤城評得是，益覺此人佳。

〔一〕劉、丁、王本注：「卽居實白子，嗜酒，鼻齇紅，又盡禿其髮，曰白禿，別業在平定州七亙中。」
〔二〕「染」，丁本作「漆」，據晉四人詩本改。
〔三〕張、丁本注：「雪林張姓，陽曲庠生，亂後爲僧。」
〔四〕「出世」，張本作「世出」。
〔五〕「雖」，張本作「誰」。

徐某三首〔一〕

袒腹荷包裹，〔二〕挨頭仰瓦箱。〔三〕詩餘雄北曲，鎗老怯南塘。白跖應羞伍，〔四〕黄須那值當。非徒何割席，不作省移牀。歌北曲妙絶，胡敬德餞别玄奘一齣，眞動人聽，大有萬人敵意。〔五〕

薄薄三杯未，揚揚一弄前。逃生忘釁勇，駑死乞人憐。帖括詩旋備，矜奇詫偶然。老僧聞見寂，失意枉狂顛。

使相猶吾黨，徐州走不傷。再來張儉跳，到處孔融望。喜道圖形搆，甘爲負義行。坦公眞落得，如是解金剛。

寒日過濟宇見鈔左氏傳硃批細讀〔六〕

濟老六十四，霜鬚秉燭劬。富兒飢不顧，文字凍能書。脣黑啜餘墨，顏酡點古朱。小樓高鼓腹，日厭大官厨。

〔一〕張本無第一首。山西省圖書館藏有此篇第一首手稿，文字略異。由范月珍校勘。
〔二〕「裹」，丁本與他本均作「裹」，視手稿，當爲「裹」。
〔三〕「挨」，山西省圖書館手稿作「支」。
〔四〕「應」，山西省圖書館手稿作「還」。
〔五〕山西省圖書館手稿無二十四字小注。
〔六〕丁本注：「濟宇，汾陽人。」

憶崔季通〔一〕

「半枕夢不就，四郊雲亂生。」〔二〕誰云十字少，遂欲五言城？不作詩人態，居然靜者鳴。亭皋看木葉，今古到吟情。

筆硯誰同調？尋常說泰雲。再來阿六好，餘外不三人。絲玉文心細，袁山先生評語。交游白眼顰。暗狂多不覺，七十老難磷。

危坐常終日，花房寂不扃。清齋留共飽，老戒不時叮。半月疏相見，寥天笑獨冥。一經紛後學，三傳失先生。

共短先生躁，誰知近死恬。道心原運任，持誦不情黏。少閒云病妙，微嗎示我懕。反眞果何處，老友再難添。傅山撰並書。〔三〕

宛在二首

宛在明明家，盈盈不甚遐。〔四〕緯林渺無路，港口搖蘆花。〔五〕微從古寺下，淺絕水仙斜。秋心獨有

〔一〕傅山全書初版本五言律詩（四）中，據拾遺本收有眠雲谷藏帖一篇四首，與此篇文字完全相同，只多一落款，故將兩處合爲一處。

〔二〕劉、丁本注：「雪崖曰：十字，季通句也。季通亦袁山門人。」

〔三〕落款五字，傅山全書初版本與劉、丁、王本無，據傅山全書初版本五言律詩（四）與拾遺本補。

〔四〕「甚」，丁本作「勝」，據晉四人詩、張本改。

〔五〕「搖」，丁本作「任」，據晉四人詩本改。

會，孤鷺停清沙。戶外潭眞碧，樓前燭不紅。佳人愛幽靜，老友吟玄風。石冷支機穩，秋明雲錦空。離觴高柳下，回首謝芙蓉。

無聊雜詩 己丑寓平定馬軍村，卽事有拈，不拘沈韻。〔一〕

無聊月云九，紅信託笻詢。百草靡五色，雙梨殷半村。秋光殊自豔，〔二〕俗眼但知春。暫得喧卑避，〔三〕踈碪亦可聞。〔四〕

藥嶺負秋色，石樓登告勞。黃冠非獨懶，白禿亦孤騷。豆秸偎煙盡，〔五〕柴門閉日高。村翁問寒藥，茶果致胡桃。

隴首蒹搖雪，〔六〕空波浴鷺鷀。人誰堪澹蕩，詩尚許黃緇。〔七〕句取渺無所，情生微不遲。憂思常萬里，卽事得題羈。

〔一〕此注據張本。晉四人詩本無，劉、王本無「己丑」二字，劉、王、丁本無末四字。上海博物館藏題戴本孝畫册有本篇第一首，文字略異。趙棣生先生西村漫吟十二條屏末首與本篇第九首文字基本相同。條屏末署：「七十四歲老人傅山書。」

〔二〕「殊」，題戴本孝畫册作「原」。

〔三〕此句畫册作「暫得喧卑避」。其中「避」字丁本作「辟」，據畫册與晉四人詩本改。

〔四〕畫册末題：「藥嶺僦小樓同白髗作。」

〔五〕「偎」，當爲「煨」。

〔六〕「首」，陳監先生所見手蹟作「谷」。

〔七〕「尚」，丁本作「似」，據晉四人詩本與陳監先生所見手蹟改。

火齊何曾解，冰臺偶爾藏。西隣分米白，東舍饋梨黃。〔一〕食乞眼前足，醫無肘後方。果然私捧腹，笑倒鵲山堂。州有鵲山，山有越人之祠。

上城下城古，嘉山嘉水邊。艾郡自秦漢，榆關亦趙燕。風流湮古昔，碑版習星壇。齷齪金元士，州人噪六賢。州有六賢堂，祀趙秉文、楊雲翼、元好問、王構、李治、呂思誠。

卸門支木榻，放月當煙燈。〔二〕弧矢無窮怨，楞嚴不了僧。西河慙二義，〔三〕堂北炯孤星。甘作阿奴老，霜鬢已亂莖。

山水須人洗，人須眼界昂。先生譽酪美，後輩昧茶薌。容邑劉因貴，懷州許魯彰。秋風三百里，榆社竟差强。

麕糟何所用，天上等人閒。雲表無奇節，仙班亦靦顏。沈吟送白日，意氣動秋山。老子終年讀，和同不可攀。

奈病不修藥，〔四〕憐秋常上樓。岡巒來鬬瘦，物色共分憂。紅葉翻飛下，〔五〕黄花矍鑠頭。〔六〕巖林無氣概，王霸爲兒羞。〔七〕

〔一〕此句張本作「東舍摘黎黃」。又「西隣」、「東舍」，晉四人詩本作「東隣」、「西舍」。

〔二〕「當」，晉四人詩本作「省」。

〔三〕張、劉、丁本注：「曹偉與薛宗周。」誤。王本注：「如金與宗周。」

〔四〕「修」，條屏作「備」。

〔五〕「翻」，條屏作「幡」。

〔六〕「頭」，條屏作「收」。

〔七〕陳監先先生曰：「常贊春云：據墨蹟，自注：大凡巖林士，正須氣概勝王霸，爲子弟氣餒，可算亦由無眞正業壑本領耳。」案：此注疑有脫訛。

穭生豌豆好，客作瑟珠供。秋入齒牙莩，〔一〕甜回霜露沖。野田隨興得，場圃謝爭傭。香味空過眼，捃摭意不封。

玉米得未有，柴門杵臼瑩。玄苞渾秬黍，白粲小香秔。屈子淚無盡，陶家瓶可盈。友朋餘蕙畝，〔二〕乞種勸深耕。玉米一名穀黍，稃似黍，米則稷，蒸饌甘香，擬乞種屬友人種之。〔三〕

雲林白馬貴，花史黑驢閒。石逕時遭墜，青鞵暫得完。長鳴紅樹裏，緩蹀翠微間。生怕嫌吾俗，虚哦似有删。花史母君得危疾，余設醫愈之。每往來，皆以其所愛黑驢馱之，故引雲林白馬。〔四〕

苦酒高難問，圍棋低可媒。燈花殘局罷，香菊滿瓶開。志慚鏌鋣下，軍酣琥珀回。復仇愁殺我，敵國有新醅。數數贏得友人苦酒三五瓶。

山市肥濃絕，秋容澹薄厭。水沈通鼻鈍，花蜜獎脾廉。陶范家多米，脩齡食不甜。寒貧原有性，祿命那須占。

合絡出纖手，蚍蜉糝太妖。盞微白鳳髓，羹失錦羊臕。滑嫩難勝箸，晶瑩不忍挑。紅裙花戴雪，風味想如莜。晉人謂莜麥爲蚍蜉，麥葵之名也。又語云：綠襖紅裙帶白花。

三白舊名酒，一枝今野花。醉眸披病葉，蓬鬢鬧昏鴉。絃急隴頭水，飲闌樓外笳。胡旋叮漫舞，綠怕小蠻靴。三白，連莊妓也，好著白花。〔五〕

〔一〕「齒」，丁本作「幽」，據他本改。
〔二〕「友」，晉四人詩本作「騷」。
〔三〕此注晉四人詩本無。
〔四〕此注晉四人詩本無。
〔五〕陳監先先生曰：「常贊春云：據墨蹟，白花作綠靴。」

仳仳樂平縣，〔一〕山環水抱之。鳳毛曾有種，喬公一鳳。龍象久無師。靈彩秘圖府，古文鐫戒碑。河關逢蕩子，獨不掉酸詞。〔二〕樂平人士戒讀古文詞，〔三〕鐫有戒碑。

城荒抔土砦，山逆太行枝。白氣沾澌急，縣城外沾水帶三面。紅燈苦酒支。西南瞻潞子，〔四〕東北走湖兒。上黨中原脊，英雄今是誰？

地主尋天水，深秋頓小年。鵝黃過葛聖，羊白進羅賢。〔五〕冷客開心接，春牀放足眠。圓林松嶺下，還許共逃禪。

此客防難惹，平原且瞭轈。邑中風俗樸，方外道流殽。潦倒蒙山笑，顛狂皋落嘲。與君試商議，謝絕到全交。

塵識卽事

古佛圓光界，村翁褊石籬。堅文翻辨囿，薄酒寄言卮。萱樹支離字，膏蘇任命棊。不驚常一鷺，霜月在冰畦。

〔一〕陳監先生曰：「常贊春云：據墨蹟，仳仳作小小。」

〔二〕陳監先生曰：「常贊春云：據墨蹟，蕩作浪，掉作腐。」

〔三〕「古」，丁本作「書」，據他本改。

〔四〕陳監先生曰：「常贊春云：據墨蹟，瞻作連。」

〔五〕陳監先生曰：「常贊春云：據墨蹟，注：鵝黃句贊其新醞，羊白句則自居羅友而頌主人之賢。」與張、王本注同。

南山寺同吾玉季子作〔一〕

寺遠吾儕僻，秋高獨往盟。柏來花眼翠，霞上老心明。淨界悲文藻，威河響甲兵。顛頂僧榻借，壁疊夢經行。山。

附：胡庭：同石道先生作〔二〕

出險誰能禦，朝宗直向東。〔三〕山光帶樹影，並在水聲中。入眼癡成癖，深觀妙不空。上方容我輩，領略地圖雄。

維遇早眠

嬸殺嬋娟月，林端十五圓。冰尊不救倦，葦泊只添眠。惜別秋燈灺，貪歡欠夢闐。燈花休結蕊，張祜惹情漣。

〔一〕此篇據山西博物院藏手稿整理，由胡振琪先生釋文，曹玉琪重校。霜紅龕集各本均收錄。張本題作「寺遠」，張本丁種改爲「南山寺」，乙種張震改爲「自青龍驛過靈泉寺」，他本同張震改。

〔二〕附胡庭詩，霜紅龕集各本無。因手蹟緊接傅山詩，故附後。

〔三〕「直」，手稿又作「獨」。

瀑池

琥珀苦常煖，林塘冬不寒。聽泉遲白日，言浪許黄冠。柳未春三候，鷴交五夜闌。舊歡眞可戀，折脚借鐺飡。

庚辰冬欲雪同先兄合龕待之烹茶忽復十五年矣前日欲雪憶一過〔二〕

霿霋壓四壁，〔三〕星星流素蟬。窗光疎瑩色，硯露薄螺鈿。鷺振遥分峻，鴻經急就仙。〔三〕不愁寒欲死，〔四〕大雪是吾天。

載賡大雪是吾天四首〔五〕

大雪是吾天，黄塵壓不顛。深簾餘斷竹，耐冷不裝緜。地未菩薩煖，牀非屬國氊。奇功想淮蔡，酥酒一樽偏。

大雪是吾天，冰壺夜懶眠。梅花孤嶼夢，柳絮小春園。凍雀擘椒顧，饑烏高樹顛。仁心頷阿弟，

〔一〕張本題作「雪」，此題爲小注。
〔二〕「壓」，他本均作「厭」。
〔三〕劉、丁本注：「中四句一作：窗光疏引瑩，硯露薄凝鈿。瘦骨遥分峻，茶香急借鮮。」
〔四〕劉、丁本注：「欲一作卽。」
〔五〕「四首」二字，傅山全書初版本脱，據丁本補。

減米撒簷前。

大雪是吾天，彌羅素焰然。同雲高惝恍，霎雁冷連翩。松竹静神起，漁樵野性全。好詩在眼底，慵鏤六朝篇。

大雪是吾天，圜扉凍玉煙。薑茶領辛苦，筆硯静卑喧。合眼開眼白，生心死心蠲。叮嚀休掃卻，參作太初禪。

我想

我想眞奇士，經綸難浪名。憐才有佛眼，文雅不書生。洱海微風彩，潦陽仗鉞聲。丹元留不去，夢寐顧中丞。

獄祠樹

獄中無樂意，鳥雀難一來。卽此老椿樹，亦如生鐵材。高枝麗雲日，瘦幹能風霾。深夜鳴金石，堅貞似有儕。

木公居實獄祠中作伴三月矣病劮兩兄將行面之

皆違老母久，吾所不忍留。生死事只爾，友朋意何休？西河薄收麥，上艾云有秋。深以吾爲戚，承歡日日謀。

紀夢〔一〕

老子知無用，眉兒自審才。一枝鐵藕上，千葉蓮花開。〔二〕自是心菡萏，全非意蘚苔。五千言面壁，只道閉關來。

祖炤大可惜，無端離崛㠠。未曾經女厄，儘好著僧衣。〔三〕破寺何不可，長松亦莫非。拖將罪尸去，〔四〕流浪今焉歸？

咄咄箕陵夢，于今十八年。明夷丁此世，暗覺異前賢。荼苦廿三月，秋明淨一天。朱衣成罪案，洪範卻無篇。

秋夜

秋夜一燈涼，囨祠眞道場。教兄趺病骨，聽弟轉金剛。佛事滿天性，文章對法王。〔五〕寶蓮開鐵藕，兒夢亦非常。

〔一〕此篇與下篇秋夜，據霜紅龕集各本收錄。上海圖書館藏有此四首詩手稿，合爲一篇，均無題。由范月珍校勘。

〔二〕「蓮花」，手稿作「寶蓮」。

〔三〕「著」，拾遺本作「擔」，劉本空白，王本作「被」。手稿作「搭」。

〔四〕「罪」，劉、丁、拾遺本與傅山全書初版本空白，王本作「名」，此據手稿。

〔五〕「文章」，手稿作「文明」。

山寺病中望村僑作〔一〕

病還山寺可，生出獄門羞。便見從今日，知能度幾秋？〔二〕有頭朝老母，無面對神州。冉冉眞將老，殘編醌再抽。

感

感不勝憂樂，情微證弟兄。佛恩雙點化，天性共關生。老母自然喜，承顔相至誠。〔三〕諸郎應此後，凍餒益親貞。

不死

不死良無恥，還爭魑魃光。有情誰見識，無語獨肝腸。内典極知妙，諸心不可當。燒春掀盂盞，病葉入連邦。

〔一〕陳監先生曰：「常贇春云：據墨蹟，題目作：出獄望西山。題下並注乙未二字。」

〔二〕陳監先生曰：「常贇春云：『知能度幾秋』，墨蹟作『還應度幾秋』。」

〔三〕「相」，張本作「想」。

李然周極可敬遭亂入山自墾窮壤而食十指礌砢如椎笨田父知義知時河西佳人也爲詩贈之云〔一〕

孝弟力農畝，求兄之偶難。胼胝沙塞瘠，吟嘯隴雲寒。我荒卽我土，誰帝復誰官！無終老田叟，遥用伐烏桓。

伯渾藥菴〔二〕

王孫本慧根，深穎不多言。草昧尸饔母，村嵐開藥軒。方勤翻古册，生恥向今尊。久視亦無樂，微情發妙論。

眉兒觀風塞上來有詩

朔氣健遊子，新詩動乃翁。悲歌猶趙燕，〔三〕聞見不彫蟲。潦海賁先志，神州痛此中。傷哉吾老矣，永矢作愚公。

〔一〕陳監先生曰：「常贊春云：據墨蹟：題目作『與上郡李然周』。注：『然周先有書到寓，云欲見往。辛卯八月杪，果過黄河來。』此題原爲詩末注。」張廷鑑拾遺本詩末署：「七十五歲翁傅山書。」案：常贊春所見與張廷鑑所見，當爲兩種手蹟，一爲傅山第一次見李然周時所書，一爲七十五歲時所書，因而題、注不同。

〔二〕此篇據百泉帖整理，谷錦秋重校。霜紅龕集拾遺、劉、丁、王本收錄。

〔三〕陳監先生曰：「常贊春云：據墨蹟，趙燕作瘦馬。」

樓夜四首

汝當未必信，情所自專專。不是噉名客，猜生形謀先。折衷向清夜，悔遯指蒼天。月澀勞人眼，心翻費力眠。

冀豁來樓上，情連到處深。亂愁齊一極，夜樹不分陰。浩蕩何斯願，誰明抱寸心？實沈難指正，矢月聽哀吟。

誰能怨不歎，雨夜强樓闌。側月敢驕滿，輕飆生性寒。苦搖林影薄，不信鵲巢難。物色今如此，牽憂豈一端？

悠悠聞道路，一吷上流丸。事產營家易，文章負荷難。神明生骨肉，丹彩受心肝。知子莫如父，吾何爲不歡？

再遊蒼巖限韻三首

亦是千尋壁，人龍佃宋纖。黃冠隨處好，〔一〕赤閣不先占。騷賦才無盡，江山會與添。〔二〕一天秋色楚，空翠下湘簾。

山情常自苦，過去未能忘。〔三〕善逝何時證，幽尋此日忙。樓欄老紫蜆，蔦帶女青霜。句縛巖之

〔一〕「好」，晉四人詩、張本作「可」。

〔二〕「會與」，晉四人詩同，張本作「會興」，張震改爲「興會」，劉本又改爲「會與」。

〔三〕「未」，晉四人詩本作「不」。

裏，還如郭注莊。雙橋連束峽，再度亦經年。筆硯仍兒戲，仙書念子涓。山腰樓上客，玄首石旁賢。夢逐青蓮老，神遊八極埏。

雪夜〔一〕

密雪壓萬籟，〔二〕蕭堂流一鍾。鬖鬆石磴老，夢寐蘆牙松。〔三〕靜室封寒色，觀空信短笻。〔四〕那容負苓者，戚戚憂羲農？〔五〕　雪夜。最鳴社詞兄政。　山。〔六〕

老足

老足秋能健，朋遊嶔亦豪。眼當孤閣放，身已百杯高。霜壁搖朱杷，風簷落白蒿。生平望東海，一釣有連鼇。

〔一〕此篇據日本二玄社一九九八年版山内観編傅山の書法圖版釋文，由堀川英嗣整理。傅山全書初版本據霜紅龕集各本收録，文字略異。晉四人詩本題作「雪夜之懷」。

〔二〕「雪」，丁本作「雲」，據晉四人詩、拾遺本與傅山の書法圖版改。

〔三〕「牙」，傅山全書初版本據霜集各本作「芽」，此據圖版。

〔四〕「觀空」，傅山全書初版本據霜集各本作「空觀」，此據圖版。

〔五〕「羲」，丁本作「黄」，據拾遺本與傅山の書法圖版改。

〔六〕落款九字，傅山全書初版本與霜集各本無，據傅山の書法補。

懷融苦酒遠志忽漫六首〔二〕

文彩珊瑚朽，沈緜琥珀憐。一尊傾紫海，高韻滿青天。俗美羊羔共，心同橄欖偏。繩牀謄半席，春夢抱瓻眠。

眞欲朝瓻拜，心心領苦薌。〔三〕各同村客盡，分注小瓶藏。移席凌花豔，懷書濟月涼。尤宜酥一餅，投爲老親觴。

送老眞須酒，掀杯還展書。神仙時有字，脈望豈無魚？經濟山林拙，浮沈日月虛。糟邱何處可，兵喻定非迂。

羣離誰白社，僧榻舉紅巵。豈是坐忘候，無聊上頓時。如來能度我，權實許偏師。一醉春寒覺，晨鐘掛老眉。

有仍苗裔好，嫵媚自安豐。卻笑河梁霸，何如琥珀鍾。向衡桓發在，揮手幕翻工。百萬摴蒱得，推車付酒傭。

俄然翻杜句，觀酒向身慵。麴蘖幾時辦，龍鍾今老翁。糟牀乾菊月，雪窖信春風。總不妨來再，勞勞奇字攻。

〔二〕「六首」二字，傅山全書初版本脫，據丁本補。

〔三〕「領」，張本作「頷」。

與邯鄲任尹〔一〕

今日任公子，滄浪罷釣竿。起用李句。閒關留七尺，寐寤考三槃。念彼幽冥友，言曾慷慨歡。洪波亭上酒，一滴酹闌干。

自信無仙骨，黃糧夢懶詢。一拳擎默默，連抃老墫墫。豈遇聞鷄侶，其如運甓勤。叢臺荒朔漠，胡服久纏身。

四七阿陵傳，元功在信都。如茲名將者，豈是爾先乎？實奪王郎據，虛聲子路俱。千秋臺不遠，河北氣猶麤。

老泥廉公語，終思用趙人。邯鄲好都會，厮養亦精神。卻喜遊山左，還要過海濱。岱宗愁一攬，花眼決東秦。

草灣河〔二〕

草灣三百里，濁浪去朝宗。智勇終形勢，威儀自肅恭。危檣看子裾，〔三〕特達撫臣衷。多少滄洲句，吟情轉不工。

〔一〕此篇據山西博物院藏手稿整理，由曹玉琪重校。霜紅龕集張、劉、丁、王本收錄。

〔二〕晉四人詩、拾遺本題作「草灣浮河五十里達安東」。

〔三〕丁本注：「句似有誤字。」

與眉仁夜談〔一〕

議論先生怪，文章上帝俞。渾淪誰達孝，封建亂經儒。禮置崇三恪，錢爭復五銖。子南三十里，漢武近虛邪。〔二〕

帝律須天定，皇玄不著書。卽教咨稷契，亦得告唐虞。禮樂何多士，崇高盡獨夫！孔門羞五霸，〔三〕一節有堪予。

何必許家第，乃云多閱人。長空看高翼，一過卽無痕。〔四〕世廟私王號，尼山自聖尊。唐虞眞道士，〔五〕龍德脫其身。

〔一〕晉四人詩本題作「夜談」。陳監先先生云：「常贊春校張本題作『與眉仁夜談古今王霸事括成近體三章丙申初月』。」山西博物院藏第三首草篆立軸，署「夜談三首之一。山」。張學良先生定遠齋藏傅山册頁手稿中有此三首詩，自題作「夜談」，由堀川英嗣校勘。

〔二〕陳監先先生曰：「常贊春云：據墨蹟，『近』作『頗』。」張學良手稿作「子男三千里，劉徹頗虛耶」。

〔三〕「霸」，丁本作「伯」，通，此從晉四人詩與張本。

〔四〕「過卽」，傅山全書初版本據劉、丁、王本作「去杳」。並注：「去」，晉四人詩、張本作「過」。陳監先先生曰：「常贊春云：篆書墨蹟書此首詩，『去杳』作『過卽』。」今查山西博物院藏草篆立軸，確爲「過卽」。張學良手稿作「過杳」。

〔五〕「唐虞」旁，張學良手稿自注：「堯舜。」

定州道中〔一〕

不逐長安俠，長安歲再征。旱鸇平地起，〔二〕危鵠薄雲聲。無復劉邦鼎，猶傳紀信城。霏霏官路柳，顛倒總能生。〔三〕

卽事

筆硯眞罪業，未了筆硯情。〔四〕兄弟連寒榻，秋冬共佛燈。戲禽因病歇，高鴈貼雲鳴。張仲於今在，〔五〕還爲寫孝經。

聽道學者論歸寓作〔六〕

依經無古佛，〔七〕頓悟有仙儒。故紙亦罔罟，癡人爲佃魚。甲兵談得似，羽扇執來殊。諸葛眞名士，風流不煗姝。

〔一〕晉四人詩本題作「長安道中」。
〔二〕「旱」，晉四人詩本作「悍」。
〔三〕「總」，丁本作「縱」，據晉四人詩本改。
〔四〕此聯兩「硯」字，晉四人詩本均作「研」，通。
〔五〕張、劉、丁、王本注：「思孝曰：張仲字孺子，先生内姪。」
〔六〕「論」字丁本無，據晉四人詩、張本補。
〔七〕「經無」二字，傅山全書初版本誤作「無典」，據霜紅龕集改。

卷九　五言律詩（二）

東池元夜〔一〕

東池元夜月，故爲寓人青。樹影冰塘靜，綃生淡墨娉。羣兒嬉火塔，一我立魚亭。紅葉松扉小，僧燈應未扃。〔二〕

七亙老杏

厓邊紅瑟瑟，老杏嬾于開。悔不斧斤斷，靦隨時令催。〔三〕衆憐春色冷，〔四〕獨敬傲枝才。〔五〕對酒不成醉，〔六〕原非狂藥媒。〔七〕

〔一〕自此篇至贈武非弁，劉本在甲申集中。張震云：「手蹟無元夜字。」劉、丁本注：「平定東池爲日葵先生別墅。」

〔二〕「扃」，丁本作「肩」，據文義改。

〔三〕「靦」，晉四人詩本作「偭」。

〔四〕「春色」，張震據手蹟改爲「春意」。

〔五〕「獨」，晉四人詩本作「吾」。「枝」，劉、丁、王本注：「一作霜。」

〔六〕「不」，張震作「亦」。

〔七〕「原」，張震作「知」。

東池得家信依右玄寄韻

紫土舊榆城，悲涼水木楹。畫蘭難畹地，〔二〕識字即瓜坑。池湫萍魚遠，花梢麻鵲輕。家書顛倒讀，有淚不知傾。

雨

可惜清明雨，濛濛及此都。誣教田舍老，眞作旱雲蘇。羞客深垂笠，臨歧嬾問途。春光難著眼，花柳不如無。

自顧

自顧亦何隘，乾坤難我廬。星河炤雙淚，騷楚異三閭。偃臥常蒙袂，何門可曳裾？壺觴愁不解，悔讀古今書。

賤殺

賤殺柳顏厚，不知春屬誰。臨風弄新翠，倒影翳清池。意自能張緒，觀終不漢儀。〔三〕快心須一

〔二〕張本注：「自注：黄公發事。」

〔三〕「漢」，丁本作「淡」，據劉、王本改。

劍，斫卻看平夷。

夏五過黃玉黃玉之師賈生思臥黃玉具枕簟樓外請賈小憩予戲之曰是謂曬尸以尸師同聲賈性忌不吉語遽起不臥吾便便言據之有詩遺憤〔一〕

日夕直盼死，涕零弔屈時。哥舒誅既晚，魏勝起何其？枕簟高樓敞，河山決眥窺。此生無可用，偃仰曬吾尸。

悼古遺二首〔二〕

龍淵歸匣蚤，剸斷未成風。慨有籌邊志，長虛定遠功。腁胝殘邑調，痛哭夕郎封。未斂元龍氣，〔三〕憎來田舍翁。

卜館寒氊破，袁山春坐融。重貽朋友怨，羞與若纍同。髯戟無容治，官輕有樸忠。規容田畫瑱，一簡射狐雄。

曹子歷三縣，皆殘破，治有聲。壬午冬，選兵科，差堅清上谷。復命，稱旨上疏，請閱九邊要塞，以長城自許。未幾卒。始終以豪氣不除，爲鄉里所忌。貧道有書遺曹子，諫官當言天下第一事。不月，曹子露章劾首輔周延儒罷相。

〔一〕劉、丁、王本注：「黃玉姓宗，諸生，在小東門住，家多藏書。賈生淑誼，漢臣也。」
〔二〕丁、王本注：「汾陽曹良直，字古遺。」「二首」二字，傅山全書初版本脫，據丁本補。
〔三〕「斂」，各本均作「歛」，據文義改。

聊以復祠僧二首〔一〕

身隱文焉用？山僧乃勸詩。顧瞻七子貌，蕭索五城思。苦柏神壇暗，秋陰天意悲。此中題不得，羞殺壯夫爲。

老衲亦知否，〔二〕七人不盡賢。鈞衡容逆賊，紳笏愧香煙。獨有雙忠烈，餘皆一節傳。李公碑贊好，斟酌敍當年。〔三〕

悼赤城〔四〕

落落憶朱霞，天空芳草涯。少年知赴國，勇死痛遺家。清洌琳宫井，深沈玉樹花。衰翁將病母，誰與濟兵笳？

〔一〕晉四人詩、張本題作「七賢祠」。張震云：「手蹟題云：七賢祠請題壁。注云：祠在忻州北門外，祀趙盾者，而韓厥、程嬰、杵臼、提彌明、鉏麑、靈輒祔焉。」

〔二〕「亦」，康熙陽曲縣志作「爾」。

〔三〕劉、丁、王本注：「祠有公濂二碑、一記、七贊。」

〔四〕丁本注：「朱霞字赤城，佳王孫。城破，投玄通觀前井死。」

再書悼赤城[一]

落落想朱霞，天空芳草涯。少年知赴國，勇死痛遺家。漂洌琳宮井，深沈玉樹花。衰翁將病母，誰與尉兵笳？

赤城以二月初十日投玄通觀井。

貧道作此詩時，赤城之翁尚在，後竟離賊難，嗚呼傷哉！　甲申十二月初七日，書于仇猶客舍。

小樓

小樓秋暑歇，片席寐無聰。袖許高雲度，鞵艱尺土蹤。夢迴赤帝劍，書落白榆風。幾个陀羅樹，亭亭到眼中。

追悼曹子二首[二]

向與居實論曲沃閣部之師，[三]曹子若在，必請纓誓死以信奇節，必不容其觀望不前也，因

[一] 此篇據蘇州博物館藏手稿釋文，由竇元章整理。傅山全書初版本未收。標題爲編者所加。

[二] 張本題下注：「有序。」以下即爲序。劉、丁本將序誤爲題，今據張本改。

[三] 「向」，張本作「嘗」。

有此作。

沃相滹沱望，參軍巾幗瞠。古遺若未死，雄志必先鳴。桃劍揮猿臂，曹長臂。妖欃怯虎旃。〔二〕井陘單騎出，誰敢不駃征。

可惜一腔血，〔三〕無由灑戰場。固關迴晉鄙，朱亥不從行。骨冷金臺雪，魂飛白簡霜。無衣賦雲表，哭訴九頭閶。〔三〕

早起高眺

朝霞紅枕簟，深樹碧須眉。雲過看能飽，情來淚是詩。周虓稽北日，許靖隔南時。不死其何戀？高樓一客知。

園〔四〕

園外誰家地，園翁不欲知。荒鋤無意荷，茂草懶情宜。老樹更風靜，高鶯獨語遲。井蘭紅一點，露綻小戎葵。

〔二〕「旃」，丁本作「旗」，據他本改。

〔三〕臺灣何創時書法基金會藏傅山手稿有此首詩，題作「追悼古遺兄」，文字略異，由堀川英嗣校勘。

〔三〕「訴」，張震改作「叫」。書册手稿作「叫」。

〔四〕臺灣何創時書法基金會藏傅山手稿與右玄書册中收有此詩，第二句「欲」作「言」，第七句「蘭」作「欄」。由堀川英嗣校勘。

龍門山逕中〔一〕

貧道初方外，興亡著意拚。入山直是淺，孤徑獨能盤。卻憶神仙術，〔二〕如無君父關。〔三〕留侯自黄老，終始未忘韓。

中秋夜黄玉邀集其婦翁村齋擬早尋道者

館假清秋節，留因玉潤郎。把杯横踞榻，玩月不掀窗。豆煮和瀼露，瓜華落夜霜。冰厨明月罷，有約水雲鄉。

重九次又玄韻

落寞藏山客，淒清白露天。秋英餐待菊，桶草臥忘綿。酒黯離離黍，毛花種種顛。美人勞寤寐，無意薛濤箋。

〔一〕晉四人詩題作「龍門山逕」。張本題下注「平陽」二字。

〔二〕「卻憶」，晉四人詩作「卻意」，張本作「意得」，張震改作「但有」。

〔三〕「如無」，張本作「無如」。張震改作「如無」，並注：「此照手書册改。」

前韻懷居實期采菊不至〔一〕時傳東國有義兵。

七亙强百里，離居黯別天。〔二〕有花乖採摘，無病也沈綿。月共關山冷，〔三〕雲停霜樹顛。大東有鬵釜，〔四〕早寄測魚箋。〔五〕

落葉到棋局〔六〕

落葉到棋局，際人勝負心。戰爭由我罷，掃蕩滿前侵。〔七〕猛釋當枰子，達觀秋木林。〔八〕神全唯一著，〔九〕歡伯日相尋。〔一〇〕

〔一〕張震云：「手書册題云：居實在七亙九日期采藥不至。」

〔二〕「黯」，張震作「眞」。

〔三〕「冷」，張震作「杳」。

〔四〕「有鬵釜」，張、劉、王本均作「鬵釜近」。丁本據張震說改。

〔五〕「早」，張震作「爲」。

〔六〕張震於題下加「同右玄作」四字。臺灣何創時書法基金會藏傅山手稿與右玄書册有此詩，題作「落葉到棋局同右玄作」，文字略異。由堀川英嗣校勘。

〔七〕「掃」，張本作「梫」，書册手稿作「掃」。

〔八〕此句張震作「閑觀秋木森」，書册手稿作「開觀秋木林」。

〔九〕「唯」，張震作「容」，書册手稿作「容」。

〔一〇〕此句張震與書册手稿均作「睡榻不妨深」。此篇後，丁本有巖宿夜大雷雨一篇，實爲蒼巖方外格八首之一，今移走至該篇中。

生日示兒姪〔一〕

往昔虞生短，如今覺命長。〔二〕杯盤聽朋友，蟲鼠不家鄉。老母朝南拜，〔三〕方將媿北强。〔四〕兩兒休壽我，〔五〕天地淚茫茫。

西河王子堅貽詩用韻〔六〕

漢人丁漢劫，何必不身遭。哭國書難著，依親命苟逃。雲臺圖未出，陵瀨釣空高。華鬢消才盡，憑兒賦楚騷。

〔一〕拾遺本題作「生日」。臺灣何創時書法基金會藏傅山手稿與右玄書册有此詩，題作「生日」。文字略異。由堀川英嗣校勘。
〔二〕「如」，書册手稿作「於」。
〔三〕「朝」，書册手稿作「面」。
〔四〕「媿」，拾遺本作「謝」，書册手稿亦作「謝」。
〔五〕「兩兒」，拾遺本作「兒郎」，書册手稿亦作「兒郎」。
〔六〕此下三篇劉本爲乙酉作。

蒼巖方外格八首仁哥限韻。

巖宿夜大雷雨同白范二子枕上成〔一〕

電刷夜崖墨，雷驅山閣奔。寒薄佛燈炧，夢來客枕逡。鬼神迷日月，猿狖矜風雲。〔二〕誰憐石壁裏，吟詠泣詩臣。〔三〕

橋樓〔四〕

飛橋彩蜺徽，宜可度天妃。險亙愁崖弱，風欄冷玉肥。橋下有龍井。洞雲虛作楦，高樹老難幾。千尺蒼巖勢，憑觀反失嵬。

〔一〕此首詩，晉四人詩本爲蒼巖限韻之一，劉、王本爲蒼巖方外格之第八首，丁本誤爲單獨一篇，置於「生日示兒姪」之前，現移至此。張震云：「手書册有二首，此其二也，題云：蒼巖限韻同居實垂雲作。」臺灣何創時書法基金會藏傅山手稿與右玄書册，題作「蒼巖限韻同居實垂雲作」，共五首，此爲第五首。由堀川英嗣校勘。

〔二〕「矜」，晉四人詩本作「驚」，書册手稿作「矜」。

〔三〕張震云：「吟咏，蹟作□雨。」書册手稿作「風雨」。

〔四〕張震云：「手書册，此爲蒼巖限韻第一首。」臺灣何創時書法基金會藏傅山手稿與右玄書册中爲「蒼巖限韻同居實垂雲作」第一首，文字相同。第四句下無小注。

石檀溝

鐵根怪石湔，根嗔掀石顛。漏天明綠罅，危檻鈔紅延。密許幽禽語，陰謀山鬼篇。夕陽停不借，碧淚黯南乾。

説經臺

饒舌爲豚魚，婆心誰毀譽？多方不了病，一寂乃潰疽。頓上無階級，登峯不戶廬。圖將天眼放，披棘一搴襦。

有所見前韻

老禿木敲魚，山林不受譽。清涼亂荆棘，酒肉養癰疽。洗此摩登呪，飛將瀑布廬。道林眞白業，待著羼提枷。〔一〕

再詠石檀〔二〕

石檀拔石精，枝柯紐石繩。輪囷絡紫贔，〔三〕鱗甲穿青鯪。軫軕骨不折，風霜神愈生。盤根礪吾

〔一〕「著」，丁本注：「張刻作看。」

〔二〕晉四人詩本此首爲蒼巖限韻之二。書册手稿爲第二首，文字相同。

〔三〕「贔」，晉四人詩本作「屓」。

劍，金鐵滿山鳴。

巖興〔二〕

美人不可望，尋幽幽斷腸。山樓慘空翠，風雨昏斜陽。依膝有老母，遠心無故鄉。恨不如黃鵠，片時千里翔。

巖閣看雨〔三〕

終日面嶙峋，相看忽不眞。碎有石爲報，渾無雲可尋。僧房爨香濕，鳥坐林葉深。巖溜瀘天酒，令醉山中人。

贈武非弁〔三〕

何必武非弁，生愁文是釵。蓬桑死星日，巾幗活塵埃。鸚鵡都知巧，鷹鸇亦有才。六朝生面少，兩韻景宗開。〔四〕

〔二〕　書册手稿爲第三首，文字相同。
〔三〕　書册手稿爲第四首，第五句中「香」一作「烟」，第七句「瀘」一作「漉」。
〔三〕　此首劉霖認爲作於戊子。
〔四〕　丁本詩末注：「以上並甲申集。」指劉本在甲申集中。

喜霎塔院得雪峯開士住二首書詒一笑〔一〕

可憐霎塔寺，破壞欲神叢。小劫隨陽厄，中興得雪峯。慈悲到草木，風韻考圓通。樹下如來意，崖邊護小松。

有約攜尊過，長登圓炤樓。主賓删接待，鐘磬隔牆幽。想起一茶送，閒心半句酬。酒人應得度，髗面是津舟。松橋老人眞山。

壬午六月十五日至十九日卽事成吟二十一首〔二〕

雨色動朝霞，聽人盻歲華。〔三〕哭來無日月，忘卻計甌邪。春夏通衣褐，郊園已賣瓜。晨興一擂首，憎殺紫薇花。

紫薇如故意，偏是太蘞蕍。彩霓臨風醉，〔四〕胭脂著雨蘇。誰能吟禹錫，只解痛唐衢。霎鵲連枝語，分離事想無。

殺角非佳興，悲來偶此逃。日長松檜靜，榻穩夢魂勞。雙燕語何喜，一蟬聲未高。愁慵衣富

〔一〕此篇據潛蘇集帖與霜紅餘韻帖整理。霜紅龕集劉、丁、王本收錄，題作「喜雪峯開士住霎塔寺」。

〔二〕他本均無「壬午」二字。傅山全書增訂本編者案：蘇州博物館藏有此詩手稿，亦無「壬午」二字。

〔三〕「盻」，他本均作「盼」，此據丁本。

〔四〕「醉」，張、拾遺本作「碎」。

蝨，〔二〕坐久足爬搔。

今夕成何夕，孤棲海子隄。歌來古柳外，鐘起夜雲西。淚眼生憎月，麻鞵不避泥。郊河紅累子，〔三〕哭殺再誰攜？去歲今夜，先兄攜具西郭，爲十九日，是山生日也。

炤得愁無朶，空涼月一天。怕官非欠税，尋寺不逃禪。我有我身患，何求何處仙？茶瓜行遇集，只覺未人全。

怕聽朋兄弟，開尊李鷹槃。〔三〕松欞營慘淡，臺謝惹闌干。直説今年度，還堪往日歡。弘微況多病，〔四〕收淚借蒲團。

水雲溝不遠，〔五〕日夕薰風遲。小出家三日，聊茲笻一持。月高岡紫色，椿老牡丹枝。洞主何須雅，文詞喜不知。

告母置兒飯，裁葱寸寸傷。仁兄不添麪，病弟豈能嘗？野寺鹽瓜足，生緣酒肉瘡。暫蓬煩惱髮，三日乞僧糧。

堂上一聲磬，鳥音徐起林。朝雲停樹末，病竹動詩心。〔六〕兄去毆投道，〔七〕儒癯難遽尋。崛嵋庵小構，直可一生瘖。

〔二〕「衣」，丁本作「依」，據張震説改。
〔三〕「累」，他本均作「樏」，此據丁本。
〔三〕此句張本作「開樽奈氏槃」。
〔四〕「病」，張本作「疾」。
〔五〕「遠」，丁本作「見」，據拾遺本改。
〔六〕「竹」，張本作「興」。
〔七〕「去毆」，張震説、拾遺本作「化毆」。案：毆、歐通。

聞道龍堂裏，松花白蜜多。懸橋通鹿友，隨處有蜂窠。丹服防多悞，綠丸須此和。便當束青撮，秋色一捫蘿。

明日吾生日，囑兒不可提。我離母不拜，兒拜我生悽。兄弟壯年別，招提三日棲。日中糠一鉢，隨衆拜蒲黎。

上堂心淚下，舉磬告吾寃。母老一生善，兄仁不許存。鐙明悲觀相，〔一〕雲暗小祇園。一日不捕蝨，私當拜佛恩。〔二〕

拜佛心拜母，母恩拜不勝。痛將三子意，忽復兩兒承。白髮高堂健，緇衣小子能。短毛無可愛，羨殺禿温陵。

老栝渾身雪，梢雲幾樹冰。霜皮閑落地，香片可供僧。午夢一啼鳥，空堂不惹蠅。欲支多淚頰，坐斷小牀繩。

有甚不可死，無端復遇生。一尊違弟意，强飯慰慈情。菜素原非戒，〔三〕腥葷不敢爭。豈關何點慕，暑病與相盟。

三十六未老，一兄不肯長。時嘗家哭泣，生日野傍皇。日下吉祥寺，風淒艾納香。瞿曇能救苦，苦斷蘗禪腸。

一氈和一被，幾日不梳頭。身實北郊寄，〔四〕人猜西崛求。教兒拾柏子，仰面選松樓。亦似逍遥

〔一〕「相」，劉、王本作「想」。
〔二〕「拜」，劉、王本作「報」。
〔三〕「戒」，拾遺本作「好」。
〔四〕此句張本作「我實北郊外」。

者，原鴿意總留。六月十九日，一時千萬端。顔含情未了，彌勒笑難看。不睹椎成鍔，無聊竹管搏。一書四十字，字字墨華酸。門外一高人，家飯怕沾脣。日丐夜歸閣，飽歡飢孰嗔。除身皆長物，縱死不關親。自顧眞齷齪，何如君意眞？老僧西塞將，正德元年生。殺虜曾君報，廬墳盡子情。徐徐數歲月，句句怕功名。說到熊經畧，昂頭淚滿睛。聽說能無怨，短長何太爭。僧閑序今古，客自傷父兄。恩愛轉頭過，袈裟六帝更。茶庵日西夕，忙亂往來行。

壬午舊作，木公藏藁。丙戌寒至精舍，出令再寫，欲附之老僧衣社之後。不得辭嬾，率爾復命。

附：六月十五日至十九日卽事成詩廿一首（蘇州博物館藏手稿本）〔二〕

雨色動朝霞，聽人盼歲華。哭來無日月，忘卻計甌邪。春夏通衣褐，郊園已賣瓜。晨興一撟首，憎殺紫薇花。紫薇如故意，偏是太藪蕍。彩霓臨風碎，胭脂著雨酥。誰能吟禹錫，只解痛唐衢。雙雎連枝語，

〔二〕此篇據蘇州博物館藏手稿釋文，由竇元章整理。傅山全書初版本未收。此手稿當書於甲申（一六四四年）十二月初七日仇猶客舍。因霜紅龕集與傅山全書初版本所收此詩書於丙戌（一六四六年）冬，兩次書寫文字有異，故此次增補時將甲申本附於此。

分離事想無。

殺角非嘉興，悲來偶此逃。日長松檜靜，榻穩夢魂勞。雙燕語何喜，一蟬聲未高。愁慵衣富蝨，坐久足爬搔。殺角是日，逃之黃玉書房。書房在城東北隅。同人留連百壺，羣相謔浪：「今日可謂棊中殺角。」

今夕誠何夕，孤棲海子堤。歌來古柳外，鍾起夜雲西。淚眼生憎月，麻鞵不避泥。郊河紅累子，哭殺再誰携？去年今日，先兄携具汾濱，爲山舉酌，以十九日是山生日也。

炤得愁無躲，空涼月一天。怕官非欠稅，尋寺不逃禪。我有我身患，何求何處僊？茶瓜行遇集，只覺未人全。是日，府長史將與縣令君過舍，逃之崇善招提，與居實、讓升清談□□。何求，何點之兄□。

水雲溝不遠，日夕榕風遲。小出家三日，聊茲笻一持。月高岡紫色，椿老牡丹枝。洞主何須雅，文詞喜不知。水雲溝在北郭享堂之左，道者馬月洲寓焉。月洲質直無文。

一氈和一被，幾日不梳頭。身偶北郊寄，家猜西崛求。教兒摭栝塔，仰面選松樓。亦似逍遙者，原鴿意總留。山信步入吉祥寺，家疑入崛嵧小菴，走力尋之。

老栝渾身雪，牙查幾樹冰。霜皮閑落地，香片可供僧。午夢一嘑鳥，空堂不惹蠅。擬來支淚頰，坐斷小牀繩。老栝卅株，在吉祥寺後，中舉一敞亭溽暑。坐之，滿眼皆瓊樹，心肝冰冷，署之曰「栝雪亭」。

堂上一聲磬，鳥音徐起林。閑雲停樹末，病竹動詩心。兄化歐投道，儒臞難遽尋。崛嵧菴小構，直可一生瘖。「瘖」用袁暉都兄弟事。此作之隆國寺。

怕聽朋兄弟，開尊李豸槃。松楸管慘澹，臺榭惹闌干。只道今年度，還堪迸日歡。弘微況多病，收淚借蒲團。社盟以山生日，小集李柱史別墅。弘微，謝弘微也，事存沈約宋書。

告母置兒飯，裁葱寸寸傷。仁兄不添麵，病弟豈能嘗？脫二句。暫蓬煩蝸髮，三日乞僧糧。老母以山生日治飯，俗于生日食麵，父子兄弟各一箸加生日者碗，曰「添壽」。「裁葱」，陸續母事。

上堂心淚下，舉磬告吾冤。母老一生善，兄仁不許存。鐙明悲觀相，雲黯小祇園。一日不捕蝨，私當報佛恩。

有甚不可死，無端復遇生。一尊違弟意，强飯慰慈情。菜素自能飽，腥葷不敢爭。豈關何點慕，暑病與相盟。

拜佛心拜母，母恩拜不勝。痛將三子意，忽復兩兒承。白髮高堂健，緇披小子能。短毛無可愛，可意禿温陵。可意之可，去聲。

六月十九日，一時千萬端。顔含情未了，彌勒笑難看。不睹椎成鍔，無聊班管摶。一書四十字，字字墨花酸。顔含晉孝友傳。椎成，劍名。先兄重厚嚴毅，同人以器方之，謂爲「濟國椎成」。

門外一高人，家飯怕沾唇。日出夜歸閣，飽歡饑孰嗔。除身皆長物，總死不關親。自顧塵緣重，何如君意眞。

聞道龍堂裏，松花白蜜多。縣橋通鹿友，隨處有蜂窠。丹藥終難俟，綠丸須此和。便將理緇撮，秋色一捫蘿。龍堂在交城山，有古蘭，惹萬松中僧房皆養蜂割白蜜。

老僧西塞將，正德元年生。殺賊曾君報，廬墳旣子情。徐徐數歲月，句句怕功名。說到熊經略，昂頭淚滿睛。

靜對能無怨，短長何大爭。僧閑序古今，客自傷父兄。恩愛轉頭適，袈裟六帝更。茶菴日西夕，忙亂往來征。

老僧跡甚奇，正德改元丙寅生，蓋一百四十歲人也。貧道有爲募偏衫疏一通，紀遇一章，記僧事詳矣。疏今在起八箚中，紀則西河子堅持去，今經亂當失之耶。

此詩爲壬午歲六月，以先兄四月見棄，貧道生日不忍在家，逃而哭之于野，率爾輒成。兒眉隨錄之，廿有一首。遭亂來諸藁散失，遂不能全憶。尚得十九首，一首脫二句，亦不欲復造補之。曾有居實評得一册，携之崛菴，爲靈弼張生持去，不知在否。子堅亦曾手抄歸汾，當有存者。此作初出，如右玄陳子、季通崔子，皆以私好許爲性什。赤城朱子王孫好學，輒能背誦拙詩。貧道偶忘，問之赤城，皆記。每同諸子遊覽，有詩，同以此子爲記室。今此子投井殉國矣，懷之愴然，懷之愴然！予後有悼赤城詩一章，草輒附之。詩不足存，偶憶疇事，多有感傷耳。因而漫記。

峪園〔二〕

城闢開西峪，爲園五十年。兵戈曾未到，花竹自相憐。徑曲生苔古，池寬受月圓。養疴移臥此，風雅憶前賢。

〔二〕丁本注：「各本均無，振玉據平定州志補。」振玉指丁本編輯之一的上虞羅振玉。

卷十　五言律詩（三）

江風

舵艤狂瀾紫，蘆憐斷岸青。東西好山色，出沒綺窗櫺。鷗白眞堪狎，鵝黃不待醒。雄奇驚睡眼，電攪大江明。

江月

可惜此江月，教吾今乃看。同舟無語得，獨坐有情難。賈客瞑檣穩，荒鷄覺夜闌。菰蘆人不見，寂寂好長干。

燕子磯看往來船態頷之〔一〕

北馬久無性，南船也不情。侁侁憑戰卒，泛泛信風撐。想著如饑惄，經過卽厭生。長江三百里，〔二〕如夢到金陵。

〔一〕「頷」，丁本作「領」，據他本改。
〔二〕此句拾遺本作「山川游不得」。

金陵不懷古

甚是金陵古？詩人亂有懷。〔一〕自安三駕老，誰暇六朝哀？曾道齊黄拙，〔二〕終虧馬阮才。肉髀愁不鼓，〔三〕傖父過秦淮。

連日與吾玉汎論無題八首示蓮蘇〔四〕

掖逢腸似火，冠月眼如冰。睡穩花神護，愁醒酒步兵。性情恆不死，風韻妙覿生。天府無行貨，穰穰販婦爭。

物色高才攬，天機慧眼聞。三匡經霸國，一筆畫秋雲。來者誰云外，離其不可羣。四三同狙賦，朝暮自雄文。列子：「形神不相偶，而不可與羣。」

汎掃虚亭敞，瓏瓏寶髻風。葉雲流不翳，華月駛無空。懶許焚書舞，勤憐薄社封。詭驚連弔累，糟粕娉鏖功。

心腐神皋日，名爭鬼窟燐。澄湖誰道涽，横擊頗知溱。〔五〕老去龍恬淡，王前象比倫。紛紛白草

〔一〕「詩」，張震作「詞」。
〔二〕「曾」，張震與拾遺本作「共」。
〔三〕此句張震與拾遺本作「笙歌聽不解」。
〔四〕此篇據山西博物院藏手稿整理，由曹玉琪重校。霜紅龕集各本均收録。
〔五〕「横」，晉祠博物館藏立軸作「夾」。

鹿，一逐不揚塵。高秋枯塞草，乾慧刷詞場。亂湎吳姬酒，誰煎越婢湯？酒壚荒漢苑，圭竇駭秦房。不稱金華檄，能依日月光。法眼還堪扎，儒心盡可坑。開山迷孔孟，擔版傍朱程。牆壁文章大，虛空培塿矜。異端無垢老，得不上傳燈？春水升庵社，黃河牧老冰。書容抄撮悟，學也面牆憎。木佛丹霞燒，爥光腐草蒸。老夫不識字，瞪目古今聽。蒙莊十萬齎，苦李五千甘。震旦三觀先，乾元六御參。人皆門隸賤，〔一〕我獨鄙頑耽。宿學應難解，先儒欲二聃。前「先」字去聲。

畫雲蘭與楓仲謾題〔二〕

老來無賴筆，蘭澤太顛狂。帶水連雲茁，〔三〕漫山駕嶺薌。精神全不肖，色取似非嘗。〔四〕三盞醮新榨，回頭笑莽蒼。〔五〕楓兄一笑。眞山。〔六〕

〔一〕「隸」，傅山全書初版本誤作「吏」，據手稿改。
〔二〕此篇增補時據山西博物院藏畫軸重新整理，霜紅龕集張、劉、丁、王本與傅山全書初版本收錄。
〔三〕「茁」，霜紅龕集各本和傅山全書初版本作「出」。
〔四〕「嘗」，霜紅龕集各本和傅山全書初版本作「長」。
〔五〕「笑」，傅山全書初版本與劉、丁本作「看」。張、王本注：「看一作笑。」
〔六〕末六字，傅山全書初版本與霜紅龕集各本無。

起用杜句戲作〔一〕

本賣文爲活，翻因字受窮。利他不道苦，自愧未能工。筆墨時常斷，瓶罍久已空。古來原載酒，舊例有楊雄。

以我前言薦，〔二〕爲君歲後辰。插花朝四喜，枯樹暮三嗔。〔三〕敗筆居奇貨，空鐺冷積塵。原非李北海，卦面爲他人。〔四〕

鬻書有何好？此謬由諸君。〔五〕作意見不見，〔六〕制心聞不聞。所希在斗米，豈敢望鵝羣？自笑慳貪甚，吾能去幾分？

道人數數乞，供養得無心。戲論運斤少，辨才持鉢尋。一錢麨畏奪，薄片爪猶侵。勞業不能改，檀波徒爾慇。

秃穎忽然笑，何爲枉見投？畫沙非乞米，挫鋭不封侯。屋角殊多事，〔七〕穿錐有怨尤。〔八〕近來積貯者，幸甚及銀鈎。

〔一〕趙棣生先生藏十二條屏手稿第二、三、四首與此篇第二、五、三首文字基本相同。
〔二〕「前言」，條屏作「言前」。
〔三〕「枯」，劉、丁、王本注：「一作拈。」
〔四〕「卦」，條屏作「掛」。
〔五〕「謬」，條屏作「謟」。
〔六〕此句，條屏作「作字見無見」。
〔七〕「角」，條屏作「漏」。
〔八〕「有」，條屏作「省」。

秋徑〔一〕

庚戌秋，病運餅，輒信步無人之徑，率意口占破悶。

剩角分新黍，〔二〕炊糜試老脾。色香先眼食，〔三〕輭美不牙欺。半盌成朝飽，長笻卽緩支。〔四〕沙溪看秋雨，霎鴨坐漣漪。〔五〕

翻覺霜鬚豔，于紅樹裏行。片時成少貴，彌篤坐多情。人得朝廷負，吾終草木生。道心窮莫在，髮指月冠横。

同被秋光染，〔六〕淡濃還自斟。渠紅何得意，〔七〕我白豈非心？〔八〕想想雲烟亂，耽耽倚伏林。〔九〕形容

〔一〕山西省圖書館藏有此篇一、三、七、九首手稿，文字略異。由范月珍校勘。雅昌拍賣網載中國嘉德國際拍賣有限公司二〇〇六年秋季拍賣會〇七五六號傅山草書扇面，與本篇第三首文字基本相同。趙棣生先生藏十二條屏第七首與本篇第七首文字基本相同。

〔二〕「剩角」，山西省圖書館手稿作「剝埇」。傅山全書初版本誤作「剩確」，據霜紅龕集改。

〔三〕「色香」，山西省圖書館藏手稿作「香光」。

〔四〕「長」，山西省圖書館手稿作「輕」。

〔五〕此首據太原段帖重新釋文。

〔六〕此句，扇面手稿作「共被秋光點」。

〔七〕扇面此句作「渠其紅塵事」。山西省圖書館手稿作「渠紅因底事」。

〔八〕扇面此句作「我獨曰何心」。

〔九〕「耽耽」，扇面與山西省圖書館手稿均作「遙遙」。

儘瀟灑，〔一〕山月上方襟。〔二〕

夥涉眞高興，留侯太有情。篇章想不死，蜩螗定長生。劍術一人敵，杯中萬慮冥。悠然籬菊老，可不咏荆卿？

眞離初不厭，不厭幾時離？父母迷華藏，顢頇小辟支。驪駒當席辱，白馬顧關知。不是吾花柳，從何見旖旎？

道眼霜林黠，臣心雲外癡。薦書春雪片，奴客朔風馳。可惜虚聲氣，如堪建鼓旗。奇文翻局好，莫解教渠爲。

不作懷人嘯，〔三〕天稍獨冷吁。〔四〕三秋雲教我，一淡物來初。設法加餐餅，〔五〕寧愚不看書。老饞風味要，糟得石花魚。

微雲花雁背，惠度女紅䐋。不惹嬋娟妬，原非黼黻章。停梭鸞舞鏡，顧影雁彫梁。夢裏誰儂似，婭姹掃興娘。

蕚綠飛宵練，騎龍下鵲橋。巧樓光滅沒，重頰笑蚩招。瓜果伊誰乞，婆娑不合嬌。〔六〕關窗眉譜鬭，娥月側顰霄。

〔一〕「形容」，扇面作「往來」。

〔二〕扇面末署：「秋逕。僑山。『翻覺霜須豔，于紅樹裏行』第二章也。」

〔三〕「懷」，山西省圖書館藏手稿作「悜」。

〔四〕「吁」，他本均作「旴」。山西省圖書館藏手稿與趙棣生先生藏十二條屏此句作「天稍冷獨旴」。

〔五〕「餅」，山西省圖書館藏手稿與趙先生條屏作「飯」。

〔六〕此句，山西省圖書館藏手稿作「娑婆不中嬌」。

子墨養生主，全休肯綮嘗。鸞嬌荀諷鏡，雉叫寄奴牀。各見當前快，都如背後涼。人間愁不入，百歲作奚囊。

附：無題〔一〕

同被秋光染，淡濃殊自斟。渠紅因塵事，我白豈非心？想想雲烟亂，遙遙倚伏林。〔二〕形容儘瀟洒，山月上方襟。

秋逕十二首之四，〔三〕書爲超老詞丈一笑。〔四〕傅山。

兒輩賣藥城市誹諧杜工部詩五字起得十有三章〔五〕

生理何顏面，柴胡骨相寒。爲人儲好藥，〔六〕如我病差安。裹疊行雲過，浮沈走水看。下簾還自笑，〔七〕詩興未須闌。

〔一〕此首據山西博物院藏立軸手稿釋文，與前詩第三首相同，但文字有異，故附錄于此。
〔二〕「遙遙」，傅山全書初版本誤作「遊遊」，據立軸手稿改。
〔三〕編者案：青主秋逕詩應爲十二首，前編只有十首，脱二首。
〔四〕「超老」，傅山全書初版本作「紹老」。
〔五〕「十有三」，丁本作「十有二」，據實有詩數改。
〔六〕「好」，丁本作「得」，據張本改。
〔七〕此句張本作「閉廛應自笑」。

詩是吾家事，花香襍柳煙。豈堪城市裏，〔一〕或可藥籠邊。世界瘡痍久，呻吟感興偏。人間多腐婢，〔二〕帝醉幾時痊？

天意高難問，人間小局謀。破愁書共架，勞倦酒尋樓。烈行曾商穢，康名正此羞。廣川千萬里，智勇一籠收。

只益丹心苦，黄連自蜀中。昔年騰附子，今日賤芎藭。霸略無昭烈，奴才但李雄。藥材還地道，天府遂成空。

失學從兒嬾，窮忙亂菟絲。似非豪傑事，聊代老夫爲。卦面人通侻，文心自詆諆。〔三〕俟汾今合賣，時語是鮮卑。〔四〕

安排用莊窔，雞豕帝之言。草木誰胠篋，興亡與見垣。禁方須萬一，冷藥滿乾坤。若遇眞人買，和籠價不論。

斯文亦吾病，羣藥儘教薰。躒躁誰摧惡，推陳卽策勳。漫愁無國老，還得用將軍。江海除糟腐，山林老斲輪。

眼前無俗物，今日定何如？辛苦龍蛇意，和同薰蕕居。王孫迷草澤，老子任樵漁。薄暮能賒酒，〔五〕柴扉待月虛。

〔一〕此句丁本作「豈堪塵市得」，據張本改。
〔二〕「人間」，張本作「從容」。
〔三〕「諆」，丁本作「謀」，據他本改。
〔四〕「鮮卑」二字，各本均空白，據常贊春所見墨蹟補。
〔五〕「能賒」，張本作「歸攜」。

文章憎命達，遠志到于今。運氣從誰辨，君臣寄此心。涼州删獨活，渤海愛黃芩。採摘春秋諳，深山得失林。〔一〕

丸藥流鶯囀，高情興會孤。奇方悲海上，〔二〕老病憊山圖。塞北多奔馬，江南少寄奴。〔三〕殊功無反忌，兵法寓諸壺。〔四〕

幽意忽不愜，皤然入會城。〔五〕烏頭逃避命，巨勝薄榮名。草木時流攬，稀疏見友生。經方言十萬，可惜一君卿。

水流心不競，遷化道如斯。廉五加能減，貪三奈已遲。雍容還可學，折閲亦非虧。自有吾參朮，山雷玩朶頤。

浩蕩難倚賴，錐刀試小才。不相違背處，隨在法華開。果識壺中定，蓮心藥上胎。鎮江鐁子好，會過那頭來。〔六〕

〔一〕「深山」，張本作「山中」。
〔二〕「奇」，張本作「偏」。
〔三〕「少」，丁本作「想」，據張本改。
〔四〕「兵法」，張本作「奇正」。
〔五〕此句張本作「皤然負販行」。
〔六〕「過」，張本作「到」。陳監先生曰：「常贇春云：據墨蹟，末注：藥上，菩薩名。」

爲天生十首〔一〕天生，富平人。

空同原姓李，河嶽又天生。律卽三千首，〔二〕鐘消十二聲。〔三〕舊京才足賦，新廟頌難清。潦倒詞場裏，風雲萬古情。

筆硯竟何益，須眉略此豪？宮牆荊棘閉，甕牖老莊逃。杖策年誰富？雲臺日已高。〔四〕云何令弱翰，光焰動神皋？

俗習相輕古，〔五〕文心只未眞。叫號原不雅，駘蕩自能春。水陸安成食，〔六〕尋常醉飽人。旁觀如可惜，贈答覺吾貧。

以子占文運，西京此一時。三峯來鳳彩，八水動龍漪。鼓吹風聲近，〔七〕威儀日月知。中原勞黼黻，慰得老夫私。

北也非邢魏，南耶詎沈何。階平遲粉飾，草昧漫悲歌。物色才都小，天聲算爾那。豹囊餘寶

〔一〕此篇據手稿與謄清本整理，並注明草稿本異文。兩種手稿均藏山西博物院。由曹玉琪重校。霜紅龕集各本均收錄，題作「爲李天生作十首」。
〔二〕「卽」，草稿本作「已」。
〔三〕「鐘消」，草稿本作「同除」。
〔四〕「已」，手稿又作「欲」。
〔五〕「俗」，草稿本作「共」。
〔六〕「食」，草稿本作「設」。
〔七〕「近」，草稿本作「覺」。

墨，〔一〕留待盾頭磨。

燕笑流風穆，鷺花醉露盤。由來高格調，發自好心肝。是語敢深信，凡交怪竭歡。令人懷抱盡，重覺此時難。余所見交於天生者，皆責望無已，而天生不難，爲之區畫不厭，不謂貧士乃爾。〔二〕

雁門驚仲極，七日達河滎。藥舖聞鷄打，〔三〕人夓勒馬鞓。〔四〕爲兄難對爾，至性苦相形。老弟常貧病，能無怨鶺鴒？

南山塞天地，起東野五字。〔五〕不屑小峯巒。灌薄冥蒼翠，神仙謝羽翰。心原滂浩綽，膽豈大江寒。何事亭林老，朝西擬築壇？寧人向山云：今日文章之事，當推天生爲宗主。歷敍司此任者，〔六〕至牧齋。牧死，而江南無人勝此矣。〔七〕

高才多諦諟，小技有依違。牧老南風恨，黄省曾。王寵。北地歸。〔八〕山川偏是秀，〔九〕百二得其威。方外純音聽，雄雌任是非。

〔一〕「餘」，草稿本作「攙」。
〔二〕此注草稿本無。
〔三〕「舖」，草稿本作「局」。
〔四〕「夓」，草稿本作「參」。
〔五〕此注草稿本無。
〔六〕「任」，傅山全書初版本誤作「在」，據手稿與霜紅龕集各本改。
〔七〕此注草稿本無。
〔八〕此句兩小注，草稿本無。
〔九〕「是秀」，草稿本作「處麗」。

汲汲傳經罷，翩翩紀傳工。〔一〕春秋難續狗，十六穢崔鴻。地撫頻陽舊，人誰好時功？頻陽、好時，皆富平地面。〔二〕筆頭撩噫氣，賸有斛山風。富平人傳，斛山有裔孫得今第，祭斛山墓，忽大風晝晦，不成禮而散。傅公它山草。

哭姪仁六首

不敢見羣從，尋時少一人。孩心易喜怒，别慧隱天真。何事先兄子，都無長命因？蠅頭鈔路史，花眼益知珍。

芍藥花開了，仁哥不見來。從兄紅淚濕，名士紫荆才。愛女茶供拜，惸兒病怨哀。龍鍾老叔叔，撫此奈安排。

癸卯百泉上，乙巳青柯坪。驢背幽心侍，鷄聲旅夢驚。寒詩疑好步，溺愛撫孤情。老馬知能學，傷哉不少停。

卅年風雨共，此姪比人親。父母先雙背，流連傍老身。〔三〕忘吾粗飯儘，慰爾滿壺頻。小楷虞公法，重翻血滿巾。

自喜學吾字，人看亂老蒼。臨池天性好，把酒醉歌强。長處從何憶，俄然觸著傷。幾時詩注見，半刺啓予忘。十年前，吾曾見詩用「半刺」字，忘其事，爾曾告我「别駕通判」也。

〔一〕「工」，草稿本作「攻」。
〔二〕此注草稿本無。
〔三〕「連」，張本作「離」。

憶爾明妃曲，清新正不多。纖纖片紙上，淺淺六朝哦。換馬兄豪俊，彫蟲弟沓拖。門風題扇贈，未覺石生訛。姪襄有愛妾換馬詩，上郡劉生贈爾詩有「門風」句。

石家莊精廬假寓書壁

初夏石家莊，幽分一榻涼。不知何所見，偏愛外于方。我本爲黄老，君家自伯陽。從茲署精舍，三字棐彝堂。

不夜庵

我命需人救，歌歌甚丈夫？一肩虛楖栗，兩足負團蒲。果夢菩薩教，名爲道士徒。青羊庵改額，不夜小庴麻。

卽事口占爲友人勸酒

文章無實用，世界忌名高。守辱看蒼髮，攤書把濁醪。琴心彈不得，劍氣擬誰曹？打點東籬菊，餐英對楚騷。

題畫二首

世界猶牽補，丹青現羽毛。君臣存貴賤，朋友寄孤高。元氣其中具，天親無始包。當知性命者，莫浪看揮毫。

畫手看前輩，斯生近莫儔。古惟師道子，今祇重章侯。〔二〕衣帶折衷穩，金青仔細鈎。美人若有在，筆上見風流。

溝外

溝外一團白，花將月共明。小窗難得夢，春鳥已先鳴。岸柳牽情遠，山烟著體輕。酒樽殊不厭，翻覺友朋生。

讀文昌化書

草味侯須建，經綸才實難。往來勞佛子，忠孝受天官。不是周張仲，焉能晉謝安？丹青神彩在，淝水八公山。

論文二首〔三〕

倏忽來風雨，經綸不可尋。雲霞無尺度，海嶽信高深。甕牖駭椒目，繩牀靜大心。五車憐惠子，

〔二〕　丁本作「止」，據張本改。

〔三〕　此篇第二首據日本二玄社一九九八年版山内觀編傅山の書法圖版釋文，由堀川英嗣整理。傅山全書初版本據霜紅龕集各本收錄，文字略異。

尚不似書蟫。

長江恬靜浪，〔一〕峭壁起濃雲。萬籟知誰怒，希聲有自聞。高才當經緯，〔二〕浩氣與輪囷。無始文壇業，莊生策上勳。傅山。〔三〕

夢冋〔四〕

明月上東岡，汾河憶土堂。金波林内外，玉淞曉微茫。裂石寒泉煮，陰崖野火鐺。中流集水鳥，五彩不鴛鴦。

齋〔五〕

脫粟成齋粥，黄君壓碗頭。由來缾鉢性，不得汗漫遊。〔六〕柳葉桃紅斂，蒲團月白流。酒杯寬戒律，〔七〕漢韻寓春秋。

〔一〕「浪」，傅山全書初版本據霜集各本作「練」，此據圖版改。

〔二〕「當經緯」，傅山全書初版本據霜集各本作「空結構」，此據圖版改。

〔三〕落款二字，傅山全書初版本與霜集各本無，據圖版補。

〔四〕此篇據晉祠博物館藏手稿整理。霜紅龕集張、劉、丁、王本收錄。

〔五〕此篇據晉祠博物館藏手稿整理。霜紅龕集張、劉、丁、王本收錄。

〔六〕「不」，霜紅龕集各本作「未」。

〔七〕「酒杯」，霜紅龕集各本作「一杯」。

顧影〔一〕

壽無金石固，隘者復消磨。見酒即成醉，〔二〕裁詩誰待歌？是人皆可活，獨我不能過。疾走將安適，涓梁奈影何？

道巾

混元參昔夢，蠱上畢今生。雪髮誰能染，雷中適製成。盟心眞赤閣，飲氣即黄庭。戴此看長往，眞官報姓名。

自笑〔三〕

名山都足底，幽夢曳神輪。哭笑疑憑鬼，逍遙擾不眞。和蘭其實雅，邠耨久無嗔。翻慮頑迷性，幾何秋復春？

〔一〕臺灣何創時書法基金會藏傅山手稿與右玄書册中有此詩，題作「偶成」。
〔二〕「見」，書册手稿作「聞」。
〔三〕張震改題爲「名山」。

酬上郡李然周寄韻

秋雲忽西擧，其下有相知。肝膈亦何說，乾坤逕付詩。誰雄臨北海，老我醉東籬。秦晉一河水，無衣賦與期。

黨公子恂如寄詩扇依韻答二首

公子風流好，琱龍見嶷歧。雖云鳳翔地，容易鳳毛奇。因以問雄雉，將無怕野狸。洛陽飛向後，何處作棲遲？

陳倉明霸績，石鼓舊周歧。此地文章士，寧徒月露奇。宮商勞白鳳，睇笑到文狸。三月鶯花亂，懷人一檄遲。

天機禪房見梅開

白髮今如是，不期又遇君。爲憐他日色，翻惜此時芬。新豔頻經冷，孤情未忍聞。山中春意別，常得共閒雲。

如韻與亭林〔一〕

好音無一字，文彩會賁巖。每選高松坐，〔二〕誰能小草鑱？天涯之子遇，眞氣不吾緘。秘讀朝陵記，臣躬汗浹衫。

附：顧炎武：贈傅處士山

爲問君王夢，何時到傅巖？臨風吹短笛，劚雪荷長鑱。老去肱頻折，愁深口自緘。相逢江上客，有淚溼青衫。

大音文翔鳳，三水人。

大音彌一統，日出海隅間。著急援邢魏，陽浮敵謝顔。景陵自楚楚，風氣習珊珊。得不文三水，教人笑嚇蠻。

春雪

老眼明春雪，東山攬臥雲。敵泥氈屐曳，防滑薄冰循。淨盼無人共，平林一鳥分。夕陽簷乳下，

〔一〕此篇據山西博物院藏手稿整理。霜紅龕集張、劉、丁、王本收錄，題作「顧子寧人贈詩隨復報之如韻」。

〔二〕「每」，霜紅龕集各本作「正」。「坐」，霜紅龕集各本與傅山全書初版本均作「座」。

煮藥閉柴門。

老眼明春雪，騎驢問小松。擁培聊版築，安隱獨蓬鬆。鬣起虺隤馬，鱗森艾納龍。沈吟誦先句，樵斧巡斯容。

老眼明春雪，殘書一半行。鐃歌東漢闕，寂寞中興章。唐聚騎牛下，昆鏖猛獸創。呼兒聊補綴，衰意一飛揚。

老眼明春雪，高松又崛𡾊。故山因煖席，〔二〕夜氣與香飛。掃蕩誰傾耳，風塵伏素威。清涼初地勝，一杖截烟歸。

懷雪林〔三〕

總是不濟事，柴頭亂毀形。吾之憐雪老，反在太鍾情。坐下無眉目，詩中有性靈。少年論法器，只惜赤城生。

〔二〕「煖席」，疑爲「席煖」之誤。

〔三〕此篇據山西博物院藏手稿整理，由曹玉琪重校。霜紅龕集張、劉、丁、王本收錄，題作「悼雪林」。

紅土溝道場懷雪林〔一〕

的的吾憐汝，蚩蚩在有情？文中持當佛，左傳讀于僧。世界輕黃葉，〔二〕人倫愛赤城。〔三〕帶來好種性，常記慧蘭名。未知人痛癢，〔四〕漫說我慈悲。〔五〕得我開常住，教卿不害饑。饆饠供養劣，刀劍蹇茶奇。流浪同生死，〔六〕去來有是非。

遊天龍

引坐北山閣，遲回南山臺。欄杆淡紅綠，窗戶開崔嵬。高鳥翼爲短，長松枝作苔。迴看狂笑發，曾到上頭來。

〔一〕此篇據山西博物院藏手稿整理，霜紅龕集張、劉、丁、王本收錄，題作「懷雪林書紅土溝道場碑側」。

〔二〕「輕」，霜紅龕集各本作「經」。

〔三〕「愛」，霜紅龕集各本與傅山全書初版本均作「重」。

〔四〕「知」，霜紅龕集各本作「關」。

〔五〕「漫」，霜紅龕集各本作「休」。

〔六〕「浪」，霜紅龕集各本作「泡」。

悼王适〔一〕

眞説當觴政，〔二〕誰文似老生？雪天連半月，深夜必三更。窗外如無世，樽前只有鐙。消磨非瞎飲，白秃會渠評。

墨池

墨池生悔吝，蘗皮混慈悲。子敬猶今在，眞人到底疑。佳書須慧眼，俗病枉精思。投筆於今老，焚方亦既遲。

天龍山徑〔三〕

雨餘見歸鳥，山紫知暮光。驢背危一客，雲根吐衆芒。柳疏緑香苦，〔四〕桃靜紅意涼。蘿月徵詩上，遥巒孤靚妝。〔五〕

〔一〕劉、丁、王本注：「字古弦，陽曲人。」

〔二〕「眞」，張本作「直」。

〔三〕此篇據山西博物院藏立軸釋文，由曹玉琪整理，霜紅龕集劉、丁、王本收録。

〔四〕「柳」字，丁本脱。

〔五〕「孤」，傅山全書初版本據霜集各本作「停」。張、劉、丁本注：「停一作浸。」「靚」，晉四人詩本作「彭」。

天龍山逕中作。　傅山。〔一〕

天龍禪院〔二〕

山雪融復凍，〔三〕松根帶水晶。貪茲人較少，喜歷冰之層。〔四〕亭午一齋足，穿雲不借能。崯岈老閣在，〔五〕半日兩回登。〔六〕黄冠坐佛閣，高哦諸葛書。〔七〕性光是同異，情語消居諸。陣圖誰解爾，鐘響獨傷余。〔八〕收函看明月，瞿老非腐儒。〔九〕夜色林間卷，朝光石上磴。〔一〇〕負暄共高鳥，炊飯憑老僧。此際通可死，諸緣似無爭。青天容劣漢，黄蘗斫先生。

〔一〕「天龍」至末八字，霜紅龕集各本與傅山全書初版本無。

〔二〕張震云：「手蹟止首篇，題云『天龍山』」，注云：「在晉祠西南二十里。」晉四人詩本後二首與前篇合爲一篇，題作「天龍山寺三首」。上海博物館藏有第一首的草篆立軸。

〔三〕「山」，草篆立軸作「春」。

〔四〕「層」，立軸作「曾」。

〔五〕「岈」，立軸作「巇」。

〔六〕「半」，張本作「一」。

〔七〕「哦」，晉四人詩、拾遺本作「誦」。「諸葛」，拾遺本作「武侯」。

〔八〕「余」，丁本作「予」，據張、拾遺本改。

〔九〕陳監先先生曰：「常贊春云：據墨蹟，老作曇。」

〔一〇〕「磴」，晉四人詩、張震作「蹬」。

王惠濟宇行年六十四而無子生日謝客不得躬親洒掃遂發歎作惡內子遥語之曰何太無好氣何不作一詩自遣濟宇撫掌大笑口占七言三二十句完而洒掃畢歎惡亦不覺何時去也僑黃之人爲詩八句詒之〔一〕

傳老悲弧旦，詩娘勸矢音。一篇吹爽籟，三疊舞仙琴。容易禪鶗舌，休焦委蜕心。微之許倡和，草筩足佳吟。詩娘，即事號之。傳老者，老晚年好左氏，〔二〕手錄細讀，余前有詩矣。

讀史〔三〕

天地有腹疾，奴才盅其中。〔四〕神醫須聖武，〔五〕掃蕩奏奇功。金虎亦垂象，寳鷄誰執雄？太和休妄頌，筆削笑王通。不覺二首之一。　山。〔六〕

〔一〕此篇錄自嶺南美術出版社傅山書翰精選一九九五年版，由竇元章整理。傅山全書初版本與霜紅龕集劉、丁、王本收錄。題中「無好氣」之「好」，霜集各本與傅山全書初版本無；「不覺何時」之「覺」，霜集各本與傅山全書初版本作「知」，均據手稿改。

〔二〕「年」字，霜集各本與傅山全書初版本無，據手稿補。

〔三〕此篇據山西博物院藏手稿釋文，由曹玉琪整理。傅山全書初版本與霜紅龕集各本收錄。

〔四〕此句，霜紅龕集各本與傅山全書初版本作「奴物生其中」。

〔五〕「聖武」，霜集各本與傅山全書初版本作「武聖」。

〔六〕末七字，霜紅龕集與傅山全書初版本無。

丹崖淨土詩三首

石灘綠陰裏，高柳夾山泉。不住風花過，無人水鳥還。〔二〕風塵離現在，邱壑證因緣。樵擔殊輕快，來時便息肩。

諸人莫見否，日月照西方。實相生三世，光明滿一牀。卽於華藏界，取到酒杯傍。此處非君境，風流聞戒香。

風沙不可住，淨界住蓮花。那箇無時漢，來參長者家？醍醐非爊蠡，縫掖卽袈裟。智寶修臺閣，中三守木叉。

崖除

佛子新詩到，崖除句覺生。推敲更不得，恍惚現前情。不暇天機出，如關異熟成。風流才緒引，又欲野狐鳴。〔三〕

隨波

隨波囚水是，絕渡豈橋非？窄窄通樵擔，娟娟閉石扉。欹危行藥去，縎暢看雲歸。戛戛河烟

〔二〕「還」，張本作「毗」，張震改作「喧」。
〔三〕「狐」，丁本作「孤」，據他本改。

裏，花鴛一對飛。

絲素〔一〕

絲素憐光淨，初秋見白雲。〔二〕聊爲回雁陣，豈復計鵝羣。〔三〕字證辟支果，〔四〕書空煩惱軍。喻麋華幾笏，屋漏滿氤氳。〔五〕

春興

睡足徐徐覺，日高總未知。老人伏枕看，花影上簾遲。飯後道心在，溪前春水期。安排入柳路，花鳥不生疑。

〔一〕趙棣生先生藏西村漫吟十二條屏第一首卽此詩，文字略異。
〔二〕此句，十二條屏作：「舊楮憐光淨，新秋見白雲。」
〔三〕「豈」，條屏作「不」。
〔四〕「證」，條屏作「正」。
〔五〕「滿」，條屏作「漢」。

頜柳子口鄭生大玄〔一〕

大玄吾愧汝，〔二〕一飯不曾嘗。〔三〕節苦甘溝壑，〔四〕蒙亨小學堂。三人悲獨在，〔五〕四廢寄清狂。〔六〕手植芳椒老，〔七〕辛紅滿夕陽。〔八〕

失題

綺語聞僧戒，多言奉□中。殆而勞吐鳳，何事必雕龍？阡陌高才廢，江山至性供。雲霞酣五色，枳椇半天風。

〔一〕張本注：「鄭字伯陽，太原縣人。」
〔二〕「大玄」，丁本作「伯陽」，據張本改。
〔三〕「曾」，張本作「輕」。
〔四〕此句張本作「苦節終溝壑」。
〔五〕「悲」，丁本作「傷」，據張本改。
〔六〕「清」，丁本作「情」，據張本改。
〔七〕「植」，張本作「種」。
〔八〕張本注：「三人者，孫生綍、段生樵與鄭。四廢，鄭與一駝、一啞、一髖爲友。」

解后孤菴了過吾玉介石山房題壁〔一〕時孤菴卽發。

終年聞介石，此日見孤菴。〔二〕老眼羞顔色，秋雲黯蔚藍。東籬蓮一瓣，落月暈微酣。若个雕梁社，今霄去燕喃。是日會社日也。〔三〕　山。〔四〕

附：胡庭：同石道先生作

浮雲無定所，秋黯一卷菴。睍睆奇峯失，氋氃醉眼憨。慧根情易惹，賦别老難堪。稍喜尋花蝶，西園逕已諳。〔五〕「尋花」「西園」四字倒。題同前。庭。〔六〕

失題〔七〕

若尒申屠踣，尊于九鼎淪。華宗傳伯儉，出水竟成仁。此非必以死責人，偶憶得此事，押「仁」字耳。長

〔一〕此篇據山西博物院藏手稿整理，由胡振琪先生釋文，曹玉琪重校。霜紅龕集拾遺、劉、丁、王本收錄，拾遺本題作「題吾玉石房」，他本題作「介石山房爲孤伽士别」，均無題注，亦未附錄胡庭詩。

〔二〕各本霜紅龕集注：「孤庵是吾玉名妓。」其中「妓」字，拾遺本作「友」。

〔三〕丁本注爲：「是日爲社日，適將行。」

〔四〕落款「山」，傅山全書初版本脱，據手稿補。

〔五〕此二句中，「尋花」二字，傅山全書初版本誤作「西園」，「西園」二字誤作「尋花」，據手稿改。

〔六〕小注十一字，傅山全書初版本脱，據手稿補。

〔七〕山西省圖書館藏有此詩手稿，文字相同，但無小注。范月珍校勘。

跽添年老，强顔給計神。皇天遲一死，措弄好名人。「好」字上聲，讀好，去聲亦得，然不如本音，惜其前日之嘉美聲稱也。傳詐死于河，不妨也，但不合又向熱閙賣名之時輩競勝，可笑矣。

龐内施䩳漫爲四首嗚謝藎郎原言欲换字也〔一〕

説與黄冠做，心防俗樣分。繡煙鍼脚隱，香粉笏頭薰。髣髴女冠子，莊嚴老道君。魯風休没盡，添箇兖州雲。

嬾漫伸教度，慇懃製得來。何斯野老足，當彼美重臺？澤雉從容步，仙鳧戢翼回。煖深瓜逕曳，寒盡葛霜猜。

佳人心手密，老子步趨勻。纑礫相思意，純盤利建屯。醉辭東郭笑，塵謝北山文。休怕輕霑污，從來擇地論。

不借安卑賤，金閨錯意加。蹣跚卽高閣，緩步作春車。報德循芳草，酬恩踏落花。態盈徒有韈，曳向橘翁誇。

想甚

想甚鳧盟見，兼無鷄澤書。春風到洛水，明月勞昭餘。詩句定何似，乾坤誰不如？鶯花所偏處，知爲喩山居。

〔一〕此篇據山西博物院藏手稿整理，由曹玉琪重校。霜紅龕集張、劉、丁、王本收録。

可信〔一〕

可信爲蕭瑟，江關賤庾郎。山碑雄北索，〔二〕書袋掉南唐。嘯月原非策，傳書豈肯降？含毫休自喜，封禪見文章。

悼伯陽丈四首〔三〕

柳峪似谷口，姓還同子眞。上京名不震，倫儗德彌尊。白日無朋友，黄泉有段樵。孫。緈。〔四〕心期長夜合，抵掌論乾坤。

溝壑平生矢，河山大帽孤。〔五〕呻吟聊歲月，教授謝生徒。腐鑄完人範，愁彫老骨枯。廿年誰見齒，一杖不曾扶。

每過朝陽洞，殷傳好友聲。今來逢道士，不復説先生。爾我俱無用，存亡未免情。時齊遺俗繫，揖讓敝柴荆。

偶語汾東廟，俄然遂古今。且憐明禮義，遑怪陋知心。藥石聞鄰篴，沙灘見小琴。題碑吾後死，

〔一〕此篇據晉祠博物館藏手稿整理。由張頷先生釋文。霜紅龕集張、劉、丁、王本收録。

〔二〕「山」，霜集各本作「口」。

〔三〕此篇據晉祠博物館藏兩種手稿與尊頡堂帖拓本整理，霜紅龕集張、劉、丁、王本收録。

〔四〕劉、丁本注：「段樵、孫緈，太原人。」

〔五〕「河」，一種手稿作「何」，他本作「河」。

鐫字屬深深。〔一〕眞山。

陰崖二首〔二〕

愛睡久知憊，尋幽還不期。山陰微徑好，飯後數笻支。〔三〕寡石黑終古，孤花黄一枝。〔四〕如斯可憐者，老夫之眼癡。

自覺非道器，〔五〕於塵多所緣。如何無人處，亦復有流連？逝水静憑氣，高雲行不前。〔六〕懸窜訪道士，〔七〕坐此每忘言。〔八〕

悼高宇一三首〔九〕

只説高居士，蒙堂尚訬哯。揭來齎白意，當面試清差。生死要平素，然疑想不排。道場分衛日，

〔一〕詩末，劉、丁本注：「雪崖曰：碑在汾峪口。」

〔二〕張學良先生定遠齋藏傅山册頁手稿有此篇，自題作「裂石陰崖頹石上孤秀小景」。文字略異，由堀川英嗣校勘。

〔三〕「數」，張學良藏手稿作「屢」。

〔四〕「花」，張學良藏手稿作「芳」。

〔五〕張學良藏手稿在此首詩前書一「又」字。

〔六〕「前」，張學良藏手稿作「言」。

〔七〕「窜訪」，張震作「空詢」。

〔八〕「此」，張震作「對」。「言」，張學良藏手稿作「前」。

〔九〕張、劉、丁本注：「高名肖柴，邑南鄉人，明諸生。」

痛減一人齋。

不作假名士，今成眞古人。轉時心匪石，居處率能鶉。短杖休扶漢，長宵黯向晨。墳頭生草怒，遍野照愁燐。

不是譏兒腐，單憐野草情。難同鬼火熄，應學佛燈明。一點眞丹性，三生業白靈。熟緣紅土梵，來聽誦經聲。腐草化爲螢，偶拈之。恐不知者謂譏刺其腐，居士實不腐也。

笑慰兒孫〔一〕

此死心舒極，兒孫切莫哀。晉人顔久靦，秦使弔方來。八九知天命，遷延愧自裁。東漢某仰藥云：丈夫裁於心。人間書絕筆，箕尾五雲開。

丈夫不想死，終是婦恆貞。獨往當誰問，孤來過孰憑。過如過關之過。龍蛇餘白蛻，〔二〕鳥蟻雜青蠅。潦倒看龔勝，休言昧養生。

辛酉冬寓石艾張植元培兄峪里花園壬戌三月旋里書扇謝之

長公與余善，今復識公孫。花竹緣溪水，亭池借小園。黄冠累月住，綠酒不時存。所喜仍荒徑，猶然若敝村。

〔一〕張、拾遺本無「笑」字。

〔二〕「白」，丁本作「自」，據拾遺、劉、王本改。

秉燭〔二〕

秉燭起長歎，奇人想斷腸。趙厮眞足異，管婢亦非常。醉豈酒猶酒，老來狂更狂。斲輪餘一筆，何處發文章？

消夏

老人消老夏，新汲煮新茶。疏事專幽采，教詩痛腐沙。綠陰那矮坐，紫麥響連枷。暗頷唐園裹，今年厭水華。

老景信口四首〔三〕

晚㸑成朝䀋，虀鹽薄薄和。一抄忘舌淡，兩熟省脾磨。打幷熊羆恨，消停蟲鼠訛。老人無月計，今日又聊過。

臥柳眞連榻，流雲即畫屛。後先來亂坐，左右不心經。今古高聲痙，朝廷塞耳聽。依然成聚散，曾未夢中停。

〔二〕陳監先先生曰：「常贊春云：據墨蹟，起作一，奇作佳，異作喜。」

〔三〕此篇據山西博物院藏手稿整理。霜紅龕集張、劉、丁、王本收錄。上海博物館藏有第三首詩的立軸，末署「傅山」。日本二玄社一九九八年版山内観編傅山の書法，亦收有第三首立軸圖版，與上海博物館藏立軸文字略異，非一次書寫。山西省圖書館藏有第四首手稿，文字略異。由范月珍、堀川英嗣校勘。

早起非眞健，研人臥不嘉。〔一〕空心微乞酒，不寐總仇茶。脆妒經霜棗，涼憐帶月瓜。推牕試眼鏡，〔二〕破句入楞伽。〔三〕

輭飽清于酒，高粱杏蕊稠。〔四〕此中空洞地，差少勃磎憂。日損蹣跚勁，時聽呼吸柔。〔五〕無明少增長，薑煮菜根頭。

歸去〔六〕

王孫猶贅語，速朽遂初心。忠孝隨根熟，文章何處尋？自信無生死，眞堪獨古今。〔七〕化來殊苦樂，至性不消沈。〔八〕

〔一〕上海博物館立軸此句作「研頭枕似杈」。

〔二〕「推」，上海博物館立軸作「掀」。

〔三〕傅山の書法圖版末署：「老詩十章之一。諸起詞兄政。傅山。」

〔四〕「稠」，山西省圖書館藏手稿作「粥」。

〔五〕「呼吸」，山西省圖書館藏手稿作「鼻息」。

〔六〕此篇據上海博物館藏手稿整理。傅山全書初版本與霜紅龕集張、劉、丁、王本收錄，標題爲「將化」。

〔七〕「眞」，霜紅龕集各本作「誠」，注：「一作眞。」

〔八〕「至」，手稿原作「佛」，改爲「金」，又改爲「至」。山西博物院藏傅蓮蘇抄本與傅山全書初版本作「佛」。霜紅龕集各本作「眞」，注：「一作佛。」

有感之詩〔一〕

龜紐朱提鑄，龍章南極螿。〔二〕頑民多反側，義士少高才。風雪詩能苦，冰氣首重回。〔三〕佳人知李蕚，王朗自駑胎。書生終帶腐，筆陣那能豪。肯以雲龍吏，而受田鼠勞。臣躬雖瘁盡，啟命可羞包。不是餐氊使，教人敬毌高。尔局非我局，加力異尔心。山林容放逸，戎陣得淋浸。終不貪妻子，兼能論古今。忠宣可無死，寂漠紀□金。夰非徙漢庭，黄老有王生。〔四〕筋骨萬里韌，間關一字明。安龍雲外蹕，〔五〕幽犴夢朝京。只許衛茲痛，忠貞不爲名。

〔一〕此篇據晉祠博物館藏手稿整理。原稿系篆體，由張頷先生釋文，高智重校。

〔二〕「螿」，傅山全書初版本作「來」。

〔三〕「氣」，傅山全書初版本作「天」。

〔四〕「老」，傅山全書初版本作「□」。

〔五〕「龍」，傅山全書初版本作「天」。

蒲阪三襄穀，瑯琊一壬生。和戎知業舊，杖策省經明。本欲恢憑軾，無心拜篙京。〔二〕紛紛成敗論，〔三〕一勝少微名。

題倪公畫扇〔三〕

只此廖廖筆，教人不敢輕。畫圖成甚事，國難是精靈。俗物論眞贋，吾儕敬姓名。□□□□老，亦復擅丹青。

山縣〔四〕

山縣檜香滿，花城錦嶂開。雲从曲阜至，雨自岱宗來。游刃無過者，〔五〕彈瑟化速哉。大椿八千歲，歲歲八千杯。

〔一〕「篙」，傅山全書初版本作「蒿」。

〔二〕「成敗」，傅山全書初版本作「安得」。

〔三〕此篇據晉祠博物館藏手稿整理，由牛樹檀先生釋文。

〔四〕此篇據鄧寶珊藏手稿整理。原稿無題，標題爲整理者所加。本書附録傅蓮蘇集中有浮山陸令君愚亭五言律詩一首，與傅山此詩雷同。

〔五〕「過」，傅山全書初版本誤作「遇」，據手稿改。

石圃看菊作〔一〕

五色何曾廢，難加一字嬌。白頭來靜對，綺語不知消。倚薄難全省，欹危岸與聊。喧卑香裏避，霜鴈響雲霄。

無題〔二〕

閒摭殘木石，聊復勞老形。村匠不責巧，當其無有亭。頹然坐其下，如非我經營。雅宜疎柳間，時或鳴黃鸝。

亭子七八尺，靜坐良超叨。忻州鄉語謂寬展爲超叨。〔三〕花前眼常閉，看花眼亦勞。紅藥晚須水，呼童灌一遭。〔四〕老耳仍仍歇，園通在桔槔。

〔一〕此篇與下篇據山西博物院藏手稿整理，由吴連城、張秀蘭釋文。

〔二〕此篇據山西博物院藏手稿整理，原稿無題。此二首在傅山全書初版本中合爲一首置入五言古詩（四）中，揣摩文義，當爲兩首五言律詩，故移至此。而傅山全書初版本於此處據霜紅龕集丁本收有此二首中的第二首，亦無題，與手稿文字相同，故合併於此。

〔三〕此注，傅山全書初版本在五古中有，在五律中依丁本無，據手稿補。

〔四〕「童」，傅山全書五古中誤作「奚」，五律中作「童」，視手稿，應爲「童」字。

題自畫竹〔一〕

萌開籜已垂，結葉始成枝。繁陰上翁葺，促節亦離離。風動露滴瀝，月照影參差。得生君子牖，不願夾華池。

中秋〔二〕

今夜但知月，偏能乃爾明。〔三〕遥憐銜地影，薄喻燭天情。〔四〕霜雪此中瀝，風雲何處生？村蘭流横笛，簾隙帶光聽。

筋痺痛不可忍伏枕勉擬塞上行以定之〔五〕

月落枯榆外，刀鳴冷鞘中。男兒無枕席，筋骨足霜風。馬火炊酥酒，虯須戟玉松。長虹連草白，萬里陣圖空。

〔一〕　此篇録自無名氏臨傅山書畫册，畫册藏山西博物院，由李勇釋文。

〔二〕　此篇録自張耀先刊霜紅龕集挖改本卷五，他本未收。此篇前，傅山全書初版本尚有眠雲谷藏帖一篇，據拾遺本收録，但文字與本書卷八五言律詩（一）中的憶崔季通文字完全相同，只多一落款，故將此篇删去，落款併入憶崔季通中。

〔三〕　「偏」，原本缺，據張廷銓意見補。

〔四〕　「燭天」，原本缺，據張廷銓意見補。

〔五〕　此篇録自王本，他本未收。

送友之秦中〔一〕

爾去褒斜道，秦關兵尚多。難堪兒女意，其奈鼓鼙何？戰地驚鴻雁，秋閨怨駱駝。願聞邊火息，歸計莫蹉跎。

無題〔二〕

貴人何蕩瀁，湖上風日長。玉手欲有贈，徘徊雙明璫。歌聲隨綠水，怨色起青陽。日暮還家望，雲波横洞房。

用北寺意中之作〔三〕

一受南榮喝，偕來衆目看。好山安用汝，連我亦須刪。佛頂岑岑重，詩題痒痒蹇。斗蓬長者足，冠蓋乃村讙。

〔一〕此篇録自沈德潛編清詩别裁集卷十二。「友」，傅山全書初版本作「友人」，衍一「人」字，據清詩别裁集删。

〔二〕此篇録自傅山書法，由曹玉琪重校。詩末署「眞山」。

〔三〕此篇由陳監先先生録自代縣張銘據西村消夏墨蹟抄本。

袒腹〔一〕

袒腹荷包槖，親頭仰月箱。推敲時屏蔽，顧盼恐探囊。白跖還應鄙，黄鬚那值當。幼安休割席，不作省移牀。

辛亥秋冬之際，館太原軍廳，時有所見聞。

贈梁天一令臨潁〔二〕

頗聞臨潁令，今日甚循良。錦縣多鴻雁，花田歌鳳凰。教人織細布，只是勸農桑。方外何輕重，篇章要老狂。

雲霧山道傍一石無力致之寓中〔三〕

峰星雲甈合，石友醉紅來。雲浪偏蘇遇，風移小誇懷。璗瓏逃物色，頹縱信莓苔。相視不及笑，寒山兩不才。

〔一〕此篇由陳監先先生録自代縣張銘據西村消夏墨蹟抄本。
〔二〕此篇由陳監先先生録自康熙丁亥平遥縣志。
〔三〕此篇由陳監先先生録自張耀先刻霜紅龕集挖改本。

柳葉桃花興起十二首〔一〕

獨立亦何恨，籬援荆棘空。白心傾委曲，丹彩不幽通。細葉豈虚碧，佳花老實紅。省遭稠叠眼，難强衆多同。

是亦有根本，風飈任汝摇。何關吹蕩盡，别自長新條。不肯恕盆窄，猶可假雨驕。紛葩偏受命，改色豈其杓。

疇昔爲勝拔，今茲遂賞闌。處心猶躍冶，無力避摧殘。怒已風雨恭，恩先霜雪寒。參差一失意，開謝總艱難。

離憂感草木，仞志慎脩姱。所短因媒孽，無香幸齒牙。大都侵柳葉，强半竊桃花。異道相安少，吾生各有涯。

厠足庭階下，芝蘭知見遺。露才或有用，在目不蒙知。根本既莫庇，紛華又以欺。焉能忍不發，嫣粲兩三枝。

芳華自中發，羌心豈外揚。開時蒙一顧，萎絕亦何傷！尚幸後蕪穢，終能冀覆藏。葛蕊深結託，不抵本枝强。

大道每在下，陶鑄賴瓦盆。有花誰不賞，即葉豈無根？不化曾敷意，慚深雨露恩。至仁無惡木，潤益自滋繁。

與其貪雨露，還是抱根株。感激眞涓滴，風塵向道途。蛾揚增黛睩，猬磔疾黄鬚。此跡逢偶怒，

〔一〕此篇録自陳監先先生霜紅龕集校補稿本。

未必是專渝。孰是不零落，抒情暢快飛。莫爲老共處，遲暮不知歸。退密終根蒂，風前有是非。朽株亦蒙梗，必竟道心微。星榆奚益我，月桂不援渠。亦解爲靈樹，無關卽土苴。豈無分貴賤，區別自親疏。日夕迴風過，同根始抱餘。弱植我寧我，長材君且君。攀援終可食，幽獨始多聞。籬落應難寄，疎狂不入羣。抽思多不合，天地賴絪氳。至精有蓄洩，元氣發文章。物興猶如此，吾生豈不茫？脩名幾時立，草木感菸黄。採摘無眞僞，誰當爲汝芳？

無題〔一〕

老人冬閉戶，赤足煖牀趺。〔二〕劇睡嚴茶戒，傷饑長粥腴。回看身也長，不飲酒能徒。樹葉追前日，生教弱翰孤。〔三〕

〔一〕此篇由陳監先先生錄自平遥石生泉抄本。山西省圖書館藏有此詩手稿，文字略異。由范月珍校勘。

〔二〕「足」，山西省圖書館手稿作「脚」。

〔三〕此下，傅山全書初版本收有陳監先先生錄自平遥石生泉抄本的無題詩「步履深林晚」一首，因是杜甫詩，故删去。

悼崔季通四首〔一〕

崔季通先生七十二歲考終。眷社弟白孕彩、傅山、戴廷栻，相與嗟悼，此邦深心讀書之脈危矣。方擬哀夢誄之會，襄事誼與，相紼易詩代輓，憶山卅年前寓燕市，而先生適從靜海來，出新詩，屬訂五言，選句有「半枕夢不就，四郊雲亂生。」山擊節，歎爲近人所無，遂如「庭皋木葉」事，書之扇頭，至今未忘也。喜爲人誦詠之，因卽用先生之句爲起，而次弟賡之，凡四章。佐以茗果檀香，吟而告之，不濫不枝，知我輩無溢美之言。如此且屬世兄德虞異日吉祭，可哦以祀先生也。

半枕夢不就，四郊雲亂生。誰云十字少，遂欲五言城？不作詩人態，居然靜者鳴。亭皋看木葉，今古到吟情。

筆硯誰同調，尋常說泰雲。再來阿六好，餘外不三人。絲玉文心細，袁山先生評語。交游白眼顰。暗狂多不覺，七十老難磷。

危坐常終日，花房寂不扃。清齋留共飽，老戒不時叮。半月疏相見，寥天笑獨冥。一經紛後學，三傳失先生。

共短先生躁，誰知近死恬。道心原運任，持誦不情黏。少間云病妙，微嗎示吾厭。反眞果何處，老友再難添？傅山撰並書。

〔一〕此篇據日本個人藏手稿釋文，由河內利治先生整理。標題爲編者所加。傅山全書初版本未收。

異才〔一〕

異才今蓋代，異熟幾生遷？底事因緣合，俄離老我邊。無端彫虎棄，一念業龍堅。想到矜奇句，虬髯在目前。

春曉〔二〕

霧雨終文豹，花斑亂小貍。管城原所秃，研版欲無溪。高鵠摩雲翼，飛廉刮地啼。一樽彈短劍，星斗落窗西。　眞山書。

贈友人〔三〕

子以苎麻別，膚全碧玉嬌。老夫生豈忌，時爲蜜簡聊。礪齒仙無膩，涼心熱不潮。所憑中易厭，郫得麝香消。

〔一〕此篇據山西博物院藏手稿釋文。標題爲編者所加。傅山全書初版本未收。

〔二〕此篇據湖南省博物館藏立軸整理，由竇元章釋文。標題爲整理者所加。傅山全書初版本未收。

〔三〕此篇錄自山内觀編傅山の書法，日本二玄社一九九八年版。由堀川英嗣釋文整理。標題爲編者所加。傅山全書初版本未收。

卷十二　七言律詩

送中丞吳公〔一〕

表裏山河屬壯猷，馳驅無奈早簪投。〔二〕九天麾蓋軍容使，時差內監監軍。十里蓮塘仙侶舟。虎帳牙旗問府主，雁門畫角動邊愁。尻尻墨綬應停解，共道澄清轡且收。

冠山雨中三章與兒輩問答賡喬莊簡公韻〔三〕

空山雲雨不時來，亂響飛泉噴石隈。黑霧蒼茫俄頃過，青天金碧忽然開。百圍樹杪支孤榻，千里川光抱小臺。最愛蓮花佛座底，茙葵幽豔映蒿萊。

銅鐵輪王不見來，戾車如鬼占隅隈。波旬作佛文殊拜，石壁脩羅芥子開。孔雀總持安穩界，大雲像設妙高臺。普提種子如嘉穀，鋤去神皋亂草萊。

冠山雨過看山來，不肯晴雲戀綠隈。蹭蹬涼風無遠略，麻花老眼甚時開？文章黃鉞眞雷電，〔四〕

〔一〕張、丁本注：「諱姓，字鹿友，興化人。」

〔二〕「奈」，他本均作「那」。

〔三〕張本注：「平定。」

〔四〕「黃」，丁本作「華」，據他本改。

封禪金繩撥向臺。大謬極恬邱壑命，爾曹念不似吳萊。〔一〕

習仲出金玉遠至郎事代簡

絳帳談經笑腐儒，雄州一馬刷眉鬚。飛函灝氣眸中冷，滿紙悲歌耳後鳴。伯況春秋甘自簡，仲連縱横漫須逋。白溝河上明秋月，任隔關山看未孤。

碩公先生五十生日同人座上賦詩佑觴胡子輩遯限韻談男曇擔籃〔二〕

滯留時異史公談，五十桑蓬未老男。架古圖書新赤綠，樓開日月舊雯曇。〔三〕容臞大賦由兄健，〔四〕內潤多才得弟擔。三萬六千休怕醉，青青瓊樹掛輿籃。

藝卷雕龍天罷談，衣冠幾見晉州男。雪霜幷力扶尼檜，空色羞稱種鉢曇。〔五〕出處河汾千古事，孝廉風節一肩擔。淨明深起黃冠敬，採得靈芝贈一籃。　黃冠弟石頭山。

〔一〕「萊」，丁本作「來」，據他本改。
〔二〕此篇據晉祠博物館藏手稿整理。霜紅龕集張、劉、丁、王本收錄。
〔三〕「開」，霜紅龕集各本作「依」。
〔四〕「賦」，霜紅龕集各本作「富」。
〔五〕此二句霜紅龕集各本作「衡門幷力培尼檜，花徑羞稱種鉢曇」。

壬寅冬孟集夜對居實有悲二首之一亦不令居實見也

擘蟹持杯得爾爲，深冬不管内經私。眉譆眼笑有何樂，花落鳥啼都是詩。暫許王戎來看弈，誰教殷仲尚論醫？承顔百歲吾賢足，丸藥方删打老兒。

感舊

雨花香閣淨春溪，〔一〕絲繡瞿曇事竺西。風馬綺疏涼翡翠，片犀燕甲斷鶗鴂。煙籠博岫朝雲散，波簟湘瀾廣漢齊。〔二〕畫展蓮臺無道子，船停螺筆粉痕啼。

棗園頭阻雨泥十里不得至晉祠見所期

爛泥春雨頓成秋，十里閒關不可謀。惟把仁顔勤杖拄，〔三〕遂能義色盡燈篝。數聲非惡農夫起，一枕偷安客子羞。何處不堪當赤閣，老人今夜棗園頭。

〔一〕「香」，丁本作「青」，據他本改。
〔二〕「瀾」，丁本作「蘭」，據他本改。
〔三〕「惟」，他本均作「誰」。

朝陽洞

迴風舞不散憨雲，下上蘆花麥隴湮。鳥下寒巢尋柏子，人藏小洞剝榛仁。燒香搗藥渾無見，晝紙圍棋細有聞。道士方纔遺藥價，〔一〕還能沽酒醉山賓。

奉祝常樂院主翠公奇師七十〔二〕

七十臞容老比丘，瑜珈常樂讓堂頭。鷲恩紺殿莊嚴報，鮐背朝陽自在擱。〔三〕飯鉢不因徒竈熱，經錢聊代胙田秋。〔四〕若能翻坰修羅窟，〔五〕芥子從教願力投。

僑黃眞山。〔六〕

〔一〕劉、丁本注：「一作買藥方纔遺有價。」

〔二〕此篇據北京匡時國際拍賣有限公司二〇一〇年六月五日古代書法專場圖錄釋文，葛敬生整理，霜紅龕集劉、丁、王本與傅山全書初版本收錄。標題爲「常樂院翠公奇師七十」。

〔三〕「鮐」，霜紅龕集與傅山全書初版本均作「駘」，據圖錄改。

〔四〕「胙」，霜集與傅山全書初版本均作「服」，據圖錄改。

〔五〕「坰」，霜集與傅山全書初版本均作「向」，據圖錄改。

〔六〕落款四字，霜集與傅山全書初版本無，據圖錄補。

依韻贈別之作〔一〕

維揚兵氣黑氤氳，行在閒關舊史勤。逐鹿軍門迷杖策，彫蟲浪跡漫論文。塞原驕猲誰能狎，〔二〕江國春鷗尚可羣。說起庶常兄閣部，離觴暗覺齒牙芬。

失題

乾坤直合醉如泥，半醉商歌不肯低。七八于今無九四，角張得古浪東西。吳江楓落詞人誦，泗水亭空猛士啼。何處少年安夜臥，應教老臂作荒鷄。

神林介廟〔三〕

青松白松十里週，〔四〕楛青栢白祠堂幽。〔五〕晉霸園陵迷草木，綿田香火動春秋。仙名賣扇傳東

〔一〕丁本注：「段朝端按：此首似和閻古古先生。閻常參史閣部軍事。『庶常』謂忠正公第可程。」

〔二〕「塞」，丁本作「寒」，據他本改。

〔三〕此篇據石刻拓片整理。由葛敬生重校。晉四人詩與霜紅龕集張、劉、丁、王本收錄。霜紅龕集所收似丁亥寫本，晉四人詩所收與石刻似己亥重寫本。

〔四〕「白松」，張、劉、丁、王本作「白括」。

〔五〕「栢」，張、劉、丁、王本作「柢」。

海，〔一〕身隱承顏肖故丘。還慮寒山太枯寂，婉容分到牡丹頭。寢宮院中有五色牡丹，變重台牡丹。〔二〕

丁亥來，曾有此作。〔三〕己亥重來，補書留之，〔四〕卽取第六句額其楣。偕來者，榆關白孕彩、離石王珸、汾陽胡庭、胡同兄弟。太原傅山題。〔五〕

此老人介子廟詩也。〔六〕廟在綿山介山之麓松林中，深穆靜靄。塑工肖像，介母中龕，素髮淺黃，面南面，活□貞靜，〔七〕略帶閒莞。子推乂手左坐，承顏奉愉。右則子推之妹，恪和聽命。觀者惻然心動，〔八〕潸然淚零矣。〔九〕嗚呼，深感母子偕隱之事，苟非母賢子孝，豈得遂其遯志？身將隱矣，焉用文之？聖善慈誨，千古如覿。女記傳中，多稱知興知敗之賢，而不甚及介母，亦未曾詳原其志耳。王光東海賣扇，是邪？非邪？一蛇羞之，死於中野，安所羞也？羞與苟得雨露者爲伍也。介子，介子，蛇邪？白居實卜築藥嶺之後峪，有詩云：「老親近厭斑衣舞，攜得子推入舊山。」大得此旨，諷詠難酷也。〔一〇〕

〔一〕「仙名」，張、劉、丁、王本與傅山全書初版本均作「名更」。

〔二〕此段小注，石刻無，晉四人詩亦未收，此據霜紅龕集各本補。

〔三〕「作」，拓本作「什」。

〔四〕「補」，傅山全書初版本誤作「䘯」，據拓本改。

〔五〕此段後記，晉四人詩與霜紅龕集各本無。

〔六〕「老人」，張本作「道人」。

〔七〕「□貞」，張本作「乃貞」。

〔八〕「惻」，丁本作「測」，據他本改。

〔九〕「潸」，丁本作「潛」，據他本改。

〔一〇〕此段後記，石刻與晉四人詩無，據霜紅龕集各本補，似傅眉所作。

詒南嶋居士

南嶋居士老還初，鑿翠裁雲起石廬。砂町亂耘金粟種，清河長漾米泔渠。□□收拾縱橫術，〔一〕方丈兼藏吐納書。北去五臺無百里，維摩自昔近文殊。

酬雪九〔二〕

紇利陀耶痛轉蓬，未應陡說見諸空。師兄靜矣語來輭，道弟茫然觸處叢。波崙想佛牛頭夢，夜夢開士爲焚牛頭旃檀。畢鉢尊耆象背中。瘦骨得無鷹馬喻，尚能青眼動支公？

和毛子霞韻

繞牀五木共誰呼，今日毛公不博徒。書裏神仙勞脈望，幕中吟咏且陬隅。〔三〕黃冠北塞原無用，紫氣南來久欲誣。片石寒山何足論，還從江左問夷吾。

弱翰聊當奮臂呼，〔四〕抱經不屑授生徒。盾頭露布飛千里，花底雲烟坐一隅。〔五〕戎馬浮沈藏自固，

〔一〕「□□」，拾遺本作「曾想」。

〔二〕劉、丁本注：「雪崖曰：張洎字雪九，明季諸生，甲申後易僧衣。見盂縣舊志。」

〔三〕「陬」，各本均作「陬」，傅山全書初版本改作「娵」，當誤，現改回。

〔四〕「弱翰聊當」，劉、丁、王本注：「一作繡虎登壇。」

〔五〕「坐」，丁本作「作」，據他本改。

曹劉摸索得非誣。〔一〕因人豪客紛紛是，脫穎毛生有故吾。

河邊二首〔二〕

河邊不算是幽棲，一杖林巒日夕攜。甚悔去人難得遠，此心篤信未嘗迷。月從微雨來烟外，雲逐春風過雁西。寄興深微原有在，緣情吟咏不堪提。

吟咏淒涼愧壯夫，詩書酸楚合吾徒。盾頭磨墨才當見，筆上生花氣莫粗。殊慕穆之裁袴褶，何妨司隸混襜褕。人間隱逸無多少，山澤如何肯納污？

虎窩〔三〕

愁心無那款寅堂，一衲冰涼也漬洸。嘯黑從教千石鐵，風紅早與半林霜。撩鬟見避容題鳳，〔四〕防怒誰能學豢鳶？小備齋糧終佛事，殘軀草昧久遺忘。

〔一〕「得非」，劉、丁、王本注：「一作語難。」

〔二〕「二首」，傅山全書初版本誤作「一首」，據霜紅龕集改。

〔三〕劉、丁本注：「藥嶺虎窩在平定州南四十里。」

〔四〕「撩鬟」，張震改作「到門」。

爲濟宇先生作〔一〕

秋心無郵款寅堂，一衲冰涼也潰洸。嘯黑從教千石鐵，風紅早與半林霜。名更賣扇傳東海，防怒誰能學豢鷟。小備齋糧終佛事，殘軀草昧久遺忘。

醉後浪書。爲濟宇先生。石道士山。五句本「撩須見避容題鳳」，誣書介廟中句。□□狼狽如此。山附記。

朝聖廟 從岱至魯，凡近體六章，書此寄懷。

草木宮牆自甲申，〔二〕周經漢緯莽風塵。恭從封禪天齊下，敢道行歌泗水春。教外別傳今震旦，聞之大笑任東鄰。羣瞠異服何來老，方領黃冠拜聖人。

世俗寒温卽不問，單問念珠持誦佛事何如？齋宇者，〔三〕雙塔院圓壁，造藏過江，專此致聲。諸所不及，亦不必及，十年前朝魯國先師廟八句附覽。

〔一〕此篇據臺灣何創時書法基金會藏立軸釋文，由堀川英嗣整理。標題爲編者所加，因與虎窩文字雷同，故置於此。傅山全書初版本未收。

〔二〕「木」，拾遺本作「昧」。

〔三〕「者」，丁本脫，據拾遺本補。

挽畢亮四

鷽鳩斥鷃欲誰何，水擊三千笑則那？帶血銅華丹嶂合，揮毫風雨黑雲多。山川明晦隨融結，西北文章任詆呵。〔一〕始啟王侯安足道，〔二〕才名十倍大名過。

老〔三〕

老既易悲況極老，高原難問今猶高。不可解處不敢怨，無奈何笑無非騷。錯把英雄聽彼其，纔知時命謬吾曹。不直一錢蟲上事，誰服萬民謙三勞？

與某令君〔四〕

知屬仁人不自由，病軀豈敢少淹留？民今病虐深紅日，私念衰翁已白頭。北闕五雲紛出岫，南嶠複劑遺高秋。此行若得生還里，汾水西巖老首邱。

〔一〕「文」，傅山全書初版本誤作「交」，據霜紅龕集改。

〔二〕「王」，劉、王本作「公」。

〔三〕此篇據山西博物院藏手稿整理，由曹玉琪重校。霜紅龕集張、劉、丁、王本收録。

〔四〕丁本注：「段朝端案：此詩當是被徵時與戴夢雄者。」

閒關上陀羅山二首〔一〕

東海西崑未得過，秋風吹客上陀羅。陸離雲粉凝晴雪，〔二〕菡萏巒蕤演石波。一撮緇新書劍卷，〔三〕九原封舊涕洟多。桃源直處忘情士，處士多情奈若何？〔四〕

南峯落落不多松，濤冷新秋帶石洶。黄面瞿曇悲大地，白衣客子嘯長風。岡巒龍舞英雄眼，日月烏啼夢寐中。〔五〕千里神州無好聽，老僧雙耳妙能聾。

索居無筆偶折柳枝作書輒成奇字率意二首〔六〕

方外中書不屑描，〔七〕樓前高柳茂垂條。折來菀菀秋風葉，削去亭亭冷玉苕。世俗文書難點黷，軒轅道士可雲霄。若逢圯上黄翁帙，〔八〕鳥篆蟲琱試一標。〔九〕

〔一〕此下十二篇十七首，劉本在甲申集，爲甲申作。此篇劉、丁、王本注：「忻州。」臺灣何創時書法基金會藏傅山手稿與右玄書册中有此二首詩，文字略異。由堀川英嗣校勘。
〔二〕「晴」，劉、丁、王本作「青」，張本與手稿均作「晴」，據改。
〔三〕張震改「緇」爲「冠」，改「卷」爲「倦」。手稿「緇」作「冠」。
〔四〕「處士多」，張震改作「未到忘」。手稿亦作「未到忘」。
〔五〕「啼」，丁本作「號」，據劉、王本改。手稿作「號」。
〔六〕臺灣何創時書法基金會藏傅山手稿與右玄書册中有此詩，文字略異，由堀川英嗣校勘。
〔七〕「屑」，手稿作「細」。
〔八〕「帙」，手稿作「牒」。
〔九〕「試」，丁本作「可」，劉、王本作「試」，手稿作「會」。

腕拙臨池不會柔，〔一〕鋒枝秃硬獨相求。公權骨力生來足，張緒風流老漸收。隸餓嚴家卻蕭散，樹枯冬月突顛㽞。〔二〕插花舞女當嫌醜，〔三〕乞米顏公青許留。

風聞葉潤蒼先生舉義

鐵脊銅肝杖不糜，山東留得好男兒。橐裝倡散天禎俸，鼓角高鳴日月悲。咳唾千夫來虎豹，風雲萬里泣熊羆。山中不誦無衣賦，遥伏黄冠拜義旗。

藏山用喬白巖先生韻〔四〕

藏山藏在九原東，神路雙松謖謖風。霧嶂幾層宫霍鮮，霜苔三色綠黄紅。當年難易人徒説，〔五〕滿壁丹青畫不空。忠在晉家山亦敬，〔六〕南峰一笏面樓中。〔七〕

〔一〕「拙」，丁本作「掘」，據劉本改。「腕拙」，手稿作「鐵腕」。
〔二〕「㽞」，王本作「叟」，手稿作「㽞」，據手稿改。
〔三〕「當」，手稿作「應」。
〔四〕張本注：「盂縣。」臺灣何創時書法基金會藏傅山手稿與右玄書册有此詩，題作「藏山用伯君喬先生韻同右玄作」。文字略異，由堀川英嗣校勘。
〔五〕「人徒説」，手稿作「書曾記」。
〔六〕「亦」，手稿作「也」。
〔七〕「峰」，丁本作「方」，據他本改。手稿作「峰」。

甲申避地過起八兄山房令兒眉限韻率意寫尊垣諼門昆五字同又玄作〔一〕

亂離重遇菊花尊，紅樹深深冪短垣。游岳有朋將學隱，枕流知已未能諼。遂初欲代興公賦，侯客常留稚子門。直此藏山疎懶得，風塵誰復謂他昆？

重傾黯黮舊芳尊，淚眼相瞠望帝垣。獨立自憐南國橘，偷生同爲北堂諼。四時容此長鮮菜，一室何須不鑿門。爾我久忘賓亦主，悲歌率爾弟酬昆。

漂泊秋風博一尊，乾坤何處可牆垣？八千里戍相思切，風傳鹿翁入燕，鹿翁實戍黔中。三百年恩未敢諼。漢鼎尚應興白水，唐京亦許用花門。讒言離亂生輸死，不共磐桓痛老昆。先兄逝三年矣，予避地筮易，得屯之比，〔二〕故用磐桓云。

高細水攜具河之干〔三〕

河干秋樹紫成陰，愁眼看如紅雨霪。浪跡無家隨主醉，布衣貫冷不經砧。交章合作山中豹，弧矢同羞帙裏蟫。東向欲掀增氣盞，滹沱胡馬壓雲涔。時傳有義兵至，實非也。

〔一〕劉、丁、王本注：「孫起八，諱穎韓，盂縣人。其孫雋會，進士。」

〔二〕「比」，各本作「初」，據本書卷一朝沐改。

〔三〕劉、丁、王本注：「仇猶。」

酬又玄學詩之作〔一〕

式微羞學賦胡泥，和汝倡予二野黎。小器先盈蚯蚓竅，空羣老健騄驊蹄。轗軻但作天河石，雲錦能支織女機。蕭瑟子山吟興盡，頓如齧缺遇王倪。

九月望起八兄生日時起八居憂同右玄限韻立成〔二〕

北闕南橋哭不清，棘人生日出盂城。客來村舍白雲繞，秋在樹閒紅葉錚。花看延年籬放菊，詩期刻燭坐鳴鶯。叔鸞至性鏖糟外，涕淚闌删一舉觥。

仇猶秋興〔三〕

仇猶霜降雨淒淒，野客愁蕪酒不犂。〔四〕國破豈尤童僕散，〔五〕身存有待友朋提。〔六〕蟬言守死悲萊

〔一〕臺灣何創時書法基金會藏傅山手稿與右玄書册第一篇即此詩，文字相同。由堀川英嗣校勘。
〔二〕「九」，丁本無，據劉、王本補。
〔三〕臺灣何創時書法基金會藏傅山手稿與右玄書册收有此詩，文字略異，無小注。由堀川英嗣校勘。
〔四〕「野客」，書册手稿作「東野」。
〔五〕「豈」，丁本作「敢」，據張、劉、王本改。書册手稿作「豈」。
〔六〕「有待」，拾遺本作「偏得」。書册手稿作「常待」。

畢，〔一〕守道萊州畢公拱辰，著有蟬雪庬言。〔二〕馬足衡文惜楚黎。〔三〕學道黎志升，湖廣人。〔四〕松老著寒青始覺，滿園紅葉作秋泥。

客盂盂有問予于右玄者右玄口占韻語復之阿好過情遂如韻自遣〔五〕

楊雄擬我愧非倫，況復無才撰美新。什一嬾營須笑鬼，〔六〕尋常守辱失錢神。生憎褚彥興齊國，喜道陶潛是晉人。〔七〕破衲黃冠猶未死，還因鄰里問僧珍。〔八〕

趙氏山池又賡右玄〔九〕

幽人卜築自能偏，日醉山池作酒泉。老菊清存騷客飯，〔一〇〕濃香俗殺令君筵。偶同二仲過三

〔一〕「守死」，拾遺本作「翻露」。「悲」，拾遺本注：「一作終。」書册手稿作「終」。

〔二〕「庬」，張本作「盲」。

〔三〕「惜」，拾遺本注：「一作又。」書册手稿作「又」。

〔四〕「升」，張本作「陞」。

〔五〕「客盂」，晉四人詩本作「甲申入盂」。

〔六〕「須」，他本均作「虛」。

〔七〕「道」，丁本作「得」，據晉四人詩、張本改。

〔八〕「鄰」，丁本作「鄉」，據晉四人詩、張、劉本改。

〔九〕臺灣何創時書法基金會藏傅山手稿與右玄書册中收有此詩，文字略異。由堀川英嗣校勘。

〔一〇〕「清存」，書册手稿作「自餘」。

徑，〔一〕暫得餘生度小年。自恨野鴻蜚未遠，〔二〕孫嵩浪說餅師賢。

甲申守歲

三十八歲儘可死，棲棲不死復何言？徐生許下愁方寸，庚子江關黯一天。〔三〕蒲坐小團消客夜，燭深寒淚下殘編。怕眠誰與聞鷄舞，〔四〕戀著崇禎十七年。〔五〕

掩淚山城看歲除，春正誰辨有王無？遠臣有歷談天度，處士無年紀帝圖。北塞那堪留景略，東遷豈必少夷吾。朝元白獸尊當殿，夢入南天建業都。

右玄貽生日用韻〔六〕

生時自是天朝閏，此閏傷心異國逢。一日偷生如逆旅，孤魂不召也朝宗。葛陂幾得成龍竹，苓服誰尋伏菟松？打點骨頭無頓處，楊孫隨處暴高峯。

〔一〕「同」，書册手稿作「從」。
〔二〕「鴻」，丁本作「紅」，據他本改。
〔三〕「庾」，丁本作「庚」，據他本改。
〔四〕「眠」，丁本作「聞」，據他本改。
〔五〕「十七」，丁本作「十五」，據他本改。
〔六〕此下二篇劉本在甲申集，爲乙酉作。

乙酉十一月次右玄

天涯行在夢魂之，又見仇猶獻歲時。買酒未愁囊裏澀，典房纔得旅中資。飛灰不奉先朝主，拜節因於老母遲。說甚寢兵遵月令，同袍久矣罷王師。

晤言寧人先生還村途中歎息有詩〔一〕

河山文物卷胡笳，落落黄塵載五車。方外不嫻新世界，眼中偏認舊年家。乍驚白羽丹楊策，徐頷雕胡玉樹花。詩詠十朋江萬里，閣吾傖筆似枯槎。

附：顧炎武：又酬傅處士次韻〔二〕

清切頻吹越石笳，窮愁猶駕阮生車。時當漢臘遺臣祭，義激韓讎舊相家。陵闕生哀迴夕照，河山垂淚發春花。相將便是天涯侶，不用虛乘犯斗槎。

愁聽關塞偏吹笳，不見中原有戰車。三戶已亡態繹國，一成猶啓少康家。蒼龍日暮還行雨，老樹春深更著花。待得漢廷明詔近，五湖同覓釣魚槎。

〔一〕此篇錄自顧炎武亭林詩集卷四附詩，霜紅龕集未收。

〔二〕此篇錄自顧炎武亭林詩集卷四，霜紅龕集未收。

丁未十月偶拈閻字即效閻體四首〔一〕

半夜寒村怨酒帘，錚錚起爝舊茶淹。〔二〕暗悲大耳銘伊白，誰娉雙眸射魏冉？〔三〕起舞不時勞祖逖，遷延何處配欒鍼？漢陽有客干皇甫，記得名忠也姓閻。

十年亡命戟霜冉，留得崇禎老孝廉。處士朱衣分窄袖，蕃僧黄帽卷深簷。〔四〕一枝楓竹渾身節，六合梨花試眼尖。說到布衣馳騖日，不知那個起閭閻。

新詩風味禦霜探，耳滿宫商眼不熸。務去陳言兼戛戛，〔五〕狂來自喜益沾沾。眞成不捉飛袁蝦，那得將眠代謝瞻？徹夜剛腸金石奏，羞援鷳鵲趙州閻。

椒桂于人未肯甜，王丘兩友卻能兼。生龍活虎此一老，痛哭長歌惟我嫌。即有小詩凌畢翟，休將眞逸易陶潛。〔六〕談兵何處無單複，蕭何還堪戰鬼閻。

因論古今人物，及靖節先生，有云「當時易處，〔七〕此時難」之言。王思遠、丘明士兩友。〔八〕

〔一〕此篇據山西博物院藏手稿整理。由吴連城先生釋文，曹玉琪重校。

〔二〕「起」，手稿又作「旗」。「舊」，手稿又作「借」。

〔三〕「娉」，手稿又作「姹」。

〔四〕「卷」，手稿又作「借」。

〔五〕「兼」，手稿又作「勞」。

〔六〕「易」，手稿又作「誚」。

〔七〕「處」，傅山全書初版本脱，據手稿補。

〔八〕編者注：此下，傅山全書初版本尚有一篇無題（曾謁僊宫最上僊），實爲傅山書唐羅鄴冬日寄獻庾員外詩，故删。

楊郁伯妓人出家詩五六句頗妙餘欠鍛輒作〔一〕

盡出花鈿謝四鄰，〔二〕高鬟剪斷綠雲春。〔三〕才回秋水雙成目，便是蓮花一淨身。貝葉欲翻迷錦字，梵聲初曳誤梁塵。冰心忘卻凌波步，湘浦應無解佩人。

石壁同白居實賦〔四〕

平橋藏著樹梢中，樹得深山窈窕紅。甌鉢春燒甜似蜜，葦菰秋雨脆於菘。香歛大令憐高氏，白業臺賓借禿翁。醉塞幽回貪一覺，鉗錐久寂又惺憁。

呈止莽先生〔五〕

戴子身輕鶴不如，青年好道解觀魚。曾逢緱嶺吹笙客，爲授金文伏鼎書。函谷會應召紫氣，綏生蚤已悟蓬廬。獨憐淚沒風塵裏，悵望雲霄五色車。

郝繼煥持綾子索書。有感於君恨山中無筆，相柳研楳。書呈止莽老先生政。傅山拜稾。

〔一〕此篇據山西博物院藏手稿整理，由張秀蘭釋文，曹玉琪重校。
〔二〕「謝」，手稿又作「與」。
〔三〕「高鬟剪斷綠雲春」，手稿又作「雲鬟剪卻厭殘春」。
〔四〕此篇錄自王本，他本未收。
〔五〕此篇據山西博物院藏立軸釋文。標題爲編者所加。傅山全書初版本未收。

贈友人〔一〕

（前缺）元龍。手談常諸東山墅，拇戰旋揮似海罇。序愛昌黎盤谷好，身疑摩詰輞川逢。良遊似此眞難再，白髮拈毫寫素踪。

春日感懷〔二〕

張筵把酒笑春風，多歷偏能識化工。柳色抽回千古綠，桃花開出萬年紅。揚塵任自田爲海，聞道還當老復童。箇裏眞常渾是壽，莫言人境缺僊翁。

丁亥春三月。傅山書於紅鵞閣。

賞菊花〔三〕

年年玩菊寫心思，翠葉金華發鬱枝。清韻籬邊宜和酒，孤芳月下好評詩。讀完花譜何須早，點綴秋光不厭遲。吸露湌英成獨嗜，此中滋味少人知。

〔一〕此篇據山西博物院藏手稿釋文，標題爲編者所加。傅山全書初版本未收。
〔二〕此詩據周懷民先生藏手稿整理，由竇元章釋文。標題爲整理者所加。傅山全書初版本未收。
〔三〕此篇録自河北美術出版社清傅山墨蹟三種一九九五年版，由竇元章整理。傅山全書初版本未收。標題爲整理者所加。

花酒〔一〕

從來花酒可怡神，花酒逢冬興味真。破臘花迎能酒客，敵寒酒醉賞花人。花從酒裏生紅暈，酒向花間點素塵。有酒有花詩文雪，問花緣酒幾分春？

〔一〕此篇録自河北美術出版社清傅山墨蹟三種一九九五年版，由竇元章整理。傅山全書初版本未收。標題爲整理者所加。

卷十三　排律

不解四十韻

不解吾何索？微知彼自然。〔一〕人人勞贈答，我我度周旋。小技分愁率，孤情獲野偏。由來方外者，當孰步趨焉。底事古人法，還於今我纏。幾爲勤學死，只少慧鐙傳。開眼吞丹篆，飛門噴彩箋。鍾嶸聲聞急，沈約齒牙嚬。心箭由前輩，評彈任後賢。梟鐘沙笵備，雁鼎玉鉉穿。學士誇千首，傖翁愛一錢。座能皋自擁，宗讓譎謀全。仗倆原堪給，游揚漫作緣。鈔謄嫺道地，風雅罪滔天。不顧前賢辱，難言此道擔。撮來佳故典，羅著匪人寘。博得才名播，淪教比興湮。性情連絕際，花月霧霾阡。粉額矯滂浩，青揚蔽翠鈿。渾敦胡蹙踘，綽約莽鞦韆。顧影眞飛燕，顰心不杜鵑。目成期旦暮，抹搽有時年。敢道都才盡，難逢勝解圓。威儀獅子座，唾弃野狐禪。別墅聊堂構，名家敢後先。龍文扛紙上，虎哺撥沙邊。吟咏消眞氣，沈綿握老拳。徐閣嚴假借，跳盪蹇驢鞭。蜀李資嶔崎，縱橫司馬編。三杯成嫚駡，八陣詡狂顛。東蹈鏗新律，雲中肆大篇。投誠人共笑，叵測我俱憐。盡戴三分帽，誰能八斗軨？驊騮羞阜上，俶儻不人前。藝苑藏韋叡，兵壇置鄭玄。魚鱗雲葉彈，鳥嘴雪花妍。觀化原無我，吟情未解懸。夏聲當變雅，秋耳不停蟬。樂府張黃鉞，奚囊許貨泉。風流誰採擇，隱約辨嬋娟。

〔一〕「微」，丁本作「惟」，據他本改。

吾玉說孤庵行逕代有此豔體〔一〕

夕照明山館，冰心抱水湄。花神夭措弄，腐貨肯成褫。睡覺千愁擾，〔二〕皈依一念癡。團標尼也得，托鉢佛當知。撫此韶華日，還非破衲時。畫眉教姊妹，臨鏡暗參差。地步留微別，風流不久離。字曾零碎識，書許斷連窺。好運三年盼，情人旦暮期。了心無後悔，把滑爲渠私。蛺蜨俱飛過，〔三〕鴛鴦獨立池。今宵同被錦，明日誓披緇。

贈西席甯鄉王吾玉紅友孤菴聽吾玉說若人再排斯怨二十六韻

感彼韶華苦，添予老病呻。看花難學士，擇木本純臣。只管雙眉蹙，能堪幾度春？黃鶯何膹友，白燕太無鄰。酒陣拋煙帶，桑筐惜帨巾。娉婷原要嫁，偃蹇獨乖姻。隔水分明岸，褰裳打眯津。叩門心突突，鋪簟鼻辛辛。各抱區區志，從旁嘖嘖論。幸依蒼髮母，差好黑錢神。梳洗無遲早，琵琶任嬾勤。兒成胡答應，誰信不風塵？卜度皇天怨，乖方賤體嗔。顛投野鳥竅，靳給落花茵。形志常矛盾，妖嬈異笑顰。林風文不謝，突陣武非苟。想密幽成險，唫疏亂失眞。悲愁誰爲解，買酒復

〔一〕張、劉、丁、王本注：「思孝曰：南鄉王珸，字吾玉，邑明經。孤菴，臨縣名妓閻雪梅字也。初欲披剃爲尼，不克，後力蘄從良。事珸不三年，珸歿，自經以殉。嘗見先生手帖一紙云『近聞孤菴死事，雅爲太息者累日。僑人五言長律二首，尚恨知此人不盡。又歎以彼聰慧志趣，生得其地。視古名媛烈女奚異？』」注中「僑人」，張本作「貧道鄉有」。此篇手稿現藏日本京都國立博物館，由堀川英嗣據手稿重校。

〔二〕「擾」，傅山全書初版本與霜紅龕集各本作「繞」，據手稿改。

〔三〕「蜨」，傅山全書初版本與霜紅龕集各本作「蝶」，據手稿改。

家貧。使我木蘭似，從軍鐵甲身。彎弓不待見，解佩所心親。雌蜺雄山曲，孤鸞覇水濱。詩書憑怪性，雲雨卒成仁。粉黛消銀色，香蓮種淨因。茅庵回向擗，角枕闃橫陳。不願長花命，還防累席珍。四方甯有事，一死送良人。

賦得深柳讀書堂限韻與子弟遣暑。

結構當煙隙，檀欒抱綠虛。幽涼生不退，妙解入其徐。雲笈翻蟲葉，風絲拂蠹魚。王恭開卷在，張緒下帷初。倒影枝生肘，飛花雪映裾。折條雖未免，流涕鄙何如？兒女多情處，英雄奪氣餘。依依無此態，賴有古人書。

再賦前韻

四塞百城綠，空堂半榻虛。風煙連汲汲，月露共徐徐。螺篆磨橐貫，龍鱗竄魯魚。古今牽恨過，編削奮揚初。樊圃懲柔脆，梁園嬾曳裾。筆防眉葉似，文畏舞條如。環堵情無忝，屯軍力有餘。舜梧非僻事，感慨沈家書。

賣藥

衡尹傳湯液，疇箕不見書。想來明晦際，亦事鬼臾區。所以長沙老，相承金匱俱。既無嘗藥聖，誰是折肱儒？卽不千緡也，其能一視歟？眞人十六字，一半老夫除。

甲午獄祠除夜同難諸子有詩覽之作此

薪膽看寒盡，篇章動歲餘。梅花南國遠，松漠北風殊。東漢今何夕，西洋歷正除。獸樽誰殿上，犴穴獨天隅。棧閣柑仍到，屠酥酒謾醵。聯吟無櫎械，相示有璠璵。共逐騷人鹿，還招放士鴸。河中原鈒鏤，雪窖不籧篨。海上羝難牧，雲中雁絶殊。皈依知凱叔，薩埵得公于。上頓酣胡母，天台欲遂初。筆鋒羞結倔，髯戟老堪輿。屑屑琱蟲𫎇，眈眈繡虎瞿。私推衞許氣，豈作圈生噓？口不傾三峽，胸能黨八廚。兄弟言既好，生死復何如？冉冉悲將老，沾沾恨昨迂。温嶠眞孝子，徐庶竟名儒。玉米孤臣泣，金蘭異國喁。烏巾自小草，螾竅亦連茹。未解風雲壯，誰能月露姝？篝燈聊共汝，爆竹不闞渠。寫罷投華筆，吟餘附燧珠。坐談原沒用，樓賦又何須？詩卽傳於世，人當安所臚？中州金字貴，況不肯輕予！

除夜和獄中同難諸子〔一〕

除和于〔二〕

白雲近霍嶽，黑檻早春風。佛自諸天下，人爲于野同。頻伽音度好，獅子力能雄。大破無明闇，

〔一〕此篇據晉祠博物館藏手稿釋文。由牛樹檀先生整理。大標題爲編者所加。其中和昭一首與上篇後一部分相同，因有異文，仍照錄。

〔二〕「除」字，傅山全書初版本脱，據手稿補。

重光出海瞳。

和秀

秀習堪輿家者言。

脳膊并州砲，還來聒歲除。多情能與黨，不飲亦爲醵。白鶴久離觀，青鳥薄挾書。幽風拂寒綠，催得小眉舒。

和昭

朝元表不見，中丞恨非迂。温嶠妄孝子，徐庶竟名儒。玉米孤臣泣，金蘭異國喁。烏巾自小草，蚓竅亦連茹。未解風雲好，誰能月露姝？篝燈聊共汝，爆竹小闌渠。寫罷投花筆，吟餘付燧珠。坐談原沒用，樓賦亦何須？詩即傳於世，人當安所爐？中州金字貴，況不肯輕予！

甲辰臘月眉歸自燕問訊有詩

逐逐聊詩賦，眈眈似米鹽。佯憨頭共禿，縱橫眼誰尖？不謂驪黃馬，眞同痱瘤蟾。孤雲甯自譾，衆鳥冀爲詁。藿拾何難飽，葵傾有未厭。不覩天彗掃，徒見亂兵殲。好語才知在，深謀膽欲兼。泥塗奇舉動，隱忍盡韜鈐。戍榜雙翹楚，洞門一老淹。熱腸生屬望，冷面死蘄妗。斧喪重申巽，師行上六謙。氈裘甘久辱，孱鉅豈要廉？塞馬緣能馭，盧龍足載獫。怒鼃專待式，梢蝎共知阽。酒色非無忌，詩歌似有嫌。樊張巖下老，繞策夢中忺。

楓仲讀書閣初成居實適攜近作過就仲屬訂會山還自砥柱小𠃓趨息閣下伯渾亦從汾來略理契闊仲限八字

下驢皆舌在，躍馬孰頤頷？不約丹楓閣，如張綠綺琴。白髗霜橘柚，紅酒蜜林檎。搔首還臺笠，嗔肝失老棂。掌中無利劍，詩版謾精鋟。伯渾愁芳草，朱英綴苦葴。當爲勞物色，不敢自吾琛。穎令詞能下，鄉侯意可綝。

再用前韻詒楓仲

天機時舉似，皓首亟爲頷。門久能蕭瑟，人眞可破琴。崇禎年舊棗，仲藏棗二十五六年物，時出噉我。〔二〕我輩永來檎。飣飣紛時藻，評論辣古棂。腐腸灰汁淋，雲翳玉刀鋟。煖地因㷔熱，青藍妙染葴。虛繙二酉秘，坐擁百城琛。簡札原難用，儀同笑索綝。

又成前韻一首〔三〕

東可西何怪，皤皤左右頷。聖王吹吷劍，齊物說昭琴。不識荆州㯿，誰思上苑檎？唐苑有五色林檎。神皋迷糞壤，夢榻選巖棂。野老創誠鉅，麻姑爪漫鋟。長卿雖漫世，小草不遺葴。何日圖王會，

〔二〕「崇禎年」，丁本作「昔年遺」；小注各本無；俱依陳監先先生記常贊春所見墨蹟。
〔三〕此篇由陳監先先生錄自常贊春據墨蹟抄本。

興朝感貢琛。皇天何意緒，白茀又緋緋。

聞塔院續燈造像還至上艾艾人士隨喜瞻禮留爲建刹次第行之卽事走筆十六韻待募疏云

十年離塞北，五相自江南。本願宣文供，奇緣石艾湛。欲成多寶地，先構小茶庵。佛事原資捨，人錢豈戲賗？〔二〕婆夷何猛利，隴畝破慳貪。弓箭□衣展，桴榱盍髮簪。迦文凝妙好，壯穆肅伽藍。橫杵童貞獨，剛金幻昧三。不惟希有福，亦以振無慚。齒刮皆珠彩，瓶儲盡米泔。履西如再□，窮北忽敷曇。祖意休饒舌，情花好自曋。涼棚雲不大，焰海露能甘。官道生□□，勞人息亂餤。頻伽叢樹待，揵椎一聲䆦。旦暮容吾老，瑜迦爲爾談。

馬首方山游一章

聞道方山久，茲來一展俱。妙嚴欣我到，應供或爲噓。遶砌搜文石，巡崖覓古書。明師僧讓在，宋相翰林除。刻碣詒行實，題碑志隱圖。澄泉拔樹去，肥土出田租。婭僻容風虎，精靈亂水豬。虬窦森嶺畔，龍井秘山陬。華論藏樓杪，西經庋屋幮。閣卷知人傑，觀詩憶象儔。憨公敦友道，印老尚賢初。宗社猶疇昔，門庭非舊都。求人旋得廢，問佛冀來蘇。草野埋龍馬，山巖隱鴿鳩。羲皇時邈矣，稷后歲遐乎？若望重更替，無如翦芳夫！山神聾瞽實，護法子虛諸。

〔二〕「賗」，丁本作「酣」，據劉、王本改。

石客五十生日書扇與飲十五韻

石客客於石，經營礧砢棲。徐知眞扢捩，定不俗東西。妻子常離躲，饔餐自飽饑。裁巖通月牖，抱甕引花畦。戇矢阿翁意，天全赤子機。弟兄憐景色，笙笛擬壎篪。邱蓋如山穗，形容忽利犀。在人嫌近虐，於子未傷奇。不屑憑中絜，其餘許肆譏。聞來良可畏，繹去實非私。信此無瑕玉，尤他有玷圭。今朝觴莫放，〔一〕四世醉如泥。一日勝千日，希夷能自夷。〔二〕雌黃當快意，堅白不猜疑。老我還能聽，瀾翻星漢低。

崛㠑新秋

清秋神澡涑，〔三〕抱命見機牙。草木黃無數，雲煙白有涯。若其非積斂，何以發精華？惜靜眞成嗇，貪幽望甚奢。慧心修別業，淨界卽吾家。寶掌臥山鳥，香爐長菊花。不嫌持觸器，頗恨辱袈裟。世競星壇習，希求法念差。只緣龍象小，遂使夜干譁。

〔一〕「莫」，丁本作「未」，據他本改。
〔二〕此句張本作「希夷忘九彝」。
〔三〕「涑」，張本作「練」。

佳杏得紅字〔一〕

佳杏故遲熟，六月顋方紅。歷落高枝末，深藏密葉中。愁重低垂雨，羞掀輕薄風。幸免野鳥啄，如植靈山峯。詎得金盤貯，不擇瓦缶供。酸甜意自永，誰當嘗此衷？

賦得佳杏故遲熟

連林皆爛紫，獨樹不同紅。小徑崢嶸處，荒園慘淡中。裂牙殊橘露，薰鼻比梅風。低嫩傳青雪，〔二〕高稠亞碧峯。仙廬如可種，漢苑或堪供。苦實能酸至，幽人要折衷。

小樓太息

迫窄須眉苦，喧卑視聽奴。堂壇猶燕雀，粱稻竟鷄鳧。相去竟何若，生成夫豈徒？長歌翻憤懣，厭按學歡娛。遠望冀抒豁，邱陵滿眼紆。小樓難百尺，遠道負雙珠。脱復幾時到，將無有所頴。然疑增反側，了更作崎嶇。睇眄薄天際，欄杆立向隅。奇思成隱隱，迂闊抱區區。冰雪虧乾淨，山川羨濯汙。物情齊肅穆，風力更睢盱。獨樹消沈靜，冥鴻性氣殊。騫騰終羽翼，深洫守根株。臭味原區別，同仇知有無。飛揚紛意緒，焉用破愁蕪。薄酒還傾酌，春寒備不虞。塗窮誰屑屑，醉後許

〔一〕此篇據鄧寶珊藏手稿整理，霜紅龕集張、劉、丁、王本收錄。
〔二〕「嫩」，丁本作「嬾」，據他本改。

烏烏。魧斷塗神隙，〔一〕陽狂遊大軱。乾坤容瓠落，時命謬泥塗。受道須才士，安能與腐儒？粃糠爭亢鑣，糟粕執奇觚。卽以文爭長，當於誰並驅？籥雲除綠耳，切玉要昆吾。利器專剸斷，精權穩過都。鴑駘憎伯樂，鈍鐵怨封胡。下士依籬落，鶡鵬倒齟齬。醢鷄熏白鰈，璞鼠重乾枯。酸細憐蚯蚓，慴盈受蟪蛄。威靈瞠繡虎，絕技失飛鼯。筆陣雄兼并，詞場逐鄙夫。軍資開武庫，食取大官廚。紫電驚龍子，青霄舉鳳雛。翎梢覆日月，鱗甲掛江湖。噫氣同吹劍，塵瀛恥濫竽。心肝憑獨快，衆兆盡揶揄。老蝨隳重習，雕蟲有變渝。我人同性命，生死別精粗。結納羞趨下，將迎費據梧。五漿貪注射，一飯覬錙銖。不屑交殘客，于今少博徒。專專不可化，粲粲笑賢愚。筮仕何三易，靈占謝十巫。眞人司號令，臣妾遞稱呼。壹氣非迎接，丹田足委輸。飛形窺出沒，入水不沾濡。盛滿天量槩，陰陽啬鍛鑪。泰初雖草綆，當不費桑弧。

天榮方丈清齋同白居實作。

僧臘方留客，春風一撞齋。調饑原懶動，見食卽安排。寒具家常脫，〔二〕攤煎恨少膎。渾忘貪發毒，不管大吾柴。總未安鐘版，公容打野棰。茶來匙不住，喫畢口隨揩。〔三〕十二原無界，中前再免偕。出門齊捧腹，爾已上蓮階。

〔一〕「魧」，各本均作「鯇」，據文義改。「魧」字，作「魭」字亦得。

〔二〕「脫」，張本作「脆」。

〔三〕「口」，傅山全書初版本作「囗」，據霜紅龕集各本補。

崑彝丈讀書房有梅花水仙坐臥依倚蛻眉有句曰水仙欹坐抱綠蕚枕邊春會壽登七十遂屬眉寫梅花水仙介觴因題十二韻申祝而排水仙二句於中仍求醉中高興一和聆教〔一〕

咄咄窮經士，翩翩老雅人。點書能仔細，遇酒益精神。著意裦衣潔，慇心素案塵。好茶防客到，乾果小籠陳。癡借書千卷，謙虛禮一身。聞根先絕利，記室舊無倫。風韻關强健，韶華效性眞。水仙欹坐抱，綠蕚枕邊春。興不龍離敗，詩方矍鑠振。有時佳句得，翻似少年新。即此尊生足，何須上藥因？行歌過百歲，歲歲飲君醅。

題書自笑八韻〔二〕

掔原羅鶩拙，腰復墜驢疼。不謂中書管，猶如雍父舂。水光財一畫，花眼又雙彫。斷續團圞構，〔三〕枒杈艾納松。三杯忙上頓，一覺未療邛。回顧奔馳獸，旋駭竹木龍。爲憐痂有嗜，能苦菜爲

〔一〕「蛻眉有句曰」，傅山全書初版本誤作「蛻眉有句日」，據霜紅龕集各本改。

〔二〕劉本注：「雪崖曰：先生經罕山墮驢，止舊甫家。當時好事者演宋明處士墮驢圖，謂希夷與先生也。相傳舊甫乞書先生，因言素不工書，腰痛，筆禿，眼花，故斷續枒杈如此。余得手蹟，摹勒於五峯山。」此次由編者據傅山書法收五峯山石刻拓片影印本重新核對，改正了劉霈釋文之誤。石刻無題，霜紅龕集各本無後記。

〔三〕「構」，傅山全書初版本誤作「媾」，據傅山書法載石刻拓本改。

傭。若作神符鎮，〔二〕差消鬼市嵱。

老病逃書，眞如蒙童之逃學。鑑盤詞兄出此綾索書，〔三〕勉爲應之，〔三〕殆不成字，一笑而已。

松僑老人眞山附記。

附：題書自笑八韻（手稿本）〔四〕

腕原羅鵞拙，腰復墜驢疼。不謂管城重，眞如雍父舂。水光才一畫，花眼又霻彫。斷續檀欒構，杈枒艾納松。三杯忙上頓，一覺不療邛。回顧奔馳獸，旋駭竹木龍。可憐痂有嗜，只要菜爲傭。若作神符鎮，差消鬼市嵱。

郝舊甫持綾子索書，書已自顧，逕似正一家治鬼符一張，不覺失笑，遂有此作。

附：題書自笑八韻（丁本）〔五〕

擘原羅鵞拙，腰復墜驢疼。不謂中書管，猶如雍父舂。水光才一畫，花眼又霻彫。斷續圃園媾，

郝舊甫持綾子索書。書已自顧，徑似正一家治鬼符一張，不覺失笑，遂有此作。

〔一〕「若」，傅山全書初版本誤作「苦」，據傅山書法載石刻拓本改。
〔二〕「綾」，傅山全書初版本誤作「陵」，據傅山書法載石刻拓本改。
〔三〕「爲」，傅山全書初版本誤作「而」，據傅山書法載石刻拓本改。
〔四〕此篇據山西博物院藏手稿整理，由吳連城先生釋文，曹玉琪重校。霜紅龕集張本與此手稿文字基本相同，而與劉、丁本、石刻差異較大，故置於此，以便讀者比較研究。
〔五〕此爲霜紅龕集丁本文。傅山全書初版本未附，因文字與拓本相異處較多，故補附於此。

枒杈艾納松。三杯忙上頓，一覺未療卬。回顧奔馳獸，旋駭竹木龍。爲憐痂是嗜，能苦菜爲傭。若作神符鎮，差消鬼市嵱。

辛亥春季爲玄錫丈成二十四韻言祝〔一〕

里閈同疇昔，何遥乎對門。乖離今偪側，〔二〕始惜不鄰村。硯北喧卑擾，〔三〕河西拙養尊。閒從高阜望，輒領小儀屯。「小儀」本「小營」，鄉語轉訛如「儀」，用之識一時眞野。〔四〕最敬貧無怨，〔五〕猶憐耄未昏。〔六〕樞機冥易繫，感應信難諼。〔七〕老健人難訟，〔八〕姱修物與幡。天方髭不翦，震旦髮羞髡。丘蓋番經閣，雲冠道士軒。散花兼亂石，深戶映朝暾。十一年吾長，尋常杖那援。加餐牙不要，出好舌孤存。魚白薑椒騰，羊肥芍藥燔。釅茶無晝夜，糖飯帶饔飧。渴睡崑山曲，撑眉赤水淪。〔九〕推心寧殺伐，歎世厭柔温。氣盛還飛動，神王肯畜樊。黯顔知自惜，干謁笑人煩。桃柳籠春圃，琴書靜故園。元哥酬隱

〔一〕此篇由吳連城先生據所見手蹟釋文，手蹟藏山西省文物商店，爲自畫荷花圖題詩，霜紅龕集張、劉、丁、王本收錄，題作「老來幡然敬元錫丈爲作詩二十四韻元本回人」。
〔二〕「偪側」，霜紅龕集作「老大」。
〔三〕「擾」，霜紅龕集作「苦」。
〔四〕此注，霜紅龕集各本無。
〔五〕「最」，霜紅龕集作「一」。
〔六〕「猶」，霜紅龕集作「還」。
〔七〕「諼」，霜紅龕集作「喧」。
〔八〕「難」，霜紅龕集作「誰」。
〔九〕「淪」，霜紅龕集作「論」。

德，晚子壯蟠根。旦暮占歸妹，頤光卽抱孫。〔一〕塒邊雛鳳轂，落下小獅奔。戍削堅風骨，神仙授秘言。文康華蓋尺，容我上雲翻。

因芙蓉以爲媒，憚褰裳而濡足，寫爲玄翁道丈。　弟松橋老人傅山。〔二〕

覽巖逕詩卽事迴復連犿一百韻示眉並兩孫〔三〕

昨年吾七十，五十汝今年。倚薄同衰老，陶情絶管絃。先兄誰酹墓，爾我共吞酸。七日阿咸痛，今朝羣從闐。杯盤無手足，疇昔念周旋。家國哀哀鴈，行藏跕跕鳶。殘書終歲蝨，一字未逢仙。跼蹴微湖海，須眉暗涕漣。漢儀從漠漠，羽服信翩翩。道領光塵妙，心參日月禪。異端辭不得，眞諦共誰詮？自把孤舟柁，相將寶筏牽。竈觚垂畏避，薪膽待因緣。吐鳳聊庭過，雕蟲愧祖先。壯夫雄覽冀，神廟簡籌邊。抵掌遼寧譗，長才蹇顧憐。巢窺卬部擣，敵慮聿行延。倔志桑麻藝，横行矍鑠鞭。千金眞數致，七策漫幾研。帛不丘園束，家非谿刻朘。三房南阮似，四部北門堅。死被時文縛，生教膂力綿。從軍弓矢看，負米斗升孱。肉食昏天造，狼提犯斗躔。庸奴招徠誤，才撫足高顚。憋懑書生臆，流離進孰篇？匡廬金齒戍，上谷井陘旋。紫極孤天淚，黄旗上任嬛。沓拖惢犬舐，慫恖塞羊羶。恥不殤於國，囚瀕死向圜。申公低耳屬，徐庶絶心懸。豈復期相見，從拚不兩全。良朋爲道地，耄母待終天。不辱顏徒强，行吟皆決穿。幽情春草觸，好語白雲箋。折福其詩祟，餘生此埶

〔一〕「頤」，霜紅龕集作「宧」。
〔二〕自「因芙蓉」至此，霜紅龕集各本無。
〔三〕此篇由吳連城先生據所見手蹟影印本整理，霜紅龕集張、劉、丁、王本收錄。

纏。吾師曾特誡，舉業恐分專。自誤兒休再，何當孫又然。登高三世領，作賦老夫嗎。似此蒙天篤，知邀謬命偏。那能兼富貴，只合蔚林泉。版繼荒巖築，花培鐵藕蓮。盤桓原筮久，高尚祖師宣。悔吝多池墨，方書亦甑玄。老來隨苦靜，趺坐讖前愆。嗔倚扶觀杖，〔二〕貪空撲滿錢。裸將焉問縉，隨處可吾阡。且暮還花月，隣村亦野筵。鷽搶終是小，龍蟄奈何卷？風雨論三瓦，茅簷乞一椽。疏畦奚抱甕，小榨自排煸。薄酌千愁破，中山半刻眠。儒僧談綽綽，莊老腹便便。鮐背終無用，虬須足仔肩。留連心匪石，憂患脇原骿。可憶西河夢，曾聞上帝傳。天謠將驗矣，簡在豈徒焉？草野艱貞感，幾微小子譔。精神頻獻吉，血脈未迍邅。靜夜何思想，高霄孰筳篿。招尋同大澤，邂逅仰非煙。的的興王兆，躭躭上甲遷。五雲龍鳳彩，夾日紫青旃。攀附非吾事，謳歌任爾賢。贊臺多易瞱，封禪更難遷。頌莽誅崔發，尊秦謝魯連。諸生除糞土，六義沃胡祆。衍聖猶當議，經侯細與銓。中原廉恥復，夾雜杵碪捐。處所威鈇鉞，宮牆淨豆籩。耳才休洗滌，目望斬新鮮。重論功名輩，何多苟且沿？明王瞻紫氣，出仕怪青田。膝異隆中抱，情非圯上編。輒教銀漢棹，也帶蜜劙涎。習俗生難挺，沉淪溷美脡。戴迷奇渥臭，蘇轂屈平荃。可恨眉山裔，頻誇黑海船。閒評資一唾，疾惡不勝鋋。履忌韃長脫，冠愁髮再鬈。蝤蠐黯領蔽，菡萏悵幂攐。才得狂時調，〔三〕無端老古悛。鬟容偷打辮，帽定有辭聯。格律翻天漢，神州會大湔。乾坤商出處，枘鑿審方圓。物外新鐃吹，山中舊管權。是非難勝地，忠孝不崩巔。歷歲疏松茂，傳家密柳玭。屠羊歸肆好，射隼器藏揵。大士吾宗有，心王浩劫躅。奇文鳴劍匣，眞誥訓珠淵。得見圓明佛，何殊方眼佺？一歡忘睚眦，百歲省丹鉛。烏鳥還

〔二〕此二句，傅山全書初版本誤作「趺坐讖前嗔愆。倚扶觀杖」，據霜紅龕集改。
〔三〕「狂」，霜紅龕集各本爲「□」，據影印本補。

餘哺，熊羆益老拳。西山終爽氣，北海息胝胼。我且龍鍾放，春來鶴興仚。戢淋眞悶絕，奇險到跟前。吐藥馳壺口，穿雲響竹篵。雷轟一萬里，秦晉兩崖扇。載賦天聲下，同賡濟大川。

寒宵遣悶十八韻〔二〕

只覺看書鈍，誰知飲酒佳。塵黃昏兩目，堅白痛三臿。抱膝聽寒月，降心對凍茬。偶然逢本際，浸假失虛邪。自了馮河漢，終羞煉石媧。旁觀黃楷局，著想赤松夸。宿將多新室，中原卽漢家。轉移原有會，僭亂豈無涯？百歲承堂健，三山謝海槎。兒郎消老悶，詩律頗才華。父子同匏繫，河山共落笳。聲歌殷草昧，亂賊也瓊麻。閶闔天門啟，文昌上將牙。詞場須罪問，郊廟選經葩。帝業清冷得，神仙大遯嘉。亂掩臨濟棒，誰挈淨名叉？不噬難爲嗑，强拈那得花。菩提憐法器，門法此應加。

壽王錫予四十韻〔三〕

王季子用予將衡寒破浪，壽賢仲六十于海陵，屬友兄令器徵字老夫。瞠乎村僑，鈔謄無策，感天倫之盛事，歎友誼之無窮，卽事漫書，得四十韻。

〔二〕此篇據山西博物院藏手稿整理，手稿無題，霜紅龕集張、劉、丁、王本收錄。

〔三〕此篇手蹟爲十二幅大字條屏，藏山西博物院，原屏無題，標題爲編者所加，由曹玉琪重校。霜紅龕集劉、丁、王本收錄，題作「爲王庭唐詩爲王重自作古詩」。傅山全書初版本誤改題爲「壽楓仲四十韻」，據文意，所壽者應爲王用予的二哥王錫予，故改爲此題。

蝸結丹崖老，鷂棲翠柏傍。柴門鐙火閉，村巷足音忙。遠道來千里，文翁第四郎。老人明耳目，夜色滿衣裳。喜笑林雲動，殷勤水月光。盈盤白粥進，下箸綠薤涼。澹薄知能恕，鮭蔬總不防。貧家難好餞，公子會須嘗。旋致王生意，將稱仲子楊。紫荆天市樹，鴻鴈海陵行。奇行無巖處，遨遊不故鄉。陶朱占地戶，端木許門牆。德以任時好，名因得勢彰。安能釣溪刻，作意射糟糠。煙霧隨攜載，星河出橐裝。神農既久遠，虞夏已通商。斗僻離山國，朝宗狎海王。龍蛇紛變化，天地見圓方。都會趨三俗，牢盆試一匡。高才賦積雪，投筆鬻萁霜。千丈連船白，差强用谷量。智仁良不易，勞苦念非常。兄弟思同被，江山負半囊。言聞古者贈，謬責老夫當。佳句還能記，飛書莫謂忘。題詩衲罫滿，可縫墨華香。只是心肝別，全殊漫興長。深藏佯守黑，諜輅到膺黄。卽此眞酥酪，而焉介酒漿。怡怡榮覆盛，止止鄂承祥。藥可休玄雪，瓜容卻黛瓤。許芝同採摘，茅鶴並翱翔。不似人間樂，何如兄弟强？天親全混沌，傖父媿篇章。或發東公笑，原非李緒狂。穆雝推禮法，吊詭敢荒唐。好在宮髯問，于今道體康。往時嚴議論，稱謂析微芒。湖靜仍春雨，花濃定草堂。風雲通興會，吟咏更飛揚。

老臂作痛，焚研久矣。喜好友子弟見過，數道高誼如雲，感歎無喻，遂不覺欲枯之臂頓輕。篇中用事，皆用予爲龍門文子之雅，不能忘之，遂並三致意焉。是足爲錫予詞丈發噱滿引者耶！　松僑老人眞山書。

雪峯囂塵二句得未曾有驚喜叫絕爲綴十句敦進書字若詩兄

囂塵中有地，忠孝外無天。知幢甫高豎，慧劍忽孤褰。騖情何從來，悳標臣子煙。沾沾此十字，急急焚餘篇。龍宮不愛寶，榔栗亦可穿。休載土苴貨，翻卻珍珠船。東野贈文應，十字亦可憐。齋性空轉急，學情深更專。拈以語圓璧，小技須復研。單選供佛句，剝葱同參禪。何物羶葷撰，可當雨華鮮。〔一〕

雪峯惠蜀秫米得甘字遂有十二韻之贅詒之索和

老夫紅玉飯，二味高粱甘。〔二〕冬夏不知厭，薄福惟此婪。佛子知我好，分衞盈一甔。熟煮全無澁，少濇唐園諳。回味妙一淡，終然勝腤臢。兩盌細哺喋，閉眼禪喜參。脾神飲靜德，馬蹏息春嵐。濃臇亦何窮，無明噇彭三。眞性所不需，滋味徒業含。輭飽同酒功，復少昏沈憨。反照尚嫌多，有待煩未戡。念彼飲露蟬，一脫安所欲。

雙塔住持詒律有夢裏思熊略醒來愧狗奔之句在舌斯惡于義惟仁老夫許其必傳已據盧延讓輩之上矣因敦劬碌向此中作獅子吼爲四十年來一辣手詩僧慎餘四十韻〔三〕

喧卑鳴鏑過，渴睡井華漬。詩果阿羅漢，音威殺賊尊。如何好白日，一個俊緇髡。香葷薰難出，蓮花引不歕。瘁蹇雙塔下，撇捩一峰騫。角力生無憚，觀音想祓冤。慈悲舒惡舌，漫罵押奇奔。梵

〔一〕此首後，丁本有「宿雙塔院卽事再與雪兄印之」一首，因晉祠博物館藏有此詩手稿，爲傅眉手蹟，故移至全書附錄一傅眉集卷五中。

〔二〕「二」，張本作「一」。

〔三〕此篇據山西博物院藏手稿整理，由吳連城先生釋文。

唄聊消遣，禪牀未柰煩。無明花筆怒，不覺戒刀掀。此輩原非類，如渠至正元。狋氏徒郡縣，狸德好乾坤。儘足潭婆煮，何堪孝感拳。屠誰燕市隱，戈待雍門掄。磔禦曾無血，烹來幾獲爰。推心忠不啻，離裏孝思言。恨不尸饔奉，隨爲出塞昆。甘于長蔑戾，悔此墮中原。絳帳中陰矢，穹廬種子暖。尾搖爭作媚，骨擲試看猏。只合繁華子，終難學正孫。心熸灰積劫，勢極會須翻。大質違行谿，天威逸德燔。豎儒無者個，方外乃之存。不見慈恩傳，頻爲世界論。帝王難假借，薩埵慎攀援。得得長安赴，明明正統吅。玄風追扇漸，僞曆總當屯。正見從如是，修辭詎不倫。一乘無戲論，三昧有偏反。疾惡婆心在，風流謔浪軒。滿前花柳怨，淨界苦荼吞。一句能周利，千篇勇孟賁。天嘗和尚雨，地絕貫休根。大塊吹悲噫，焦原竝佛根。公然風雅變，不帶吠陀痕。義動狻猊吼，雄驚獝狘魂。纔知遭震擊，正爾鬱絪緼。佛不顱頂共，吟開奮迅門。風雲鈐椎打，榔栗性情捫。口業微嫌快，惟心直不諼。

附：奔字詶雪峯四十韻〔二〕

喧卑鳴鏑過，渴睡井華瀆。詩果阿羅漢，音威殺賊尊。如何好白日，一箇俊緇髡。唐詩僧某出塞行有「如何好白日」二句，最矜奇可喜。香葷巢難出，蓮花引不歕。痒寒雙塔下，撇捩一峯騫。角力生無憚，觀音想被寃。慈悲舒惡舌，謾罵押奇奔。梵唄聊消遣，禪牀也僕煩。無明花筆怒，不覺戒刀掀。此輩原非類，如渠至正元。狋氏徒郡縣，狸德好乾坤。儘足譚婆煮，何堪孝感拳？屠誰燕市隱，戈待雍門掄。磔禦曾無血，烹來幾獲爰。推心忠不啻，離裏孝思言。恨不尸饔奉，隨爲出塞昆。甘於長

〔二〕此篇爲霜紅龕集所收，内容與前篇相同，但標題與詩中某些文字不同，故幷存。

蔑戾，悔此墮中原。絳帳中陰矢，穹廬種子暖。〔一〕尾搖爭作媚，骨擲試看猶。只合繁華子，終難學正孫。心燔灰積劫，勢極會須飜。大質違行繇，天威逸德燔。暨儒無者个，方外乃之存。不見慈恩傳，頻爲世界論。帝王難假借，薛埵慎攀援。得得長安赴，明明正統叩。玄風追扇漸，僞歷總當屯。正見從如是，修辭詎不倫。一乘無戲論，三昧有偏反。疾惡婆心在，風流謔浪軒。滿前花柳怨，淨界苦茶吞。一句能周利，千篇勇孟賁。天常和尚雨，地絕貫休根。大塊吹悲噫，焦原竝佛跟。公然風雅變，不帶吠陀痕。義動狻猊吼，雄驚獫猲魂。纔知遭震擊，正爾鬱絪縕。佛不顢頇共，吟開奮迅門。風雲鈐椎打，楖栗性情捫。口業微嫌快，惟心直不諼。

因雪峯奔字再廣疇昔問詩看法妄之義卅韻〔二〕

法有傳燈版，詩無抄撮門。當機難覓句，于道反爲尊。爾性何時見，吾情直下噴。風雲才任辨，物色命罷奔。坐備明朝上，杯催刻燭掀。〔三〕非關公案熟，豈是憶魔喧？花鳥誰拖棒，悲歌不擎拳。陳芳眞淨土，老杜已泥洹。横豎州官火，飛騰補處捫。寸心無所得，千古又何垠？自說筌蹄棄，人窺尺度藩。鏖糟纏是史，輭美會嫌村。摸擬徒形似，高深奈剥吞。草鞋錢不費，膏馥丐能飧。放逸還加警，清涼也紲袢。人天篇什眼，觸磕覺知元。會不勞尋伺，盲非故瞶言。迴皇齊个已，苦殺鈍

〔一〕「暖」字，丁本空白，據劉、王本補。

〔二〕此篇據山西博物院藏手稿整理，由曹玉琪重校。霜紅龕集張、劉、丁、王本收錄。「因」，霜紅龕集各本與傅山全書初版本作「用」，據手稿改。

〔三〕「杯」，手稿又作「樽」。

乎根。祖席多推戴，詞場隘選掄。長江塵剎奉，京兆斗山恩。瘦脊前因冷，鑪錘此世温。聲聞島佛子，付屬洞王孫。昔果纔中晚，今誰敢弟昆？盧山劉軻癖，學究蔡京攓。不啻參禪歷，如于載籍繙。前塗求印可，先受捨休援。香色天花落，莊嚴帝網旛。此中非我作，來外愜如渾。山水思惟險，雲霞贈答軒。語言無道斷，鸚鵡踢洲翻。

愚意說語言道斷者，〔二〕尚知有語言之道，要去斷之。若本無語言之道可斷，何勞爾又自誇踢翻鸚鵡洲也？鸚鵡日日去踢洲翻矣，也是一重套子公案耳。若作是念，莫作是念。早晨飢了，且喫飯罷。〔三〕

觀劇歎一歌童之尤〔三〕

當場無大小，只要出羣才。傀儡憐三尺，獮猴可一臺。愁脾常不鼓，睡眼頓能開。信爾張拳處，無人芥意來。文章高膽氣，戰伐捷風雷。今古全供弄，精神不受咍。面花花亂面，毒唾唾誰毒。未解提攜者，焉分眞僞哉！君山好唱樂，所取亦何材？

〔一〕「說」，傅山全書初版本脫，據手稿補。
〔二〕此段跋文，霜紅龕集各本無。
〔三〕此篇由陳監先先生錄自三晉詩選。

失題〔一〕

膝不隆中抱，閒無圯上遊。箕陵久已噩，蠱上復誰謀？寐覺明明在，浮生暗暗羞。沮洳環堵葺，鹵莽舊田求。愚智皆千慮，榮枯付萬流。子書翻白馬，王命置班彪。正毒從何毒，長愁竟不愁。〔二〕空山餘一老，四海甚諸侯。已矣徐生俠，如何趙孟偷？麈糟忙禮樂，〔三〕亂賊藐春秋。總不關吾事，何爲代匠籌？既無都護膽，誰斬郅支頭！露羽迴威鶴，霜拳待爽鳩。夜狸鳴寂寂，野鹿聽呦呦。琴破安三世，舟虛即十洲。遭邀眞可泥，得對不妨騶。慷慨休燕趙，雍容罷魯鄒。髮絲蓬不理，心緒嫩閑抽。〔四〕白蜆尋花問，黄鶯坐柳謳。人間渾撥過，物外得冥搜。〔五〕

贈楓仲〔六〕

戴仲不可及，亹亹發至言。自反不識字，諸生二十年。家世榮科名，八股殫精研。少少知前輩，歸胡浩氣篇。環顧昭餘邑，狂胸高如天。既又知古文，著眼一荆川。又進有唐宋，大家何多焉。乃始心憧憧，膽落汗如泉。況復史漢書，班馬日星懸。左國遡墳典，心眼當何憐？於今三十七，時時

〔一〕此篇錄自王晉榮刊霜紅龕詩卷五。他本未收。
〔二〕王注：「竟，又作似。」
〔三〕王注：「忙禮樂，又作矜道學。」
〔四〕王注：「嫩又作細。」
〔五〕王注：「得又作少。」
〔六〕此篇據上海圖書館藏手稿釋文。標題爲編者所加。傅山全書初版本未收。

愁老顛。奇文滿人腹，只我饑枵然。小縣無朋友，孤宇蝸三椽。無已於紙上，蹶蹶尋聖賢。但求不白丁，敢望經笥邊。聞之爲俯首，此志誰能堅？猶復多遠懷，老我逐其鞭。不可向人語，輒復記于箋。有志胡不成，畏難日月遷。道人欲已矣，看子之騰騫。山隨筆。

戊申楓仲生日卽事廿四韻〔一〕九日。

與天生子寫豳風後，筆研又不理弄矣，亦無寫興。

公子於今日，何人戴仲如。操觚肩仔虙，卻聘省翁書。古董收藏急，交游應接紓。自然知漸近，豪氣欲全除。遂使興戎敵，終成慕義渠。于人歸一厚，在我惜之餘。素閣謄那起，緗函坼畫居。鼓鼙遙恍惚，氾濫此居諸。義不鍊鄉信，文嫌發塚臚。楓仲受古文、時文之教于艾千子。千子於古文八大家外，置之不問。楓仲後益精進。盪胸眈虎變，決眥上狼胥。半夜茶杯罷，參立醬醃初。紅香朝棗脯，紫膩蕪菁腒。蝨嬾忘繩榻，雞勤到綺疏。春秋經識穩，五十覺心虛。底事金丹構，單知玉海鮁。酸鹹堅命蒂，糟粕淨神廬。白露清天宇，黃華痛日車。昨年苫凷冷，今日練緣舒。手澤依籬展，新醅謝客醵。慰愁孫病霍，寄氣正充閭。不抱龍丸餌，全聞虎子噓。崢嶸摩額角，煜爍插茱萸。〔二〕孤矢删吾輩，昂藏得不儲。憂思休蟋蟀，世業未曹蜍。

噓，廣韻：「呵叱人也。」楓孫三峴好叱咤人。萸字，正韻。

〔一〕此篇據寧波天一閣博物館藏手稿釋文，張文穎整理。傅山全書初版本未收。
〔二〕青主於「煜爍」二字旁書：「抖擻。」

附：楓丈生日卽事率尔廿四韻展誠求政〔一〕

公子于今論，何人戴仲如。操觚肩仔慮，卻聘省翁書。古董收藏急，交游應接紓。自然知漸近，豪氣欲全除。遂使興戎敵，終爲慕義渠。于人歸一厚，在我惜三餘。素閣瞻郇起，緗函坼畫居。鼓鼙遙恍惚，汜濫玼居諸。義不金鄉信，文嫌珠塚臚。歐胸躭虎變，決眦上狼胥。夜半茶杯罷，立忝醬瓿初。紅香乾棗脯，紫膩蕪菁腒。蝨嬾忘繩榻，雞勤到綺疏。春秋看識穩，五十覺心虛。底事金鼎構，單知玉海魰。酸鹹堅命蒂，糟粕淨神廬。白露清天宇，黃花痛日車。昨年苦凷冷，今日練緣舒。手澤依籬展，新醅謝客醵。慰愁孫病起，奇氣正充閭。不抱龍丸餌，全聞虎子噓。崢嶸摩額角，抖擻插茱萸。〔二〕弧矢刪吾輩，昂藏得尔儲。憂思休晉蟋，世業未曹蜍。「萸」字正韻。

楓丈生日卽事，率爾廿四韻，展誠求政。弟山。

黑崖壓紅樓〔三〕

黑崖壓紅樓，崖威樓亦僥。偏得木心癯，批烟隱鐵杖。譎樹拏古虯，矗過夔莫擋。霙松伏仙苓，

〔一〕此篇據于楓明代扇面畫之監藏魅力所刊扇面照片釋文，載藝術市場二〇一三年十二月號（上旬刊），總第一六七期，署北京保利供圖。由葛敬生先生整理，因與本書戊申楓仲生日卽事廿四韻文字基本相同而略異，非同一次所書，故附於前文之後。傅山全書初版本未收。

〔二〕「抖擻」二字，原爲「煜爍」，又改爲「抖擻」。

〔三〕此篇據上海圖書館藏手稿釋文。標題爲編者所加。傅山全書初版本未收。

深根庋玄鑲。站站三青峰，撲眉浮海上。畫眔眞道師，块圠誰埽蕩？　僑黃人山。

慶壽〔一〕

乾坤惟此事，不論古于今。一盞酡雙白，三春草寸心。中山兔筆在，大醉渾淪尋。儉食中丞舊，家聲漢代蔭。杯深雲月戀，彩舞雀翎綅。世界茲難壞，和同涉入吟。

慶壽詩爲旭翁老年丈勸觴。　僑黃老人舊年家弟傅山。

題扇詩四首〔二〕

有鳥自南來，毛竊翮易傷。焦朋失其羣，日夜號秋鏘。渡淮不食蛤，躑躅飛樓桑。桑乾河水歇，黃棘稠漁陽。藺藺道旁左，半氣如烟霜。豈不露矢性，鐔笞剡貴藏。薊丘三十年，一別成參商。新豐不識市，古路多青蒼。霍氏門棨戟，狐鼠何蜋蜋。魏莫平津館，各自開壖墻。富貴鬼嘯雨，興亡鳥嘷颸。長安昔朱門，一一虎豹將。前揖問所知，黑齒嶷角張。何期青龍寺，得賦高軒翔。金精合石液，紫氣達赤芒。一體互烘焰，兩精相激昂。一

兒氣昔如虎，束錦通經書。十五颸鼻吟，二十文捽茹。繡錯鄙韓地，金價輕秦渠。公乘信有言，故方不可居。絕力鞭神臧，瀰瀰不得徐。自擬制勝策，審卜豈奪糈。俯視宋忠輩，僅能自上車。何

〔一〕此篇據上海博物館藏立軸整理。由竇元章釋文。標題爲整理者所加。傅山全書初版本未收。

〔二〕此篇錄自嶺南美術出版社傅山書翰精選一九九五年版，由竇元章整理。傅山全書初版本未收。標題爲編者所加，因此四詩書於一扇面，故用此標題。

爲田家旱，龜坼不可鋤。相如渴欲死，白首賣子虛。蜾匾空躊蹈，鼎沒終淪胥。涷鐵澀猶叫，青燈走蜕魚。明月秋士賞，其念晦蝕餘。二

龍門升高桐，瀍澗供周楨。申伯仲山甫，河嶽爲列精。聖人亦貴才，此言自莊生。幼壯淑夫子，天坍掌孤撐。皇頡與沮誦，造字不及盈。二王無臣法，居然大小令。咸誒不可作，猶聞夔鼓鳴。雷獸骨驚橛，彭彭發天聲。三千餘歲古，八十一家名。滈池燒不盡，薪燼火益明。聖心不在石，腹出爲醇英。劊子劈渾沌，白月喝倒行。小子何人斯，幷席股敢横。三

辟客猶辟租，躭友如樂醹。菜市一片土，殺人成血⿰氵⿱舌皿。殘客不敢睨，攬我席上餁。燐火雜魈舞，鬼彈夜脱弧。霜白迷洋洋，草瘦人馬枯。微語漏斷外，欲我悲困蘇。傔從頻趣駕，不畏執金吾。起視北斗粲，徑下接微軀。四　眞山。

遠客惡離曲〔一〕

遠客惡離曲，孽鴈惡弦聲。弦聲落鴈翼，離曲傳客情。客行萬里遠，去去何時返？鞍馬跳踱勞，宛宛向日晚。居人掩閨臥，僕夫中夜飯。和冰不弭渴，絺絡不禦寒。絲竹滿坐歡，不解遊子顏。遊子在他鄉，哀影空自長。大鵬翼垂雲，而蒙嗤赤鷃。蘭蕙豈不芳，零落同薔莧。貞則抱忠誠，伯蘭乃讒間。宰嚭售奸欺，伍員徒苦諫。金石猶鎔鑠，萋菲爲旣患。中情一睽離，安得迴清眄。沾義不我虧，殷憂淚汎潸。袖裏尺素書，願托雲中鴈。

癸卯秋八月書於薔盧之東軒。傅山。

〔一〕此篇據山西省圖書館藏手稿釋文，由范月珍整理。原稿無題，標題爲編者所加。傅山全書初版本未收。

庶幾遂吾生〔一〕

不願此夜頭，吾於月之情。風雨晴得好，黑雲占檐平。瓜愚稱羞惡，蕭鼓無飄聲。援外老莊家，偕殺塒中鳴。無俚縱口腹，託言供月饑。貧饞亦可笑，無知吾何爭。夜半風益厲，愁傷弱蘭檯。早起問無恙，版牀裝始登。既見勤溉鋤，庶幾遂吾生。

陳情頌德〔二〕

不賣狂奴態，何須大澤裘？時常城市到，亦復米鹽求。始悔臨摹誣，幡然筆硯尤。虛名成役役，大道累悠悠。所願生全足，深藏竟不周。寒貧分已定，鮑叔試爲籌。語向仁人盡，情于豪傑投。謬要知己顧，感激淚難收。

野老〔三〕

野老殘年逼，柴門性命偷。那堪七十外，復作幾千遊。筋骨皆牽率，形神半去留。怕眠難得睡，見飯每生愁。前者猶能杖，於今動卽搊。暗知朝夕異，決不死生憂。卽使籃輿去，其如道路休。兒

〔一〕此篇據山西省圖書館藏手稿釋文，由范月珍整理。原稿無題，標題爲整理者所加。傅山全書初版本未收。
〔二〕此篇據山西博物院藏手稿釋文。傅山全書初版本未收。
〔三〕此篇據山西博物院藏手稿釋文。標題爲編者所加。傅山全書初版本未收。

孫仍勸勉，藥餌共沈浮。自笑何如此，吾生亦可羞。安排知大夢，久已悟浮漚。愷悌憐衰疾，高明際戴侯。荒村騎瘦馬，蒿逕卻前騶。無異家人待，還寬禮數優。沈綿勞慰藉，佳政見風流。伏枕頻加額，微軀獲首丘。當時豈敢傲？薄劣命真由。

與艮貞道人〔二〕

沅芷漱曾瀾，湘蘭沐香風。江山動文藻，杜詩涌素胸。干請傷直性，詠歎每自衷。微言所不昧，清雷醒吾聾。語次數漫笑，其中不必窮。人其擬伯始，我覺異中庸。漂泊何足苦，先師一旅翁。回光發佛性，覺悟無西東。日月至今在，續以心鐙紅。楞嚴許若讀，不在清齋中。

題尺木禪師影堂壁韻依秦天章時辛酉首夏之吉

重過沁土一瞻依，莫扣阿師臆可思。尺木焉支天半傾，寸才安駕地全欹？東西落魄亡家狗，南北章皇失類麋。短髮已非豪傑志，長鬚何事丈夫爲？弔場形影無生有，轉面門楣正幻奇。覰破機關容著足，收回鉤綫縱便宜。歸趺拳石赧身死，垂訓聾癡恧自欺。明月清風遺恨在，千秋萬禩屬誰知？

〔二〕此篇據張學良先生定遠齋藏手稿釋文，由堀川英嗣整理，傅山全書初版本未收。

如開士闢經臺[一]

聞闢經臺祇樹林，愁予雪栝被凌侵。何當方礙承仁術，領尔圓通有佛心。嫵媚老如還了更，詩篇漫興忽于今。冰霜古豈明緇撮，茗果清聽拂玉琴。看去天親無艸木，情來兄弟獨蕭森。龐眉渣倒終年得，鱗甲扶德不日尋。俯仰枝柯連好在，爲渠行坐白頭吟。

不過主禪院四年，傳院主一如終始（以下三十餘字不清）謝如開士。傅山。

[一] 此篇據日本清雅堂藏傅山手稿照片釋文，由堀川英嗣整理。因照片左下部模糊不清，跋文大部無法辨認，須待親見者補正。傅山全書初版本未收。

卷十四　五言絶句

古意二首

乾坤既有郎，〔一〕不可郎無妾。請郎腰下劍，看妾頸上血。

郎有萬里行，不得隨郎去。郎若封侯歸，一盞酹儂墓。

題自畫竹與楓仲

一心有所甘，是節都不苦。寥寥種竹人，龍孫伏何所？

題自畫蘭與楓仲

幽德不修容，放意弄水石。香隣無藩籬，喜逃人採摘。

題徹上人扇

畫我白蓮花，換若紅蓮藕。妙法互權實，佛性各含有。

〔一〕「既」，丁本作「即」，據他本改。

題酒人适畫

酒人瓶正罄，有客勸丹青。呵涷寫寒色，臙脂一滴醪。

題獨枝牡丹

太眞含玉魚，朝倚沈香欄。繡領張家燕，青蓮應見酸。

題墨牡丹〔一〕

何幸富貴容，得入高寒筆。君子無不可，亦四素之一。

梅〔二〕

何必林和靖，幽情矜不期。蘆溪人去已，寒韻寓瓊枝。

眞正少而貴，知希亦何方？亦幸生北土，〔三〕未極於濫觴。

〔一〕此篇錄自傅青主書札墨拓，由谷錦秋重校。霜紅龕集拾遺、劉、丁、王本收錄。上海圖書館藏此詩手稿，但無題，並將題墨牡丹、梅、無題（皓氣亦皆霜）四首合寫於一頁上。本書新收題梁檀花卉畫册第一首與此詩文字相同。

〔二〕此篇錄自傅青主書札墨拓，由谷錦秋重校。霜紅龕集拾遺、劉、丁、王本收錄。上海圖書館藏此詩手稿，但無題，並將題墨牡丹、梅、無題（皓氣亦皆霜）四首合寫於一頁上。本卷新收題梁檀花卉畫册第三、四首與此詩文字相同。

〔三〕「北」，上海圖書館手稿作「此」。

失題〔一〕

幾株老杏裏，小塞小草亭。〔二〕柳陰不密處，微露側峯青。

無題〔三〕

皓氣亦皆霜，豈不成好句？一發金元時，不解爲誰負。

瓶花落瓣黏筆戲爲艷體〔四〕倩答小曲。

顏色足可惜，白丁那得知。倩君五色心，要作憐香詩。（花倩筆）

我非鄭子晳，見爾强委禽。方磨盾頭墨，暇爾香奩吟。（筆答花）

鬚髯恁如戟，何無丈夫情？不聞文君來，相如檄不成。（花又倩筆）

紫釵掛我冠，定是江淹夢。雲霞出鳳毛，休作江南弄。（筆答花）

〔一〕此篇據鄧寶珊藏手稿整理，霜紅龕集劉、丁、王本收錄。

〔二〕此句，霜紅龕集各本作「山塞小茅亭」。

〔三〕此篇錄自傅青主書札墨拓，由吳連城先生釋文，谷錦秋重校。上海圖書館藏此詩手稿，詳見題墨牡丹詩校注。本書新收題梁檀花卉畫册第二首與此詩文字基本相同。

〔四〕此篇據山西博物院藏手稿整理，由吳連城先生釋文，谷錦秋重校。

無題〔一〕

摘得紅梨葉，薰作甜梨香。山齋一清供，聞性帶霜嘗。　眞山書。

無題〔二〕

圓相寫魚字，何如寫龍字。龍字敢逆鱗，抹魚拔卻刺。　傅山書。

五峰山小詩〔三〕

時事不代謝，僊山何怒哉？終年無人過，丹崖雲自來。
柴荆白上日，溝壑黄彫柳。不見道人來，灘聲過谷口。
地靜塵烟遠，山高景物清。遙遙一池水，中有風雨生。
慧業能修否？蒲庵蘊道眞。我來重禮佛，題偈問前因。
靜室度幽香，高樓鍾鼓寂。石上說法人，何年此遁蹟？
高舉羣麇鹿，名山謝世情。小樓雲不卷，流水一聲聲。　僑黄老人傅山書成句。

〔一〕此篇據山西博物院藏立軸手稿整理，由曹玉琪重校。
〔二〕此篇據山西博物院藏立軸手稿整理，由曹玉琪重校。
〔三〕此篇據濳蘇集帖整理，各本誤入我詩集中，題作「畫蘭戲題」。

庭樹搖風絲，銜泥雙燕語。石榻塵不飛，華露零如雨。
遙峰月半輪，洞門鶴一隻。獨坐小囪寒，百頃風潭碧。
青山我自來，青山我自去。一路石泉聲，不見人行處。
厓外遇幽人，問爾奚爲者？一笑過松間，雲深何去也？
柳葉剪春風，薔薇滿徑紅。解鞍重飼馬，歸路月明中。
小立寒林下，蒼涼薄暮天。不知人到否，樓外一燈懸。
弦歌今夜宴，冠帶舊時遊。風月常如此，茫茫野草秋。

題自畫蘭寄彪西〔二〕

種蘭百丈崖，幽戇不能改。峻嶒復芬芳，旁人那得採。

華汥〔三〕

華汥不辨容，舟沂暗卷語。弱能想洛神，愁眉類湘女。

山。

〔二〕此篇據潛蘇集帖整理。
〔三〕此篇據山西博物院藏篆書立軸釋文。標題爲編者所加。傅山全書初版本未收。

蕙樹〔一〕

蕙樹支離字，膏酥任命棊。輸贏原外局，篆隸獨臨池。

水上月華明〔二〕

水上月華明，輕舟雨夜行。樓頭聞擊柝，已到秣陵城。

書爲東周先生。傅山書。

白沙荷葉底〔三〕

白沙荷葉底，獨在臥鴛鴦。不防風露打，復飛紫蓼傍。

書博野老詞宗笑政。眞山。

〔一〕此篇據山西博物院藏手稿釋文。標題爲編者所加。《傅山全書》初版本未收。

〔二〕此篇據晉祠博物館藏立軸釋文。標題爲編者所加。《傅山全書》初版本未收。

〔三〕此篇據晉祠博物館藏立軸釋文。標題爲編者所加。《傅山全書》初版本未收。

桃花放小紅[二]

桃華放小紅，梨花墜老雪。黄鸝選好枝，睍睆唱曉月。　山。

我有便意話[三]

我有便意話，不敢出諸口。恐爲鬼神責，三緘聽臧否。

此「否」字，經生家以爲不得讀如「可否」之「否」，偏辭也。其實兩韻通押。

題梁檀花卉畫册[三]

牡丹[四]

何幸富貴容，得入高寒筆。君子無不可，亦四素之一。　眞山題。

[二]　此篇録自山内觀編傅山の書法，日本二玄社一九九八年版。由堀川英嗣釋文。標題爲整理者所加。傅山全書初版本未收。

[三]　此篇據上海博物館藏手稿釋文。傅山全書初版本未收。原稿無題，標題爲編者所加。

[三]　此篇據雅昌拍賣網載中國嘉德國際拍賣有限公司二〇一〇年春季拍賣會之傅山梁檀書畫合璧册頁釋文整理，標題均爲編者所加。傅山全書初版本未收。

[四]　本卷題墨牡丹詩與此首文字相同。

附：梁檀題自畫牡丹

威儀不必頻粧點，香霧猶濛天上煙。更取莊嚴清世界，百花草得與爭先。梁檀。

菊〔二〕

氣勢已無霜，豈不成好句？一發金元時，不解爲誰負。山題。

附：梁檀題自畫菊

依稀猶憶少年時，冷落窗前開一枝。寫作秋容圖畫裏，與君晚節正相宜。梁檀。

竹〔三〕

眞正少而貴，知希亦何方？亦幸生北土，未極於濫觴。山題。

附：梁檀題自畫竹

淡墨濃煙與不移，有時親寫兩三枝。曉來報我平安信，掃石高齋共爾怡。梁檀。

〔二〕此首與本卷無題（皓氣亦皆霜）文字略異。

〔三〕此首與本卷梅第二首文字基本相同。

梅〔一〕

何必林和靖？幽情冷不期。蘆溪人去已，寒韻寓瓊枝。　山。

附：梁檀題自畫梅

前身定是林和靖，隱落孤山興正驕。疎影獨憐明月共，暗香猶自雪中飄。　梁檀。

〔一〕　此首與本卷梅第一首文字基本相同。

卷十五　七言絕句（一）

紅葉樓〔一〕

古人學富在三冬，嬾病難將藥物攻。江泌惜陰乘月白，傅山徹夜醉霜紅。

僧院芍藥

評唱松枝麈漫歌，老僧淺語示娑婆。一叢芍藥清涼地，開較城中日數多。

足夢中句〔二〕

除夜新開五色雲，飛僊款乃玉樓聞。赤曇雯素衣霄漢，不是懷中疋錦文。〔三〕　傅山。〔四〕

〔一〕劉本注：「此從手蹟錄。抄本『傅山』作『橘翁』，『在』作『屬』，『徹』作『長』。注『甲戌詩』，疑誤。」編者案：此首之前，霜紅龕集與傅山全書初版本尚有一首黃壚。因上海圖書館藏手稿中有青羊菴四首一篇，其中第三首即爲黃壚。可知黃壚乃青羊菴四首中之一首，故併入本卷青羊菴詩中。

〔二〕此篇據北京故宮博物院藏立軸手稿整理，霜紅龕集各本與傅山全書初版本收錄。上海圖書館藏青主手稿中亦有此詩，文字相同。

〔三〕「疋」，故宮博物院立軸作「匹」。

〔四〕「傅山」二字，霜紅龕集各本與傅山全書初版本無。

意中人行

玉蓮冠子渲雲層，雪襯霞裙蘭氣生。淺黛暈矑矉不語，海棠花底弄哀箏。

怨詩行

春雲薄薄雨絲絲，偎著罏香想別離。奩鏡鋪排怕梳洗，低低嘯學四聲兒。小鳥名，嘯聲堪聽。

河邊

沮洳河邊春澤灣，踏春女兒行步般。深紅帘尾輕搖雪，淺渲雲頭重度山。

臨街樓上

臨街樓上材官家，抹頞玄綃紫髻袤。〔二〕白馬少年樓下過，闢窗滴瀝弄琵琶。

子夜三首〔三〕

鳳嘴紅燈照錦屏，夜深軟語勸歡聽。憐歡恩愛因儂重，儂勸儂歡誦佛經。

〔二〕「玄」，丁本作「元」，據晉四人詩、張本改。

〔三〕此篇據山西博物院藏手稿釋文。由曹玉琪重校。霜紅龕集張、劉、丁、王本收錄。

爲歡解黏解不成，誤將綺語結無明。〔二〕小團祕密聞回向，並蒂蓮花願往生。
不肯編排打扮儂，鏡旁諜駕鬉春風。道儂無復當憐處，恭喜儂歡天眼通。

宮詞二首

官家行幸祕書樓，親把縹緗幾部抽。黄絹斜封題御押，内宫捧出翰林讐。
影娥池上泛龍舟，簫鼓聲留高樹頭。怪得蟾光明似昨，算來此夜是中秋。

宮辭五首〔三〕

余少時作宮辭百首，藁爲錢子公則持去。今不復能記，略有數首在胸鬲間。猶之乎迦葉聞箏，業習之難忘也如此。

綵鼇高結上元天，海肺膏燒星斗烟。十閣五樓明徹夜，時驚天子醉中宣。
牡丹春莫滿宮香，聖製親題四五章。發與教坊連夜譜，賞花宴要唱新腔。
秘閣標題請聖書，龍蟠鳳翥不籌躕。僊毫濃醮瑜麋墨，先草金箋賜婕妤。
影娥池上汎龍舟，簫鼓聲流高樹頭。怪得蟾光明似昨，筭來此夜是中秋。影娥一首，可作宮怨讀。
千葉桃開錦也迷，花棚支起玉階西。自從官裏頻頻看，鳥雀飛來不敢棲。

〔二〕「誤將」，手稿又作「又添」。
〔三〕此篇據蘇州博物館藏手稿釋文，由竇元章整理。傅山全書初版本未收。標題爲編者所加。第三首與前宮詞二首之二文字基本相同。

七夕

悵望天青漢水光，雲鬟風袖動微涼。要知無限相思意，不是人間空斷腸。

梅房

碎屑沈香不惹塵，水簾冰簟切相親。平分一榻羅浮夢，鞲扇搖來都是春。

小溝怨二首

風輕河柳淡黃蛾，淚拍無聲懊惱歌。草綠秦淮騮紫亂，幾家香閣試春羅。

布裙不是倚門妝，深雪寒爐下小窗。早解春風不作美，提筐抱甕有糟糠。

元日雪二首戊寅。

地寒愁是見花遲，素藹東風作細枝。沾脣畫閣屠酥酒，徹骨青氊池草思。

弟勸兄酬爲覺寒，輕瓊低舞近春盤。一年水旱應無準，明日新晴早起看。

新月

晚臨銀漢爲誰顰，金縷迢迢度結璘。料得別來三五日，瑤臺新有畫眉人。

月畫

月畫槐枝作老梅，離奇一筆拂窗開。解衣畫史三更醒，夢自羅浮香裏來。

亭亭怨七絕

芍藥乾嬌不會歌，亭亭低唱撥琵琶。著意調歡歡不采，傷心悔作小山花。

怨殺風魔道士誒，無情無禮脫歡鞵。共聞歡笑道歡喜，儂察聲音是惱來。

惱得儂歡不理論，催吹燈炧悄開門。儂才擬暮西山雨，歡已先朝南浦雲。

歡就要行儂好扯，恨無一語對儂呀。東牀會有憐香老，深抱雲娘打大家。

懊儂家住洳河傍，九曲河渠九曲腸。一曲恨郎遺我去，爲郎八曲計踉蹌。

也想援歡不分援，呪教風雨打前村。打轉郎來儂不禮，仰仰冀冀就儂温。

歡再來時儂行觴，不彈不唱罋青楊。但拈一句新語好，天壤之間有王郎。

僧房芭蕉〔一〕

僧房不許坐娉婷，鬟髻樓雲照眼青。斜月函窗修玉立，撩人怕是綠摩登。

〔一〕劉、丁本注：「平陸作。」

青羊菴四首〔一〕

芟蒼鑿翠一菴經，不爲瞿曇作客星。既是爲山平不得，我來添尔一顛青。〔二〕

纓松絡柏絮團涼，紅葉樓頭雨氣香。山下村墟看不見，〔三〕山南山北響淙淙。

黄壚短阮偶來賓，〔四〕領取松香細細醺。〔五〕睡起蒙天無俗弄，南窗斸住一峰雲。〔六〕

幽花爛漫鬬春暉，菴主扶藜啓石扉。暝雪團團山薝蔔，香風陣陣野薔薇。〔七〕

〔一〕本篇題名，霜紅龕集張、劉、丁、王本與傅山全書初版本均爲青羊庵三首，因新發現上海圖書館所藏青主手稿中，有青羊菴四首一篇，除各本所收三首外，尚有「黄壚短阮」一首，而在各本中均題名爲黄壚，置於本卷之首。現據手稿合併於此。編者案：青羊庵詩或初爲三首，後或因「黄壚」詩亦在青羊庵作，故合併爲四首。張、劉、丁、王本注：「庵在崛嵎山南面松林中，又名七松庵。」山西博物院藏本篇第三、四首立軸，鄧寶珊藏手稿中有本篇第二、四首。

〔二〕「顛」，霜紅龕集張、劉、丁、王本、傅山全書初版本作「峯」，晉四人詩本、晉祠博物館藏石刻拓本、上海圖書館藏手稿作「顛」。

〔三〕「墟」，上海圖書館藏手稿作「墟」，他本均作「屯」。

〔四〕「偶」，上海圖書館藏手稿作「偶」，他本均作「苦」。

〔五〕「醺」，他本均作「薰」。

〔六〕山西博物院藏立軸末署「傅山書」。

〔七〕山西博物院藏立軸末署「山書」。日本二玄社一九九八年版山内觀編傅山の書法亦收有此首大草立軸，文中「暝」寫作「煖」，末署：「青羊庵三絶之一，書似文翁詞宗政教。傅山。」堀川英嗣校。

元日齋中坐雪二首〔一〕壬午。

新春新雪早開花，簾捲冰鑪煮舊茶。片片飛環書架舞，一林文翰玉生芽。
一望西山玉立臞，春風小蕊佐屠酥。樹頭樹底娟娟舞，絕勝梅花一萬株。

程生二首

華髮程生吹洞簫，一聲兩聲不肯高。生怕陌頭好楊柳，明春三月嬾抽條。
月中流韻過南村，定有蓮華卷葉聞。應念龍鍾老簫史，吹來孤雁落行雲。

代尪尪贈程生二首

憑著鸝簧老不孥，輕輕唱亂鬢邊鴉。兒郎儘有秦淮曲，聒殺巫山夢越遐。
年少休言玉倚葭，一寒一�惹人嗟。春秋多歷情能老，霜葉眞紅二月花。

爲楊穉卿畫扇戲題二首

畫詩放肆臙支濃，幾筆離奇一朶紅。岡北蓮花不離眼，長條楊柳蕩春風。
垂楊攬定木蘭舟，遠採蓮花岡北頭。多少鴛鴦飛不到，一絲寒露踏深流。

〔一〕此詩第二首與本書卷十六題自畫陽泉四景圖中的陽泉冬雪文字基本相同。

好客

好客頗同香火會，清談總是鵬鴣辭。不如枕上尋生計，午夢酣時花影移。

失題

淵明賞菊千峯翠，張旭題詩一道煙。夢裏人聲囮去也，歸來依舊月當天。

失題〔一〕

風花霧柳恕分明，勉一攤書老眼瞪。無可奈何難字過，蘱傞漫引杜先生。傅山。〔二〕

社鼓龍王鬧野雩，殘書抛卻杖還扶。〔三〕愁無角牴酬花眼，誰好鏖槽俯竈觚。竈觚見莊子逸篇。〔四〕

綿羊生片美于酥，踏破神州園裏蔬。世界人俱羅教授，東垣何處賣葫蘆？

赤箭長牙大乾紅，射干鋒利不張弓。虎撐有待千金翼，甘草三分與衆工。

蘆芽秋雨白銀盤，香簟天花膩齒寒。回味自聞當漱口，不知珧柱美何般。

〔一〕此篇除第九、十、十二、十三首外，均據晉祠博物館藏手稿整理。第二首據遼寧省博物館藏立軸校勘。霜紅龕集拾遺、劉、丁、王本收録。

〔二〕落款二字，傅山全書初版本無，據晉祠博物館藏立軸補。

〔三〕此聯，遼寧省博物館藏立軸作「龍王社鼓鬧村雩，抛卻殘書也杖扶」。

〔四〕此注，霜紅龕集各本與遼寧省博物館藏立軸均無。

藏孤山上好松華，別一蘑菇雋老牙。嫩脆葳蕤和露摘，椒油芍藥妙無楂。

篆籀龍蟠費守靈，三元八會妙先形。一庵失卓無人境，老至才知不識丁。

柏高純氣與天關，充塞虛空足不般。萬里雲霞渾實地，逍遙蜚遯在天山。

黃庭中人衣朱衣，丹竈微微火候幾。功到九還龍虎會，鈞天宮徵五雲飛。

子山遂有不能安，五字回還苦海瀾。此意從來誰解得，懷沙惜誦久開端。

二月羊皮戀老頭，龍鍾看著杏花羞。夕陽山色深松好，布裹皴皮一衲休。

臨泉片甲委泥沙，猶帶難馴性莫拏。小憩每依簾下立，藥行認作紫梢花。

連朝好雨綠山川，拄杖欹危看種田。樹下一眠消午飯，搖樓打砘也神仙。

隄行二首

霜醉河灘草面酡，〔一〕西山一帶紫縈嵐。老人冷性耽秋豔，〔二〕紅樹看看羃小庵。

金蕊三稜紫芥蘇，野葒黃菊粉慈姑。一張秋錦華無賴，帶水連隄五色鋪。

三道河二首〔三〕

三道河邊春可憐，桃花一曲起紅煙。老夫不解先生樂，將謂偷閑學少年。

〔一〕「酡」，丁本作「頷」，據晉四人詩、王本改。

〔二〕「老人」，張本作「道人」。

〔三〕此篇第一首據山西博物院藏手稿，第二首據太原段帖整理，均由曹玉琪重校。霜紅龕集張、劉、丁本收錄。

燒春野老醉桃花，花底酡顔隱壽麻。〔一〕黄鳥一聲紅夢醒，半鐺石壁碧雲茶。

崛㠑石磴〔二〕

石磴鳴笻戛磬微，松風輕拂緑琴徽。玉鞵拾級穿雲鳥，〔三〕一徑天西是崛㠑。

崔相〔四〕

洵山無口䵷如羊，歌舞黄囊自帝江。崔相卅年不曾道，〔五〕聰明眞不在文章。

聽吴歌

醉後參横舊晉墟，將軍明晦事何如？吴歌子夜隨人聽，獨自傷心越絶書。
崑山絃子水晶簫，花月春江槳漫搖。哀思縈迴清客夢，大風傖耳倩誰撩？

〔一〕張本注：「古仙名。」
〔二〕此篇據山西博物院藏手稿整理，霜紅龕集各本與傅山全書初版本收録。
〔三〕「玉」，傅山全書初版本與霜紅龕集各本作「芒」。
〔四〕此篇據山西博物院藏手稿整理，由曹玉琪重校。霜紅龕集張、劉、丁、王本與傅山全書初版本收録。
〔五〕「不曾」，霜紅龕集各本與傅山全書初版本作「曾不」。

宿水

空中不會起波瀾，羼沸魂亭一沼酸。爲讀屈平騷不盡，汨羅江汜到心肝。

題龕

一夢箕陵自曲肱，離家萬事總如冰。龕中老母眞吾佛，心擬龕前日月鐙。

口號十一首

江南江北亂詩人，六朝花柳不精神。盤龍父子無月露，縈攬萬衆亦風雲。

遺民胷中無半人，謝安王坦勞其存。有唐雲叟不識字，友誼區區屬李振。

太原人作太原僑，名士風流太寂寥。榆次頗諳有孫盛，昭餘不信產温嶠。

莊生原不是荒唐，只爲天才莫敢當。匠石有斤須得質，五車惠子亦多方。

有我讀書苦殺我，無我讀書喜殺書。褊心小膽自有分，公道終當屬老夫。

今古風流論不勝，門庭蕭索足深情。此時久已非東漢，猶喜區區黨錮名。

犯禁微登議劫樓，雲章琅篆駭凡眸。龐眉道士詒單紙，高尚眞書鶩尾收。

高尚名歸義士羞，只緣人見彼王侯。鈎除巢許嚴陵老，隱逸眞堪塞九州。

六朝人物景宗豪，競病詩驚瘦沈腰。口角若無曹植氣，筆端爭似呂虔刀？

雲間兄弟自高才，道眞聾老不聞雷。長柄胡蘆休怪問，何如不向洛中來？

晨鐘當地徹心涼，太白崔咸淚兩行。枕上冷醺三白酒，一天明月雪和霜。

題松上舞鶴

萬里雲霄忽倦飛，龍鱗偃蓋早知歸。風來隱隱陶洪景，靜對軒軒丁令威。

晉祠雜詩〔一〕

濛騰陰霧濕如泥，隴阪雷轟燥老脾。藥餌方書停越婢，春風花酒鬧吴姬。
瞿塘日日下驚濤，萬里春風打毿毿。華霧樊川清月暗，鬬心啼破小櫻桃。
瀫雨西風日夜號，山河花柳壯鈐韜。老人不動旁觀火，秦策何妨作魯皋。
霧柳霾花老眼憎，〔二〕雲陶隱睡撥鷄鳴。〔三〕晉祠三日無吟興，只憶觀瀾智勇生。

挽梁節婦五首

決絕芙蓉不避霜，倒飛紅影墮寒塘。玉欄千葉蓮花現，不是人間粉黛香。
一歲孤兒早不提，寒泉乾淨緑淒淒。吹簫分外加憐惜，碧血生苔詎忍泥。

〔一〕此篇第三、四首據晉祠博物館藏立軸釋文，第三首末署「傅山」。霜紅龕集張、劉、丁、王本收録。傅山全書初版本據霜紅龕集各本收入五首，但第五首「茅亭自得陶公筆」爲明李夢陽詩，故删去，得四首。

〔二〕「憎」，丁本作「瞠」，此據手稿。

〔三〕「隱」，傅山全書初版本與霜紅龕集各本均作「穩」，據手稿改。

風雨陰森插白虹，菱花水底照雌龍。東京五噫梁家婦，就向要離塚傍封。
菱花碧血黯愁雲，泥裹金釵小鳳分。殘月不明孤雁叫，銀牀風雨倚湘君。
冰鱗雪甲五湖通，菩薩深□願力中。龍女抱珠高放下，爭迎霜節入龍宮。

題杜越手書爲杭孺人殉葬輓詩後〔二〕

冰鱗雪甲甃寒潒，菩薩深蟠願力中。龍女抱珠齊放下，爭迎霜節入龍宮。
綺欄斷綆結愁雲，鈿鳳釵鸞碎不倫。殘月不明孤鴈叫，銀牀風雨見湘君。

太原傅山題，時七十八歲。

失題

夏靡已作有窮靡，二國收餘復爲誰？□□恢功且休論，伯明讒子實天機。
豎拂揚眉坐已登，還思吟詠掇詩名。西方得錄宗師棒，東國偏遙亢父亭。

借畫爲賓從絶句

泖湖詞客妙丹青，吹落鬖頭幾片零。飄渺三林三十乘，留連點綴故人情。

〔二〕此篇據晉祠博物館藏手稿釋文，由任志祿整理。此二首詩爲前篇第四、五首稍變而成，故置於此。

村居雜詩〔一〕

鄭重聞聞偈子賡，奈何落葉捲多情。左來不是純音地，落得風聲雜水聲。

簾前五色好花屏，省得風憐萬里瞠。〔二〕妙在色塵眞不得，〔三〕秋毫能見作麼生。

老人曳杖出門去，〔四〕布襪芒鞵不怕泥。行到前村石橋上，春冰映綠柳條齊。

草亭霎柳淨檀欒，秋雨沈綿綠影寒。村酒養和剛一盞，不知何物是鯇桓。〔五〕

强奬村亭似畫圖，寂寥尋取興頭扶。陰晴不住烟嵐過，眞个雲山湧坐隅。〔六〕

檀欒水蓼能秋寒，病葉離披一翦殘。留得梢頭紅穗子，臙脂楊柳隔窗看。

芒履蓑衣去摘花，雪霜璀璨滿輕車。歸來莫帶愁顏人，紅樹林中有酒家。

饕餮蚩尤婉轉歌，顚三倒四眼橫波。兒童不解霜翁語，〔七〕書到先秦弔詭多。

從來老筆不降錢，不信於今會點鉛。提罐罐提紛衆妙，休教野鷲入雲煙。

〔一〕此篇第一、二、四、五首據山西博物院藏手稿整理。手稿第一首題作「慰耳」，第二首題作「慰目」。第四、五首題作「村居雜詩」，傅蓮蘇抄本題作「西村雜詩二絶」。

〔二〕張、劉、丁、王本注：「起二句，一作繁華簾外四時榮，夾霧和煙不著名。」

〔三〕「得」，傅山全書初版本和張、劉、丁、王本均作「礙」，據手稿改。劉、王本注：「礙一作得。」

〔四〕「老人」，張本作「道人」。

〔五〕日本二玄社一九九八年版山内觀編傅山の書法收有此首詩大草立軸，文中的「村酒」作「紅酒」，末署「傅山」。

〔六〕日本二玄社一九九八年版山内觀編傅山の書法收有此首詩大草立軸，文字相同，末署：「學亭弱丈老人，終日偎倚其下，不欲落寞，湊舊杜句自遣四首之一。七十八翁傅山。」

〔七〕「翁」，丁本作「紅」，據他本改。

無端筆硯業緣多，不敢胡塗説換鵞。這爲世情難決絶，鶩書終日替奔波。

卽事爲沙溝住持本空書綾

一擔秋黃結萬緣，從他口裏辨酸甜。擔頭空了輕輕放，切莫矜誇滿口鹽。〔一〕

點污八絶句〔二〕

點污冰絲杼軸寒，馬頭娘子怨傷殘。眼花手顫連朝寫，合作三山杏櫳丹。一〔三〕

榆莢連綖總不虛，乞教升斗好相於。誰家牆上遮塵土，識業聊當寫募疏。二

籬頭筆觜凍裩襠，挨得春風過短牆。葛屨故人霜怕了，渭城嬾復逐兒郎。三

天津橋上弄猢猻，弄罷深深各閉門。欻地杜鵑啼滴血，燕山眞有未招魂。四

傀儡提罷憶燕雲，香豆科牙想殺人。大鹵城中蒼鶻亂，磕瓜漫擊髯參軍。五

北平不合姓當塗，十畝桑間影遂孤。象揥誰能連鬢摘，黃童雖虐惹盧胡。六

蒿艾叢生固殺魚，〔四〕蒺藜隨長不勝鋤。道人賣雨無符呪，濃醮隃麋畫墨豬。七

〔一〕劉本注：「雪崖曰：本空同十二人事禪師某，道成，各立禪宗，卓錫沙溝，以無字疏募。先生書其上，訂方外交。嘗以桑椹問先生。使者沿途食人，僅貽空擔，故有此作。末題本空要字，卽與書之。」

〔二〕此篇據鄧寶珊藏手稿整理。

〔三〕每首下的數字，傅山全書初版本脱，據手稿補。

〔四〕「固」，傅山全書初版本誤作「涸」，據手稿改。

瘦硬通神且莫提，柔毫黝黊任東西。憑誰挂面秋風刮，櫟上家雞未下棲。八

南帆高興，試一和之佐酒，略破岑寂。龍池弟子聞道下士眞山具草。

附：點污（詩稿本）〔二〕

點污冰絲杼軸寒，馬頭娘子怨傷殘。眼花手顫連朝寫，合作三山杏轍丹。

榆莢連綖總不虛，乞教升斗好相於。誰家牆上遮塵土，識業聊當寫募疏。有索書爲救貧計者隨草。

籬頭箄觱凍袓襠，挨得春風過短牆。葛屨故人霜怕了，渭城嬾復逐兒郎。

天津橋上弄猢猻，弄罷深深各閉門。欻地杜鵑啼滴血，燕山眞有未招魂。

傀儡提罷憶燕雲，香豆科牙想殺人。大鹵城中蒼鶻亂，磕瓜漫擊拜參軍。

北平不合姓當塗，十畝桑間影遂孤。象揥誰能連鬌摘，黄童雖虐惹盧都。

蒿艾叢生渴殺魚，蒺藜隨長不勝鋤。道人賣雨無符呪，濃蘸喻麋畫墨豬。

瘦硬通神且莫提，柔毫黝黊任東西。憑誰挂面秋風刮，櫟上家雞未下棲。

〔二〕此篇據傅青主自書詩稿整理，與王本相同而與鄧藏手稿文字有異，非一次所爲，故附録。詩稿本無題，王本以文中小注爲題，作「有索書爲救貧計者隨草」。由谷錦秋重校。

附：點污（省博手稿本）〔一〕

點污冰絲杼軸寒，馬頭娘子怨傷殘。眼花手顫連朝寫，合作三山杏骸丹。〔二〕

榆莢連綖總不虛，乞教升斗好相於。誰家牆上遮塵土，識業聊當寫募疏。

籬頭箄觧凍裉襠，挨得春風過短牆。葛屨故人霜怕了，渭城嬾復逐兒郎。〔三〕

天津橋上弄猢猻，弄罷深深各閉門。欻地杜鵑啼滴血，燕山眞有未招魂。

傀儡提罷憶燕雲，香豆科牙想殺人。大鹵城中蒼鶻亂，磕瓜漫擊髯參軍。

北平不合姓當塗，十畝桑間影遂孤。象揥誰能連鬢摘，黃童雖虐惹盧胡。

蒿艾叢生涸殺魚，蒺藜隨長不勝鋤。道人賣雨無符呪，濃蘸喻麋畫墨豬。

瘦硬通神且莫提，柔毫黝黓任東西。憑誰挂面秋風刮，櫟上家雞未下棲。

或要老字救貧，若果少濟，不枉壞絹素也。輒寫此八絕。松橋老人傅山。

〔一〕此篇據山西博物院藏手稿整理，與鄧藏手稿、自書詩稿文字有異，爲另一次所書，故附錄。由曹玉琪重校。

〔二〕「骸」，手稿又作「花」。

〔三〕天津市藝術博物館藏有此首詩的立軸，文字相同，末署「傅山」。

附：點污爲魏冉作。（霜紅龕集本）〔一〕

點污冰絲杼軸寒，馬頭娘子怨傷殘。眼花手顫連朝寫，〔二〕合作三山杏櫳丹。
榆莢連錢總不虛，乞教升斗好相於。誰家牆上遮塵土，讖業聊當守募疏。
籬頭筆觱凍裩襠，挨得春風過短牆。葛屨故人霜怕了，渭城嬾復逐兒郎。
天津橋上弄猢猻，弄罷深深各閉門。欻地杜鵑啼滴血，燕山眞有未招魂。
傀儡提罷憶煙雲，香豆科芽想殺人。大鹵城中蒼鶻亂，磕瓜漫擊髯參軍。
北平不合姓當塗，十畝桑閒影遂孤。象揥誰能連鬢摘，黄童雖詎惹盧胡。
蒿艾叢生涸殺魚，蒺藜隨長不勝鋤。道人賣雨無符呪，濃蘸隃麋畫墨豬。
瘦硬通神且莫提，柔毫點黊任東西。憑誰挂面秋風刮，榤上家雞未下棲。

高唐粉

高唐不是楚高唐，神女陽臺觸著忙。冰心縺綣紉千縷，束素迴環宋玉腸。〔三〕

〔一〕此篇爲霜紅龕集所收，與前三種文字有異，是又一次所爲，故附錄。
〔二〕「寫」，霜紅龕集作「守」，當是草書「寫」字誤釋。
〔三〕此首詩後，傅山全書初版本原有太華蓮一首，今按晉祠手稿併入遊仙七首中，見本書卷十六七言絕句（一）。

小瓶杏花

汎濫瑜伽半卷闌，一枝紅雪能春寒。老夫好色憐遲暮，摘向軍持閉眼看。

石城居士歸爲鐙下四章

邠坻新築石城居，樓櫓礧瓏睥睨虚。人道在家眞佛子，我云出世得仙儒。

石城之中好讀書，故紙陳言一掃除。一片光明白地錦，前阿抽出後荼初。

石城詩興接時春，情緒千端怨也嗔。獨我不嫌薰染在，南州佛種此其眞。

石城不是死祟墉，千葉蓮花雉堞雄。墨守金剛寶杵撤，水晶宫殿架其中。

賡石城偈

府南重唱也無妨，古佛今佛同道場。但令唱得親聲出，千葉芙渠一様香。

沙城斷碑

夜半沙城月黯然，秋風猶是雁連翩。杜鵑不解相思死，血口空啼二月天。

贈守一道人四首

鍊汞燒鉛那得仙，人天小果種天緣。此行弱水乘風過，張果從能坐鐵船。
琱雲刻雪不如程，謫守荒壇拜斗經。小小揚州尋鶴跨，秋山休作步虚聲。
破衲芒鞵莽出門，回頭笑殺透山根。龍沙八百徐開籍，記得神清是道昆。
白榆根底漫敲魚，放向寒山散鼻車。收得銀花明是雪，纔知黄白本無書。

與郭太和

旅興春愁得索郎，花開花謝省人忙。澤村幾樹朝來看，胏胏都成醽醁光。

蘆芽〔一〕

五月蘆芽積雪明，雪中紅蘂靚嫈嫇。〔二〕益憐無熱葡萄朵，肯傍繁華障肉屏。〔三〕

〔一〕此篇據山西博物院藏手稿整理，霜紅龕集張、劉、丁、王本收録。丁本注：「山在靜樂縣北。」
〔二〕「紅蘂」，傅山全書初版本與霜紅龕集各本均作「紅葉」。
〔三〕「障」，傅山全書初版本與霜紅龕集各本均作「醉」。

遊仙十首〔一〕

靈芝不服服桃花，海策籌添金鼎沙。龍汁食來生羽翼，還從暑路集煙霞。

玉齒嗎然好好陶，西來金母獻蟠桃。咸池樂奏雲璈叠，高集崑崙海鶴毛。

醉挾青煙一道飛，神仙騎得白鸞歸。寶珠如卵纔吞罷，便入天門侍紫微。

太華峯頭玉女盆，僊人策杖向天捫。〔二〕好風好雨齊天地，休理塵寰腐算論。

珠庭上藥重玄根，九轉深深抱命門。異草有霜無假練，海東飛采獻三元。

洞中俄頃八千春，萬樹桃花且避秦。聞說秦人纔道好，〔三〕又移靈館避漁人。

明珠如月寶冠嵌，〔四〕雲笈頻抽展秘函。〔五〕太上垂芒人不解，只除彭祖共巫咸。

碧雲深處擁琅玕，半醉酣生銀海瀾。醒酒不須塵世鮓，滿盛玉豉水晶盤。

白黑形分混沌開，〔六〕青黃二氣妙延胎。絳河僻處泥丸護，僊客陽平樹久栽。

九宮行氣自推移，至潤成丹妙適宜。壹粒大還資寶籙，世人道美不教知。〔七〕

〔一〕此篇據日本澄懷堂美術館藏十二條屏手稿釋文，由堀川英嗣整理。傅山全書據霜集收錄，文字略異。

〔二〕「策杖」，傅山全書初版本據丁、劉本作「杖策」，並注：「張、王本作策杖。」手稿作「策杖」。

〔三〕「說」、「纔」，傅山全書初版本與霜紅龕集各本作「道」、「且」，此據手稿改。

〔四〕「月」，傅山全書初版本與霜集各本作「日」，據手稿改。

〔五〕「秘」，傅山全書初版本與霜集各本作「玉」，據手稿改。

〔六〕此句，傅山全書初版本與霜集各本作「黑白形分混洞開」，據手稿改。

〔七〕十二條屏除遊仙十首外，另兩首與此下贈陳十二首完全相同。故不再重複收錄。

吾友鄭四舜卿、李五都梁，致款於山長，更累爲班钃之助，須此醜鴉介之，口占手信，眞不知詩爲何法，字爲何體。老耄率尔，因看自笑而已。傅山。〔二〕

離石

春風吹入小黄河，煙艇流雲好棹歌。卻𡡉一絲衣帶紫，不推羥䅉長青蘿。
石華鮮不到河西，罾謝江南石首虀。自是傖翁風味薄，吟詩記得豈其之？

無題二首

老來無事可相關，飯後支笻沙草閒。野鳥一雙紅蓼外，垂楊影裏看西山。
緑雲緑霧緑珊珊，冷浸幽人徹骨寒。嚼雪灘頭松樺下，一峯青插半天看。

盂邑北寺

榔檁横擔奈老何，賓山驢背又來過。耳根畢竟純音隔，字母于今解唱阿。

〔二〕自「吾友」以下落款文字，傅山全書初版本與霜集各本無，據十二條屏手稿補。

贈陳十二首〔一〕

天漢乘流入馬涯，〔二〕瑾瑜玉液折椒花。長生祕術誰能得，〔三〕一琖青霞浸五加。
山長宮牆見百官，巖廊皋擁不知寒。閬浮金界桃蹊好，苜蓿承顔未覺酸。

無題六首

白草黄榆翳海棠，琵琶弸斷錦鵾腸。桑乾河上南看月，鸞鏡孤明雁背霜。
六么小令上琵琶，秋色輕輕放晚霞。沽得南隣新白墮，深斟輔屬海棠花。
芭蕉涼錦美人茵，綠上酥香小簟紋。打著鸚兒不教近，醒來要諗夢何人。
紅醉新晴夾竹桃，鸚哥小語喚春醪。綠楊倦得眞無賴，拂住朱樓九曲橋。
姊妹花牆妒殺儂，爲誰憐惜恁春風？若教我是渠歡底，蜀錦鮮鮮爲作棚。
紅雲湛過小山西，愁得儂眉小黛低。一陣歸鴻風裏度，問曾帶得有青泥。

〔一〕傅山全書初版本此篇據霜紅龕集收録，日本澄懷堂美術館藏十二條屏手稿末二首即此篇。
〔二〕「入馬涯」，傅山全書初版本與霜集各本作「馬訾涯」，此據十二條屏手稿。
〔三〕「長生」，傅山全書初版本與霜集各本作「神仙」，此據十二條屏手稿。

可惜

畫棟流雲冉冉低，孤飛野鶩度聲悽。詞人亂動王生感，可惜清新到老黎。

粕門

乾是詩王萬古尊，只虧好景不能言。渠憑顧國淩芳國，我到飛門卽粕門。

青羊庵[二]

紫雲青樹石庯廝，花插牽牛小膾觚。一縷沈烟縈白牖，先生正著養生書。

盤礴[三]

盤礴橫肱醉筆仙，一邱一壑畫家禪。蒲團參入王摩詰，石綠丹砂總不研。

〔二〕　此篇與本書七言絕句（二）中的題自畫陽泉四景圖陽泉秋黛文字基本相同，但因標題不同，故仍收錄。首都博物館藏有青羊庵詩立軸，「廝」作「庲」，「白」作「月」，末署：「書爲久子詞宗。眞山。」

〔三〕　此篇與本書七言絕句（二）中的題自畫陽泉四景圖陽泉春曉文字基本相同，但因標題不同，故仍收錄。

尋花〔一〕

尋花小極卧雲涼，爭戰何由到石牀？錯被趾離娱老壡，淮肥風鶴報斜陽。

談兵

談兵奇氣滿林風，槲葉深紅虎度踪。老子陰符原不殺，錯教發塚悄珠空。

三疊〔二〕

三疊黄庭不識心，玉巵娘子一絃琴。春風壿壿迴甜雪，休姹華生戲五禽。

書生〔三〕

書生故紙萬重圍，暗喫椰子自大虧。好水好山來不得，躭躭漠漠落中墮。許規切，俗作「隳」。「子」字古無平聲，鄉談説「子」字語角稍長，如「孳」矣。〔四〕

〔一〕此篇據山西博物院藏太原段帖手稿整理，霜紅龕集張、劉、丁、王本收錄。

〔二〕此篇據山西博物院藏手稿釋文，霜紅龕集張、劉、丁、王本收錄。

〔三〕此篇據山西博物院藏手稿整理，霜紅龕集張、劉、丁、王本收錄。

〔四〕小注二十四字，霜紅龕集各本無。

奎壁〔一〕

奎壁圖書府亦雄，青霜紫電犴飛龍。論兵自古惟儋史，恬淡全勝不敢中。

風塵

風塵自古英雄少，偏是陽春桃李早。知音不必覓鍾期，〔二〕海嶠彈琴氣始老。

讀傳燈三首

逢之則喫時至行，此老眞丹最上乘。飛錫不戡淮蔡賊，隱峯又讓李西平。

奴胎婢子學家翁，每見人來發痫風。一自龍山庵放火，南無古佛揩芙蓉。〔三〕

浪破工夫費草鞵，隨風撒土昧幽街。十年問著盧都嘴，休怪孩兒打野楖。

讀金光明經

金光明經不可喧，金性水性常存存。夢中堅白無顛倒，豈作公孫同異論。

〔一〕此篇據山西博物院藏手稿整理，霜紅龕集張、劉、丁、王本收錄。

〔二〕「覓」，丁本作「屑」，據他本改。

〔三〕天津市藝術博物館藏有此首詩的立軸，文中「奴胎」作「奴兒」，「庵」寫作「菴」，末署：「讀傳鐙。眞山。」

朝陽洞

不惜麻頭一百儋，雲陶沽酒撒春憨。霾花霧柳無心醉，剩水殘山慰眼饞。

月下梳頭

菜圃花畦弄小鋤，燒春紅釀荔奴湑。霜頭悶癢風新月，汎掃平陶棗木梳。

樂平縣山遊二首

佛閣春寒興不勝，溪流洗耳帶松聲。秋容榔栗横擔約，黑石紅林產一亭。

十日盤旋沾水邊，難消官餅野榸戀。龍鍾不卦方書面，單了寒雲石馬緣。

石鏈

金翠光芒孔雀泅，石鏈無礙似空遊。憐渠未必知逃餌，敲得鍼鈎不忍投。

老耳

老耳龍東緩步車，崑山簫鼓一塘鼃。風霜秃筆還須酒，葱蒜山房不貯茶。

中秋惆悵詩八首〔一〕

掩淚强開酹月筵，少年不管雪人顛。歡貪天上瓊樓月，黯殺人間霜樹園。

共盼中秋夜不眠，亂離幾度看嬋娟。瓜樓紫暗冰盤側，只覺今宵月不圓。

霓裳招卻一人魂，看月杯盤惹客顰。好似緱山七月七，〔二〕笙仙舉手謝時人。

漉漉夫人拚不明，連朝陰雨爲誰晴。不知執麈無夷甫，浪把清光襯腕瓊。

五里相看萬里遐，關山明月唱誰家？微雲幾點臨杯酒，朵朵偏成芍藥花。

嫦娥嬌斗木犀敷，香草隨抽不甚輸。艾納儘多迷疊有，一盤不備罵行胡。

酒家豪興別尋題，撥過伊人總不提。纔欲四更月上好，〔三〕窗中醉酐不能低。

水光蟾影落窗西，若有人窺到小籬。點漆凝脂相送久，參亭河淡一聲鷄。

供鳥

寒烓分衛足鴉羞，我總機忘爾得鷗。鷄肋魚腸如意取，竊脂不欲學黄頭。

〔一〕此篇與下篇劉本在甲申集，乙酉作。

〔二〕「好」，張本作「卻」。

〔三〕「上」，張本作「尚」。

甲申八月訪道師五峯龍池不遇時道師在馬首僞署次又玄韻〔一〕

樓虛松露玉函封，雲烏非遥只邑中。大隱眞能混清濁，令威何必在遼東！

坐想崑崙也一方，乾坤何處是吾鄉？逍遥戀酒非耽醉，〔二〕地自由他天自茫。

紅崖馬首舊提封，蕎入綏山一眺中。太上忘情難可學，盆池石島浪西東。

乙酉歲除八絕句〔三〕時連日夜雪。

鐙花黯黮不成眠，也逐同人守歲筵。僵骨抱雲拚穩睡，道人心上總無年。

强言物舊不如新，鬢點霜華泣故人。庾信滿天蕭瑟眼，雯華歷亂爲誰春？

餘生久矣一蜉蝣，不死朱衣爲白頭。滿目山臊軀不盡，何須爆竹震仇猶。

梅花春信隔天涯，冰霰敲窗響塞笳。帳底羔觴都有歲，山城烏哺獨無家。

白眼同雲一抹天，冠黄正好凍焦仙。無情今夜貪除酒，有約明朝不拜年。

老母兒孫秉燭言，明朝不是舊三元。客中楚楚供青爨，雪裏深深閉小門。

縱說今宵舊歲除，未應除得舊臣荼。摩雲卽有迴陽雁，寄得南枝芳信無。

風角占年謝曉寒，陰晴於我兩無干。六朝豔句同誰賦，任有新雲不待看。

〔一〕此篇劉本在甲申集，甲申作。

〔二〕「醉」，丁本作「職」，據拾遺本改。

〔三〕此下三篇劉本在甲申集，乙酉作。

寄家弟

不勝煩惱奈頭陀，輪斲丟開舊斧柯。〔一〕彌勒龕前無施主，化教阿弟作檀波。

響雪

崢崢到耳帶哀聲，喜殺田翁盼歲登。白眼一同雲淚想，罙空素甲下天兵。首。〔二〕

雪峯詩悼一如因之有作〔三〕

風流來往兩僧伽，北酒南詩一對髗。〔四〕酩酊無生如解脱，窮庨苦思黯咨嗟。

〔一〕「輪」，丁本作「輸」，據張震説改。
〔二〕「首」字，他本無。
〔三〕此篇據山西博物院藏手稿整理，由曹玉琪重校。霜紅龕集劉、丁、王本收録。
〔四〕「髗」，傅山全書初版本據霜紅龕集作「髗」，據手稿改。

義棠旅次見常山女子詩用妝茫棠三字三首〔一〕

箭袖弓腰出塞腔，嬴教錦繖蓋鴛鴦。軍中小妹鎗能疊，正好妖姬墮馬妝。
桃花靨上刷欃槍，那得遙遙計大娘。不是隨人過江去，秋波銀海暗茫茫。
織得紅羅尺不長，那堪裁作鐵衣光。帳中酥酒沈沈罷，破著啼鵑血海棠。

又代一首〔二〕

細捂靈臺傳問郎，功名有志學誰行？〔三〕若能部上逢黄鉞，〔四〕妾在兵中氣也揚。

秬兄要書，老臂痛風，實實不堪畫鶖矣。〔五〕渾丈面督，胡亂塞責。一笑。

松僑老人眞山。

〔一〕此篇據山西博物院藏手稿整理，由胡振琪先生釋文，曹玉琪重校。
〔二〕此篇據山西博物院藏手稿整理，由胡振琪先生釋文，曹玉琪重校。
〔三〕「誰」，傅山全書初版本誤作「那」，據手稿改。
〔四〕「部」，傅山全書初版本誤作「郭」，據手稿改。
〔五〕「鶖」，傅山全書初版本誤作「鶖」，據手稿改。

不韻口號〔一〕

一片氈團四五斤，老來還擬一肩任。山間樹底因緣到，〔二〕園觀憑兹一切心。

不韻雜篇〔三〕

怕費心思學遜鏗，行雲流水散跉跰。胸中原沒驚人句，得不常談作老生。
野人原不是詞人，問柳尋花任異顰。一半句吟裁不及，從風吹去和山禽。
　輿蹄以箋索詩詞，老人沓拖，實無可呈。適得不韻之章，發笑，請教。

村房卽事〔四〕

西日陰涼肺氣生，破書昏眼月牙明。迥牆柳樹多元鼻，半畝瓜田不卲平。
　軼老詞宗以醉索書，書得村房卽事一章，發笑，兼請教政。

〔一〕此篇據鄧實珊藏手稿整理。北京榮寶齋藏有不韻口號詩立軸，文字略異，末署：「山書。」
〔二〕「底」，榮寶齋立軸作「崖」。
〔三〕此篇據鄧實珊藏手稿整理。
〔四〕此篇據鄧實珊藏手稿整理。

無題〔一〕

簾籠紅綠四時稠，零落翻憐草木秋。山逕覗那三五步，阿那出定羡離婁。

無題〔二〕

擢郎鄉里面都黔，撑盡筠篙禿指尖。水飯乾魚烏攬豉，生來不食廣州鹽。二十五日送松莊去，可過雪峰大師處，將帖取回，速付錶舖，勿誤。

飛來寺脚束江濤，逕入霙林磴轉高。怪道搴簾蝴蝶至，軍持新插紫山桃。

好山圍繞老僧居，碧玉環才一紺珠。塵鞅偶來分半榻，便忘身世在寰區。

書舊唐書李衛公傳後三首〔三〕

北門書記想婆娑，綠野先生識未譌。〔四〕文彩風流偏大鹵，喜緣何必到西河。汾陽胡氏非李是牛，謂李否者定祖牛。牛岐胡壽，遂有此譏。

〔一〕此篇據山西博物院藏手稿整理，由吳連城先生釋文，曹玉琪重校。

〔二〕此篇據山西博物院藏手稿整理，由吳連城先生釋文，曹玉琪重校。

〔三〕此篇據山西博物院藏手稿整理，由張秀蘭釋文，曹玉琪重校。上海博物館亦藏有此篇第一首立軸。立軸落款「傅山」，無「汾陽」一段文字。

〔四〕「譌」，傅山全書初版本誤作「訛」，山西博物院手稿與上海博物館立軸均作「譌」，據改。

青萍終不齒三狐，頗怪人緣太有無。特達當年惟三復，太牢今尚得岐胡？
崖州有甚日難暝，今古維州恨不平。八百孤寒徒有淚，其中只少一庖丁。

無題〔一〕

荆子蒲根盡蹇茶，馬如如薄又開花。色香觸食拈來是，眞个吾生亦有涯。

上思州〔二〕

□□九百上思州，趫起男兒脚不屨。炎方亦是功名地，何必伊吾始拜侯！一〔三〕
浮雲南征不可攀，楚語吳音似舊山。囊空了歌椰子酒，邊笳回首鴈門關。
大笑歌歌買楚舟，粤西山水聊遨遊。猺民有甚難招架，轉似山西莫管州。四
風塵何處沒魔宮，菩薩神通手眼中。醉把紅蕉桐柱看，伏波當日好英雄。五
只作參禪萬里迂，崑崙關下撿奇書。因緣時節奉丹詔，紅日先昇自海隅。六

〔一〕此篇據山西博物院藏手稿整理，由張秀蘭釋文，曹玉琪重校。
〔二〕此篇據鄧實珊藏手稿整理，原稿無題，標題爲整理者所加。
〔三〕每首詩末的數字，傅山全書初版本脱，據手稿補。

沮洳河邊霧不晴〔一〕

沮洳河邊霧不晴，崑崙關上月先明。微風丹荔隨車轉，細雨紅蕉夾道迎。一〔二〕

青天羽翮雙鳧起，絳漢鳴阿五馬飛。〔三〕塞北暫攜春雨去，日南隨挈紫雲歸。二

旌旗牛馬駐疎林，樹底蒼茫勸酒深。滄海碧雲天際意，丹霞明月野人心。三

會須功業添銅柱，更有文章壓海濤。吟詠已知偏古辣，品題還望及羊羔。四

孔雀翎花熠錦生，桄榔羽扇映車屏。清貧太守風流甚，到處高齋頃刻成。五

藤花郡閣綠依依，雲判初收烟雨微。寶貨不貪雙翡翠，筆頭原自富珠璣。六

日月星辰混不分，青冥箐雨雜雹雲。海南形勢誰能料，今日重聞薛敬文。七

鮎臺澤畔柳新栽，狼孟城傍花滿開。囑付四郊休剪伐，使君再轉即當來。捌

狄揚城南故里荒，文君力爲起祠堂。海隅試向風烟問，又祀西河狄武襄。九

教孫二首〔四〕

一脈平城勁朔風，馬鞍佔畢帶强弓。班書上口且休道，三日羲經落雀翁。

〔一〕此篇據鄧寶珊藏手稿整理，原稿無題，標題爲整理者所加。
〔二〕每首詩末的數字，傅山全書初版本脫，據手稿補。
〔三〕「阿」，傅山全書初版本誤作「珂」，據手稿改。
〔四〕此篇據山西博物院藏手稿整理，由張秀蘭釋文，曹玉琪重校。張本收錄。手稿無題，標題據張本。

糠覈男兒嚼也甘，殘編枵腹不嫌貪。春秋左氏爲胎息，書種於今爾輩擔。

題自畫陽泉四景圖〔二〕

陽泉春曉

礲礴横肱醉筆僊，一丘一壑畫家禪。蒲團參入王摩詰，石緑丹砂總不妍。

陽泉夏荷

幽村堤上迴長廊，堤南堤北蓮花塘。一葉漁舟憐晚淨，東山紫氣入江鄉。

陽泉秋黛

紫雲青樹石庯庩，花插牽牛小膽觚。一縷沈烟縈月牖，先生正著養生書。

陽泉冬雪

一望西山玉立癯，春霙小蕊勸屠酥。樹頭樹底娟娟舞，絕勝梅花一萬株。

〔二〕　此篇録自傅山畫集，每首末均署「山」。其中第一、三、四首與卷十五盤礴、青羊庵、元日齋中坐雪二首之二語句基本相同。標題爲編者所加。

聊郭〔一〕

聊城郭外雪珊珊，嬾復衝寒豐沛間，取次新詩連海岱，高文先得李賓山。

聊郭擬爲石菴老詞丈小詩，奉致眷眷，而賓山新刻見寄，喜甚，呈笑。弟眞山。

無題〔二〕

手把玉鋤鈎玉隴，〔三〕雲霞深處作人家。纔栽八百靈光薤，〔四〕又種龍鱗五色瓜。傅眞山。〔五〕

無題〔六〕

王公昨夜得霜裘，又與靈妃賭帶鈎。戲得紫壺三醞酒，一時飛上九重樓。山書。

〔一〕此篇據晉祠博物館藏立軸釋文。第一句「聊」字原稿殘缺，據跋文補。

〔二〕此篇據晉祠博物館藏立軸釋文。傅山全書初版本據傅山書法收入。日本二玄社一九九八年版山内觀編傅山の書法中的詩文雜稿卷中亦有此詩，由堀川英嗣據以重校。

〔三〕「鈎」，傅山全書初版本誤作「鈞」，立軸與傅山の書法均作「鈎」。

〔四〕「百」，傅山全書初版本與立軸作「白」，此據傅山の書法。

〔五〕落款三字，傅山の書法無。

〔六〕此篇據山西博物院藏立軸釋文，曹玉琪重校。

無題〔二〕

綠城風檻曲迴廊，青立湖山壓海棠。携得軍持汲新月，未教驚動睡鴛鴦。孝綱詩兄。眞山。

無題〔三〕

酒陣茶鎗次第陳，湘箸綠雨座中春。〔三〕妖姬一曲江南弄，霡霂陰陰下寶雲。山。〔四〕

無題〔五〕

憑高瞰迴天怡心，菌客熱涼不暇尋。餘雪依枝成玉樹，殘雯點岫即瑶岑。傅山。

豆花〔六〕

雨落青青小豆花，提籃收入藥籠佳。便教柳杏偏風味，嬴得黄籬緇撮斜。

〔二〕此篇據山西博物院藏立軸釋文，曹玉琪重校。
〔三〕此篇據山西博物院藏立軸釋文，曹玉琪重校。
〔三〕「箸」字，傅山全書初版本作「□」未釋出，據手稿補。
〔四〕此篇後，傅山全書初版本尚有一首無題詩「堂西長荀不開門」，因是杜甫詩，故删去。
〔五〕此篇據山西博物院藏立軸整理，由曹玉琪重校。
〔六〕此篇録自張耀先刊霜紅龕集卷八，他本未收。

贈雪峰和尚〔一〕

出家何必廢田廬，無學仍看子史書。和尚有親將佛事，耆婆偕母入山居。

河邊〔二〕

西山頑石磊河洲，不遇曹溪不點頭。落得鴛鴦來戢翼，暫親文彩亦風流。

無題〔三〕

泰山齊魯崒青威，陶應爭教八議非。苦縣津梁無接引，新安門下得鍾馗。
小麥青青大麥黃，稻畦灰罷又薅秧。老看四體孤天地，乾罷詩書沒亂忙。
雁門二馬正蹄輕，底事能傳鷓子聲。棒喝書生梁峙喜，牟愁空谷一牛鳴。
杯酒低低不齒羞，燕山一率有前脩。中心難誣令人敬，章斷知之昔兗州。
詩心何事太將迎，帖括經由擬不勝。贏得篇章傳海內，憧憧寐寐眼拳撐。

〔一〕此篇錄自王晉榮刊霜紅龕詩卷七，他本未收。
〔二〕此篇由陳監先先生錄自張銘據西村消夏墨蹟抄本。
〔三〕此篇由陳監先先生錄自張銘據西村消夏墨蹟抄本。

傷遊〔一〕

泖湖鑾子妙丹青，吹落爨頭幾片零。飄渺三林三十乘，留連點綴故人情。

偶然作〔二〕

四鳥中容使不誇，詩書針度老麻楂。不仁不義眞菩薩，秋到禪宗俊鏟蛇。

無題〔三〕

馮馮赳赳啞文綿，百斛龍文一手掀。夜半壑舟人不見，還能白書直穿田。

晉祠二首〔四〕

郡齋何用酒如泉，飲德先時已醉眠。若共門人事禮分，戴崇安得及彭宣。

小鼎煎茶面曲池，白鬚道士竹間棋。何時書破蒲葵扇，記着南塘移樹時。

〔一〕此篇由陳監先先生錄自張銘據西村消夏墨蹟抄本。

〔二〕此篇由陳監先先生錄自張銘據西村消夏墨蹟抄本。

〔三〕此篇由陳監先先生錄自張銘據西村消夏墨蹟抄本。

〔四〕此篇由陳監先先生錄自晉詩二集第十三卷。山西博物院藏有第一首立軸，末署：「七十五翁傅山書。」

麓臺龍洞〔一〕

麓臺洞口樹冥冥，老栝長松響不停。龍去深林風雨黑，龍歸雨歇滿山青。

昌源春水〔二〕

昌源竹子臨春水，鏡里雲梢□□勞。若得才人似長吉，不妨斫取寫離騷。

懸崖〔三〕

懸崖斷處積幽寒，濃樹如雲黑一團。莫道山中無結構，茆簷趁水具闌杆。

眞山。

樓煩河濱〔四〕

樺樹□□玫瑰花，連山帶水帶雲霞。幽人一杖遲遲度，驚起摩霄雁字斜。

〔一〕 此篇由陳監先先生錄自祁縣志。
〔二〕 此篇由陳監先先生錄自祁縣志。
〔三〕 據楊純淵先生藏立軸整理，原稿無題。傅山全書初版本由陳監先先生據墨蹟收入，末句「具」作「有」，無「眞山」落款。
〔四〕 此篇由陳監先先生錄自墨蹟。

無題〔一〕

定磁盌貯玫瑰華，枕簟先秋不雨霞。〔二〕一縷甜香撩玉隴，夢回細齅當紅茶。　山。〔三〕

柳外明河〔四〕

柳外明河河外烟，絲絲縷縷復綿綿。一機經緯無交格，組織幽人慧眼前。　山。

春日華飛〔五〕

春日華飛滿四鄰，不須酤酒漫醺醺。酡顏偏稱西螺紫，納入桃林佛頂雲。　山書。

不識當時黃阮丘〔六〕

不識當時黃阮丘，今來賣藥又街頭。一丸紅雪傾壺底，白髮青還五百周。

〔一〕此篇據廣東省博物館藏立軸釋文。傅山全書初版本由陳監先先生錄自墨蹟。

〔二〕「秋」，傅山全書初版本作「殘」，據立軸改。

〔三〕落款「山」字，傅山全書初版本無。

〔四〕此篇據山西博物院藏立軸釋文，標題爲編者所加。傅山全書初版本未收。

〔五〕此篇據山西博物院藏立軸釋文。標題爲編者所加。傅山全書初版本未收。

〔六〕此篇據晉祠博物館藏立軸釋文。原稿無題，標題爲整理者所加。傅山全書初版本未收。

偏是兒儂會遇他〔一〕

偏是兒儂會遇他，看看月上石榴華。分明炤見鄰牀老，深抱雲娘打大家。　傅山。

絳霄〔二〕

絳霄新造步虛聲，氣機微微落玉清。宮調流商人不解，魚山七折露聰明。

遊仙七首〔三〕

子晉吹笙蕭史淵，霓裳無導上虹橋。霞觴玉女橋頭進，云是晨君瀣沆澆。
波梨答闕放朝初，偣老仙官捧詔呼。仙史特旌幻伯子，依依舊德不忘蕪。
絳雪花開紫葉千，仙班香帶蔚藍天。琅詔芙蓉園主啓，〔四〕紫札天吟一萬編。
人文糟腐薰去聲瑤臺，帝詔天孫織女來。速剪雲霞彌世界，須教黼黻作新材。
陸吳報帝御崑崙，平圃蓮紅日月輪。遙攬八寨天一笑，人間瑞應屬維淳。
太華蓮開玉井寒，鳳皇啣入紫雲端。遞與蕊珠香案史，玉膏浸著萬年看。

〔一〕此篇據晉祠博物館藏立軸釋文。原稿無題。傅山全書初版本未收。
〔二〕此篇據晉祠博物館藏立軸釋文。原稿無題。傅山全書初版本未收。
〔三〕此篇據晉祠博物館藏手稿釋文。原稿無題，標題爲整理者所加。傅山全書初版本未收。
〔四〕手稿「啓」字上衍一「函」字。

甲子重光太液游，玉壺卜史下仙籌。黄農壽域開三界，疏仡從今又起頭。

煉丹[一]

青紫檀欒元氣裏，融金鍊碧一宫開。九成芝蓋團欒駕，玉極眞僊秘考迴。傅山書。

新酒[二]

白氎輕簾護小房，梅花新酒一時香。老人鼻孔添靈妙，坐斷勞魂不下牀。

友人喚嘗新酒、看早梅絶句。傅山。

過小亭[三]

橋南橋北雪杈枒，青豆傾筐向酒家。忙過小亭吹石竈，杏花如夢作梅花。傅山。

[一] 此篇據首都博物館藏立軸整理，由實元章釋文。標題爲整理者所加。傅山全書初版本未收。
[二] 此篇據首都博物館藏立軸整理，由實元章釋文。標題爲整理者所加。傅山全書初版本未收。
[三] 此篇據上海博物館藏立軸手稿釋文。標題爲編者所加。傅山全書初版本未收。

茅簷瓦雀〔一〕

茅簷瓦雀亂飛迴，五日連陰黯不開。陳谷野田無啄處，荒畦鴿出菜根來。傅山。

獨知雜作〔二〕

艸茅血脈奉天謠，賜覲卿雲影鳳苞。建武太平無策獻，揚眉酸酒變香醪。

石室飲酒〔三〕

常時隨雨復隨風，來往崑崙石室中。水玉寒煎解酒困，酡顔飛作早霞紅。傅山書。

右軍大醉〔四〕

右軍大醉舞燕豪，顛倒青籬白錦袍。滿眼師宜欺老輩，遥遥何處落鴻毛？山。

〔一〕此篇據上海博物館藏立軸手稿釋文。標題爲編者所加。傅山全書初版本未收。

〔二〕此篇據上海博物館藏手稿釋文。傅山全書初版本未收。

〔三〕此篇據南京博物院藏立軸整理，由竇元章釋文。標題爲整理者所加。傅山全書初版本未收。

〔四〕此篇據南京博物院藏立軸釋文，標題爲編者所加。傅山全書初版本未收。

葛翁畫像〔一〕

儒僊難易葛翁籌，自了長生志士羞。一劍橫腰雲夢去，青柯獨領藏經樓。

存士老詞宗政。眞山。

報麓老年翁〔二〕

瑤華一片五雲輕，報札經年寫不成。菡萏三峰終日望，嬾眞知我問天生。

麓老年翁詞宗一笑。弟山。

客歲遠辱文惠，至今未報。野性疏漫無倫，加以老病，遂尔遲遲。會天生子西還，始有此寄。初擬作大字，細寫一札嗚情。旣放筆，復念札子不過加掉書袋數字耳。似復可嬾，因復嬾之。用此代柬，不覺自笑。麓翁見而笑之，寬我禮數，是又一我之峨嵋老也。山附記。

小醉〔三〕

琪華瑤草紫靈芝，方眼神僊霧鏁衣。小醉洞天三百載，醒來正是上朝時。傅山書。

〔一〕此篇據蘇州博物館藏立軸整理，由竇元章釋文。標題爲編者所加。傅山全書初版本未收。
〔二〕此篇據浙江省博物館藏立軸釋文，標題爲編者所加。傅山全書初版本未收。
〔三〕此篇據湖南省博物館藏立軸整理，由竇元章釋文。標題爲整理者所加。傅山全書初版本未收。

尉眼〔一〕

烟籠簾外四時稠，零落翻悲草木秋。山徑覿移三五步，阿那出定戎離婁。　濁翁山。

題梁檀山水畫册〔二〕

一

山青雲白水無風，我欲移家老此中。待至春來無个事，但看柳綠與桃紅。
小小柴門傍水開，石橋東畔野人回。若教富貴人看此，雞犬應驚俗客來。

附：　梁檀題自畫山水

己未冬日，爲玄錫文寫。　樂甫梁檀。

二

連天山色青還白，傍水蘆芽菉欲黄。滿前泠澮渾詩科，好泛西風一葉航。

〔一〕　此篇據大連市旅順博物館藏立軸整理，由竇元章釋文。傅山全書初版本未收。

〔二〕　此篇據雅昌拍賣網載中國嘉德國際拍賣有限公司二〇一〇年春季拍賣會之傅山梁檀書畫合璧册頁釋文整理，標題爲編者所加。傅山全書初版本未收。

三

誰人寫作煙雲圖，樹色冥冥山模糊。夜裏不上看晚雨，彷彿此圖眞不殊。

四

范叔無袍誰謂冷，黨家有酒豈知寒？而今造化無分別，天地尤當白眼看。傅山題。

賣藥詩〔一〕

赤箭長牙大戟紅，射幹鋒利不張弓。虎撐有待千金翼，甘草三分與衆工。

選尚書〔二〕

太極新宮選尚書，垂虹腰綬佩金魚。深更卽下修文令，要使眞人曳紫裾。山書。

〔一〕此詩錄自北京東方大觀國際拍賣公司二〇一二年秋季藝術品拍賣會圖錄，由竇元章整理。傅山全書初版本未收。標題爲整理者所加。

〔二〕此篇錄自河北美術出版社清傅山墨蹟三種一九九五年版，由竇元章整理，傅山全書初版本未收。標題爲整理者所加。

東岡一樹〔一〕

亭亭孑立表歧疑，得地擎天祇自知。一帶平崗堪獨步，不隨凡卉共參差。

春溪〔二〕

溪頭楊柳映晴沙，解道吾生亦有涯。爲補芒鞵紉細艸，不縫破衲褎飛花。

春溪絕句，書爲靜翁先生道師政。眞山。

示蓮寶〔三〕

穅覈男兒嚼也甘，殘編枵腹不嫌貪。春秋左氏爲胎息，書種于今尒輩擔。

蓮寶讀左氏傳已再過。此書及班史，吾家世業也，小事玩之，無令有忝。七十六翁公它眞山。

〔一〕此篇錄自河北美術出版社清傅山墨蹟三種一九九五年版，由賓元章整理，傅山全書初版本未收。

〔二〕此篇據日本清雅堂美術館藏立軸釋文，由堀川英嗣整理。傅山全書初版本未收。

〔三〕此篇據日本二玄社一九九八年版山内観編傅山の書法立軸圖版，由堀川英嗣整理。標題爲編者所加。

綫書懶展〔一〕

綫書嬾展抱偶尊，偏遇風烟練水村。清竈有柴瓶有粟，雪深一尺不開門。傅山。

贈友人〔二〕

蒲芊錦毯離華香，湮水春潮報短廧。流到橋邊不肯過，憐君深柳讀書堂。傅山。

積石緗桃〔三〕

積石緗桃圍似斛，圓丘紫柰重如升。神僊大嚼沛金汁，飛上青霞十二層。山。

宿雨〔四〕

宿雨初收草木濃，羣鴉飛散下堂鍾。長廓無事僧歸院，盡日門前獨看松。山。

〔一〕此篇錄自日本二玄社一九九八年版山内觀編傅山の書法所收立軸圖版，由堀川英嗣釋文整理。標題爲編者所加。

〔二〕此篇錄自日本二玄社一九九八年版山内觀編傅山の書法所收立軸圖版，由堀川英嗣釋文整理。標題爲編者所加。傅山全書初版本未收。

〔三〕此篇錄自山内觀編傅山の書法，日本二玄社一九九八年版。由堀川英嗣釋文整理。傅山全書初版本未收。標題爲整理者所加。

〔四〕此篇據日本福山書道美術館藏手稿釋文，由堀川英嗣整理。標題爲整理者所加。傅山全書初版本未收。

書爲振翁先生〔一〕

絳雪花開靈鑠寒，僊風吹嚮碧瑯玕。眞人醉舞揮如意，解酒子梨索一盤。

書爲振翁先生政。 傅眞山。

頂針詩十四首（存四首）〔二〕

芳魂栩栩自仙遊，走馬章臺滿目愁。疎雨細風清夜永，可憐一曲漢宮秋。一

漢宮秋是古琴文，幾個知音坐上聞。流水不逢鍾子輩，當壚誰識卓文君？二

小樓塵土暗窗紗，不見樓頭解語花。碁冷文楸香冷篆，牀頭橫着舊琵琶。八

琵琶掩抑不堪聽，司馬江頭涕淚零。老大只教癯骨在，何須粉白與螺青。九

〔一〕此篇據臺灣何創時書法基金會藏立軸釋文，由堀川英嗣整理。標題爲整理者所加。傅山全書初版本未收。

〔二〕此篇錄自李中馥著原李耳戴卷上憐才豪舉，中華書局一九八七年版。李云：「妓有名秀雲者，晉府樂長也」，「抑鬱而逝」。「傅青主聞而憐之，言：『名妓失路，與名士落魄，齎志沒齒無異也，吾何惜埋香一抔土乎！』於是設旛旐，陳冥器，張鼓樂，召僧尼導引郊外，與所知詞客數輩酹之酒而葬之。更作頂針詩十四首，前後相承。其全不能記。」「末收云：止教騷客弔芳魂。晉人多傳誦之，無不歎青主憐才，不下古人買駿也。」李中馥只錄四首。標題爲編者所加。傅山全書初版本未收。

卷十七　雜詩

冷雲齋冰燈詩〔一〕

初擬打冰作燈，冰冰人手，苦瘃瘃，時勞以酒，作打冰曲和冰人打冰：

打冰打過旱西橋，斷續冲冲聲在霄。龜手莫愁無妙藥，郊關歷亂酒旗搖。

橋南橋北水精嵌，春色闌干亂入鑑。紺墮山眉螺子影，紅來花勝女郎衫。

冰塊皆不假造作，頹兀傾欹，奇醜任性，少可承藉，思得古怪樹根，鑿爲盆盂措之。村中友人言，家藏柳根幾塊，梲杌無用，正欲燒火，許牽車取之。乃有柬友求枯樹根作冰燈座子絕句：

枯柳盤根未即然，寒齋燈夜意相牽。冰心不受雕鏤巧，就著輪囷最可憐。

樹根至，牙槎結倔，蓋人以不材見棄者。稍稍依曲就勢，爲淺脣注水，居吾冰其上，枯寒合德，眞如方外良朋也。代冰作詩，曰：喜木客來：

木客來何暮，春明愁易乖。主人惡熱媚，風雪訪吾儕。念我寒於石，駭而醜可柴。炎涼詎同好，

〔一〕　各本載傅庚序云：「冰燈詩，吾弟青主詩，紀冰燈也。弟生有寒骨，於世熱鬧事無問。春側側寒，輒立汾河冰上，指揮淩工鑿千畝瑠璃田，供齋中燈具。即事成詩賦十有五首。詩不皆題冰燈，義莫不以冰燈起也。賦，古詩流也。統署曰『冰燈詩』。馮夷程材，鮫人司契，體物寓意，雲起雪飛，熱客有見之，讀不數行，當毛髮鬖髿起也。傅庚題。」

莫忘冷雲齋。

復戲爲木客酬：

支離匠不顧，斤斧得逃殘。空有作酸性，實無挾炭肝。自吟賈島瘦，偏叶孟郊寒。青眼風塵少，其惟山斗韓？

冰燈成，即事成咏四絶句：

銀海迷離天水光，廣寒宫殿鬬明妝。玉壺一點琅玕淚，滴斷人閒煙火腸。

龜甲玻瓈瑣子琳，玲瓏非鑿錦非紝。山僧上榻觀空眼，廉士投錢飲水心。

馮夷峻骨漾璵璠，雨色雲香鏡裏痕。緑舞紅歌無處著，一樽白墮酹清魂。

鑿得清光照古人，蟲編牀上白璘霦。遺忘對此頻能記，不媿前賢雪月貧。

集客賞之，盤饌無羶葷，家藏雙舊碗，盛素果戎鹽，酌以苦酒，素性不飲者，亦目送寒明，屢引不辭矣。笑屬客曰：「吾以藐姑仙子勸酒，何似莫愁乎！」短句紀之：

家客莫辭醉，鬚眉凍洛蔘。〔二〕從教眼盡白，獨許面皸酡。鹽弄水晶影，果同嗛雪甘。蘗禪酒名。寒度世，方丈一同參。

北地寒，寢所率用煤洞，使流煙内入。吾與冰氏盟，不得少近薰灼，木榻布被，引氣自温，僵卧瞪目，猶自盼春寒也。口占不寐：

四壁寒光三十峰，美人無豔酒無濃。春宵不作桃源夢，到枕一聲霜外鐘。

予既有冰燈詩數首，家子𨻸兄曰：「未足以盡冰燈之變，而有賦才，豈遂以寒澁蟄雕龍

〔二〕「洛」，各本均作「洛」，據文義改。

耶？」再成小賦復兄命。兄曰：「是足以誂擎徐庾，然吾恐六朝子墨怪子筆鋒太寒耳。」賦曰：〔二〕

憐淩精之高潔，學匠石之運斤。鑿欐欐兮積雪，列亭亭之玉人。流熠燿之青焰，澹明滅兮非煙。渺江妃之結佩，坫夜珠於蛟宮。若夫劖以俊風，射以素月，瑰文戢舂，璚光翊翊。繚繞淞枝，〔三〕披紛霜葉。既連環而鱗次，乍雲截而練裂。縹緲歘菡萏之峯兮，三成煌崑崙之邱。璚篠翳以便娟兮，飛婉蜒之銀虬。宜陳之曲蜺之堂兮，照吸露之仙流。沃以白鳳之膏兮，炷用芳苡之苗。醉帝臺之鴛漿兮，森癯容以夷由。若乃燕姬趙女，黛碧鉛丹，芳酭微醺，踏月來觀。顧清影兮含笑，心欲前而畏寒。惜蘭膏之蕩風兮，奮玉手以遙遮。忽珠慄而釧冷，整衿帶以委蛇。顰青楊兮冋睞，羞豔態之窈窕。

最後得冰屏子，祟八尺，廣厚能稱之，承以青石池。人十餘許，挽索而後立，褒兒叫奇曰：「眞玉碑也。」久之，燈影煥霍，文理陰陽，隱有奇字在焉。尋拈玉碑之題：

玉碑硉矶白虹低，變幻文章太乙藜。蝸篆龍書人不識，寒林霜夜鬼須啼。嵐波凹凸山河記，日月精魂姓字題。翻憶衡山螭虎跡，苦煩搜索祕昌黎。

水仙功德紀磨崖，天半寒雲一片來。切玉瓏鬆頑屓贔，偃波刻畫巧鮐臺。犀然貝闕冋科斗，龍捲金泥繡蘚苔。千古消沈鐫不盡，手捫心誦使人哀。

冰共五十許塊，冷雲齋物色陳之，餘者散集天井。深夜白來瑩涵窗紙，森森送翠響，輕淨

〔二〕「賦曰」二字，丁本無，據張、王本補。
〔三〕「淞」，丁本作「淞」，據劉本改。

疑雪，披衣問之，正月與吾冰鬬光耳。靜對霜更，贈答萬狀，竟不能爲剖勝負也。賦得冰燈月下看：

石水驕春寒，紫夜玉光發。霜魄黏銀灣，冷映流雲滑。結璘妒光怪，星箔高搴揭。漉漉五夫人，羽袖爭摩扢。瓊林度素魂，相涵晶無樾。長天啟鹽笑，桂煙散寒辥。〔二〕

枯木堂雜詩〔三〕

老病剎那遣，呻吟枯木堂。悲歌消梵唄，輭語□花香。和尚不模樣，老夫消病狂。會能雞足定，僧臘謾商量。

逸德瞻天吏，王征卜有嘉。秋風蘇老肺，旅次略胡麻。明氣甘心咽，中陰夢不差。文章終一抔，卷卻道玄華。

花插昂筵箚鼓嘈，鄰家嫁時儂也陶。儂家心口生門限，心欲遇時限益高。代軟語行。

〔二〕霜紅龕集各本於詩後附青主社盟友梁雲輝跋文，今移至本書附錄五序跋中。
〔三〕此篇據揚州博物館藏手稿釋文，由竇元章整理。標題爲編者所加。傅山全書初版本未收。

哭子詩〔一〕

一

父哭子常事，奈茲八十身！吾猶遲浸假，爾遂反其眞。患難頻頻共，沈綿暗暗因。顚頊都不訣，俯仰怕傷神。〔二〕慧業資糧往，瑜伽梵天行。〔三〕若言恩愛末，痛失此詞人。〔四〕

哭忠二

元年戊辰降，十七丁甲申。靡他四十年，矢死崇禎人。間關相老夫，書史挾黄塵。侮辱兼恫脅，雜遝無疎親。死忍當排解，寢食安膽薪。患難飽荼蓼，〔五〕艱貞抱精神。筋力外不惜，冰炭中含嗔。農圃食惟舊，花柳眼不新。冰天慢吟詠，〔六〕熱淚撮笑嚬。人間何容易，培此草莽臣。嗚呼尺蠖屈，何處求其信？

〔一〕此篇據山西博物院藏手稿（草稿）整理，以傅蓮蘇抄本校勘，王愛國重校。

〔二〕「怕傷」，手稿又作「畏爲」，張本、抄本作「畏傷」，他本作「怕爲」。

〔三〕「梵天行」，手稿作「梵行天」，據抄本改。

〔四〕此句手稿作「痛殺失詞人」，據抄本改。

〔五〕「荼」，傅山全書初版本誤作「茶」，據手稿改。

〔六〕「慢」，傅山全書初版本誤作「漫」，據手稿改。

哭孝三

爾能飽煖我，我不饑寒憂。自歎於老母，負米未仲由。亂離動轉徙，虧爾升斗謀。祖母不至餓，我每暗點頭。傷心甲午除，爾始解拘囚。黄昏奔西村，幾死固碾溝。敲門祖母見，不信是爾不。稍焉傾少米，菜問隣家求。明日是年下，稀粥寒燈篝。老母舉一匙，如我進庶羞。相守又六年，祖母將彌留。扶抱至揩拭，一切代我周。逕以孫爲子，竭力無豫猶。追憶我若死，爾實令伯流。吾行八十矣，哭泣早晚休。老骨本恃爾，爾乃不及收。

哭才四

異才眞蓋代，異熟幾生遷。底事因緣合，俄乖老我邊。無端彫虎棄，一念業龍堅。想到矜奇句，虯髯在目前。

哭志五

爾志卽我志，爾志唯吾知。知之無奈何，奈何以度之？爾賫我志去，爾志我何爲？本擬新小房，支羸聊一炷。風雨老父子，滋味相渴饑。典竈妙芍藥，一箸新鮮皷。小酒按糟醢，蜜果佐茶匙。恬淡道書理，旦暮言且巵。大志不必言，小志數亦奇。願力再來身，于何能相遲？亭子不敢過，過卽頭爲低。

哭經濟六〔一〕

哭膽識七〔二〕

謀猷過賈翊，膽識似荀攸。

哭幹力八

落雀翁票姚，從好翁堅重。瘦肩每自仔，扼腕期一中。不謂如此畢，黯慘巖築痛。去日如始至，僅于易簣用。所括凶危言，不得一以衆。表裏山河閒，倮蟲蠕蠕動。幾个好脊梁，〔三〕不肯骫骳佃。小試于場圃，陶甓礪䓣䞃。造適似游戲，誰知非玩弄？餘情寄花蘂，本爲老人供。花蘂又春風，老人付一夢。歸鴻過花東，飲淚而目送。

哭文九

法本法無法，吾家文所來。法家謂之野，不野胡爲哉！相禪不同形，惟其情與才。爾每論天機，不知所自偕。平準貨殖傳，舉筆卽縈迴。不韓亦不柳，連抃而安排。沈著武侯書，質實大誥該。明白中原檄，瑣屑金華咍。一掃書袋陋，大刀闊斧裁。號令自我發，文章自我開。豈有王霸業，潤

〔一〕以下手稿缺頁。抄本注：「哭經濟未終篇。」

〔二〕此篇手稿只寫了兩句。抄本注：「哭膽識未成。」

〔三〕「脊」，傅山全書初版本誤作「春」，據手稿改。

色於輿臺？珥筆多長離，能當此氣摧？此氣頓焉矣，奴撰仍塵埃。中原卷天風，一燼祖龍灰。

哭賦十

八歲賦棗糜，崛雪紅林思。十二虹巢中，蓮葉兜鍪奇。十八當乙酉，一年四賦爲。奇字落紙筆，匠心經緯之。宮商即不偕，傺侘臣子詞。每云我昔作，蠛蠓伯仲差。嫌其太堆纍，行行不再綴。〔一〕歸田登樓閒，一筆書不羈。豪悍擺藿蕊，風霜爭淒其。疎略不彌縫，起止唯意隨。當其痛快時，傲然無成虧。常笑禰正平，未老氣早衰。蕭索賦鸚鵡，〔二〕非復摻撾槌。樸拙嬾抽對，金碧謝馬鷄。寸鐵恣揮霍，光燄紛陸離。不欲毗高典，遊戲擬飛馳。雕蟲夫亦壯，布濩竟無施。

哭詩十一

十歲讀左傳，兼抄十五風。詠史日一題，小紙雅雛叢。庶其得五字，無乃愧父功。世父摩頂叫：驚人哉此童！戲命爲采蓮，麗如子夜儂。紅裙愛顔色，笑倒曠林翁。九子笑曰：「何遜如子夜曲也！」不圖遭國變，挾莢塌轉蓬。頓失韶秀色，膈臆蒼莽洶。江山略奇氣，疎爽不事工。賊多身始輕，自擬周盤龍。中年漸冷淡，餘波綺麗從。筆性不枯藁，花月捎其穠。竹木一楟間，忽見紅芙蓉。高情隨所寄，道心多在中。本不用小技，與人爭長雄。渠伊有好勝，屑屑聲名封。或于柴棘篇，譏罵快

〔一〕此句不韻，抄本作「捨去不再思」。
〔二〕「索」，傅山全書初版本誤作「瑟」，據手稿改。

臨衢。見之但大笑，彼原買賣傭。曾見出納時，〔一〕十指顫如瘋。疼殺一蠅血，不值四字銅。吾詩如吾財，信手隨西東。興盡甑之墮，流水拳之空。今日一篇雨，明日一篇風。撥置不復理，緘縢不濟窮。刺譏徒勞心，何有于之蟲？老子味此言，信爾好心胸。偶得一半句，爾耳獨圓通。爾爲吾惠施，吾以爲莊蒙。一朝失所質，丘蓋歸深松。絕命飲乳篇，讀之不能終。老淚落篇上，非血而焦紅。

哭書十二

架上之載籍，爾多細批點。〔二〕取舍不隨波，各各具手眼。往往破儒障，深處獨能淺。所謂不傳祕，觸磕總不遠。闊略省蘿莎，辨才捨不辨。人難爾乃易，人煩爾能簡。豪傑于故紙，概不穀流覽。喃喃居博綜，都作運糞遺。及至隸事時，卻又非貧儉。刻燭誹諧詩，稗官足遊衍。嗚呼大鹵人，皆居蒼頡先。痛爾非一家，山川氣色減。曬書見詮評，倉皇掩其卷。含淚語孫兒，手澤僾然展。

哭字十三

似與不似間，卽離三十年。青天萬里鵠，獨爾心手傳。章草自隸化，亦得張索源。璽法寄八分，漢碑斤戲研。小篆初茂美，嫌其太熟圓。石鼓及嶧山，領略醜中研。追憶童稚時，卽縮岣嶁鐫。黝黜日會通，卒成此技焉。傷哉疇昔勞，聊代老夫權。〔三〕云不能執筆，疾革一日前。此筆眞絕矣，硯

〔一〕此句抄本作「一再見出納」。

〔二〕「爾多」，傅山全書初版本誤作「多爾」，據手稿改。

〔三〕「傷哉」二句手稿無，據抄本補。

池墨淚漣。

哭畫十四

磊砢不勝描，花鳥時一且。老胸之丘壑，偏得爾筆寫。危峯閃濃雲，風濤半天灑。土塔牆上松，艾納櫑檑搭。〔二〕氣勢不可當，直欲透梁瓦。獅子一丈大，哮擸飛筆下。雄風震佛座，不吼百獸啞。總肖爾之詩，不顧人駭傻。揮霍所未快，豐稜所未瀉。精神抱丹青，寥天乘尻馬。經營三大畫，〔三〕慘淡還大冶。粉本應眞圖，寂寞神州也。

十五

吾詩惟爾解，爾句得吾憐。俯仰雙詞客，乾坤兩蘗禪。因苦酒，吾號「老蘗禪」，眉卽自號「小蘗禪」。終年聞法佛，片刻死情緣。痛絶仁哥罷，于今剛十年。

十六

情多不知道，豈有東門吳？覰覰無所怨，怨孫不天呼。轉眼見孫哭，又復憐其孤。胡然多此亭，花草教藪蕍。凡所胼胝者，何不隨之無！視綠如丹語，單單爲老夫！

傅眉者，傅山之子也。五歲失母張，祖母貞耄君撫養之。七歲能小詩小賦，讀左氏傳，日

〔二〕「櫑」，傅山全書初版本誤作「檑」，據手稿改。
〔三〕「三」，抄本作「數」。

試一題，爲詠史五言一首。至十一、二歲，詩賦日麗，十七、八則爲大賦。十七歲遭亂，東西馳逐，十年無家。甲午，山以飛語縲太原府獄，眉羈陽曲縣倉。倉中脩定業，聞祖母病，飛神自倉門上，櫺中倒下。至西村，看祖母畢，仍飛還附形。遂夢鐵藕開蓮花一枝，行事解。眉生平多異夢。辛卯僑西河，夢帝召，〔一〕造訓狐之謡，謡曰：「訓狐訓狐，滅汝者吾。鷄兔踏彈，笑殺母猪。是誰告汝？熒惑小姑。」又夢小紅天者，從太后行，在晉府前導二幡。幡一聯不全記，見下半有金字云：「太后之簪珥不留，有功者賞；上帝之衣冠是復，逆天者誅。」自負益大。

廿四、五至三十歲，學從横。既而曰：「從横不可常，權不自我，不如富強。」遂講富强。終日讀管子、商子，每以古今成敗、倚伏要害、一日之微長自喻，取孫、吴、穰苴、尉繚，櫽括不過五、六百言，曰「不多篇」。又復置之，讀金剛經，回復亦撮義，純用本文二百餘言，以自義申門法，曰依經卽依之，曰離經卽離之，曰不依不離，曰亦依亦離，唯所命之。凡所爲詩，古近體數十百首，皆不事吟風弄月，而吟風弄月之致流漾篇中，如道，如禪，如逸人。卽事拈出，有令人絕不可方物爲何等語者。或謂之「野狐禪」，〔二〕眉亦自信其野狐。〔三〕凡詩、凡文，皆標一「我」字于上，不白其爲非野狐也。三十以後作賦，每曰「我賦」。才似在盧次楩之上。嫌禰正平鸚鵡賦消索氣近餒。雲中王塤知其才，試令口占之，作後鸚鵡賦。振筆一書，數十句

〔一〕「帝」，抄本作「上帝」。

〔二〕「或」，手稿原作「君子」，又旁批「或」；抄本作「君子」。

〔三〕「亦」字，傅山全書初版本脫，據手稿補。

不加點，奇氣横溢，而無乞憐之辭。塤曰「止止」，遂擲筆。亦不事輒收拾終篇也。

五十以後，一切詩文遂置去，不復理論。讀釋典沙彌以供養不平等故，嗔心入龍宫，滅其龍而據其宫事，曰：「願力之可以一快如此哉？」遂發願力，累劫修行。先爲王霸，而終爲佛。卜之佛，佛許之。自此遂以生死爲一體。見文士談文曰當如何如何，笑曰：「我若爲時，當定此等文士。」見道學爭朱、陸之學者，曰：「我若爲時，當定此同異。」見道學亂言經濟者，曰：「我若爲時，當以經濟試此輩。」以至于醫學者，亦曰：「我爲時，當考此等醫同文、同軌、同倫之議。」夢寐擬之，如風狂，如道尋常語。

書法，篆則李斯玉筯，隸則梁鵠、鍾繇，楷、草、急就則張芝、二王、索靖、歐、褚、李北海、魯公，皆無所不臨。畫則北宋，時放筆巔險，層巒瀑布，可驚可喜。圖印不大爲朱文，專爲白文。甚精漢章，尤妙于銅者，大得八分璽法之意。頫不專精，亦在第三、四品。〔二〕天性近于禪宗，讀釋典輒如舊熟，每以莊子與佛書參同。讀金剛經、左氏春秋，後稍稍讀公穀，爲時文用。史自司馬以下，皆細細評之，宋以下不好看也。山既集傳史，而即效班氏，爲傅氏九等表附之。好議論，與人辨駁，如無强敵。稠人廣衆中執筆，横肆數百言，其長也。讀莊子有別解，亦自命曰「我莊」。于六書，會通有妙理。五十六歲，以積勞、積怒、積憂成病。病臥牀且革，尚有二十韻五言排律三首，雜體絶句數十首，代山題册子詩十餘首。裴松之媲張子房「青雲之士」，吾於糜道人亦然。

〔二〕「四」，傅山全書初版本脱，據手稿補。

附：哭子詩（霜紅龕集本）〔一〕

一

父哭子常事，奈茲八十身！吾猶遲浸假，爾遂反其眞。患難頻頻共，沈緜暗暗因。顢頇都不訣，俯仰怕爲神。〔二〕慧業資糧往，瑜伽梵行天。〔三〕若言恩愛未，痛失此詞人。

二

情多不知道，豈有東門吳？覰覰無所怨，怨孫不天呼。轉眼見孫哭，又復憐其孤。胡然多此亭，花草教敷蒞。凡所胼胝者，何不隨之無！視綠如丹語，單單爲老夫！

三

吾詩惟爾解，爾句得吾憐。俯仰雙詞客，乾坤兩蘖禪。因苦酒，吾號「老蘖禪」，眉卽自號「小蘖禪」。終年聞法佛，片刻死情緣。慟絕仁哥罷，於今剛十年。

〔一〕霜紅龕集本與手稿本排列、文字均有較大差異，疑爲又一次寫本，故附錄於此。

〔二〕「怕爲」，張本作「最傷」。

〔三〕「行天」，據張本。劉、丁本作「行夭」，王本挖改爲「行吞」。

四

元年戊辰降，十七丁甲申。苦楚四十年，〔一〕矢死崇禎人。閒關相老夫，書史挾黃塵。侮辱兼惆脇，雜遝無疏親。死忍當排解，寢食安膽薪。患難飽荼蓼，〔二〕艱貞抱精神。筋力外不惜，冰炭中含嗔。農圃食惟舊，花柳眼不新。冰天漫吟詠，熱淚澆笑嚬。嗚呼尺蠖屈，何處求其信？人閒何容易，培此草莽臣。哭忠。

五

爾能飽煖我，我不饑寒憂。自歎于老母，負米未仲由。亂離動轉徙，虧爾升斗謀。祖母不至餓，我每暗點頭。傷心甲午除，爾始解拘囚。黃昏奔西村，幾死固碾溝。敲門祖母見，不信是爾不。稍焉傾少米，〔三〕菜向隣家求。明日是年下，稀粥寒燈篝。老母舉一匙，如我進庶羞。相守又六年，祖母將彌留。扶抱至揩拭，〔四〕一切代我周。徑以孫爲子，竭力無豫猶。追憶我若死，爾實令伯流。吾行八十矣，〔五〕哭泣早晚休。老骨本恃爾，爾乃不及收。哭孝。

〔一〕「苦楚」，張震作「靡它」。

〔二〕「荼」，傅山全書初版本誤作「茶」，據霜紅龕集改。

〔三〕「焉」，張、劉本作「馬」。

〔四〕「至揩拭」，張本作「揩拭事」。

〔五〕此句張本作「吾今行八十」。

六

異才眞蓋代，異熟幾生還。底事因緣合，俄乖老我邊。無端雕虎棄，一念業龍堅。想到矜奇句，虯髯在目前。哭才。

七

爾志卽我志，爾志唯吾知。知之無奈何，奈何以度之？爾賫我志去，爾志我何爲？本擬新小房，支羸聊一炷。風雨老父子，滋味相渴饑。典竈炒芍藥，一箸新鮮敧。小酒按糟醢，蜜果點茶匙。恬淡道書理，日暮言且卮。大志不必言，小志數亦奇。願力再來身，于何能相遲？亭子不敢過，過卽頭爲低。哭志。

八

落雀翁票姚，從好翁堅重。瘦肩每自仔，扼腕期一中。不謂如此畢，黯慘巖築痛。去日如始至，僅于易簀用。所括凶危言，不得一以衆。表裏山河閒，倮蟲蠕蠕動。幾個好脊梁，不肯骫骳伷。小試于場圃，陶甓礪甍趮。造適似游戲，誰知非玩弄？餘情寄花藥，本爲老人供。花藥又春風，老人付一夢。歸鴻過花東，飲淚而目送。哭幹力。

九

法本法無法，吾家文所來。法家謂之野，不野胡爲哉！相禪不同形，惟其情與才。爾每論天機，不知所自偕。平準貨殖傳，舉筆卽縈迴。不韓亦不柳，連抃而安排。沈著武侯書，質實大誥該。明白中原檄，瑣屑金華咍。一掃書袋陋，大刀闊斧裁。號令自我發，文章自我開。豈有王霸業，潤色於輿臺？珥筆多長離，能當此氣摧。此氣頓已矣，奴撰仍塵埃。中原卷天風，一爐祖龍灰。哭文章。

十

八歲賦棗糜，崛雪紅林思。十二虹巢中，蓮葉兜鍪奇。十八當乙酉，一年四賦爲。奇字落紙筆，匠心經緯之。宮商卽不偕，傺侘臣子詞。每云我昔作，蠛蠓伯仲差。〔一〕嫌其太堆纍，捨去不再思。〔二〕歸田登樓閒，一筆書不羈。豪悍擺藿蕊，風霜爭淒其。疏畧不彌縫，起止唯意隨。當其痛快時，傲然無成虧。常笑禰正平，未老氣早衰。蕭瑟賦鸚鵡，〔三〕非復摻撾搥。樸拙嬾抽對，金碧謝馬鷄。寸鐵恣揮霍，光燄紛陸離。不欲毗高典，〔四〕游戲擬飛馳。雕蟲夫亦壯，布濩竟無施。哭賦。

十一

十歲讀左傳，兼鈔十五風。詠史日一題，小紙雅雛叢。庶其得五字，無乃愧父功。世父摩頂

〔一〕「差」，丁本作「兼」，據他本改。
〔二〕此句劉、王本作「行行不再綴」。
〔三〕「賦鸚鵡」，張本作「鸚鵡賦」。
〔四〕「毗」，張本作「媲」。

謳，〔二〕驚人哉此童！戲命爲采蓮，麗如子夜儂。紅裙愛顏色，〔三〕笑倒曠林翁。郭九子見，笑曰：「何徑似采蓮子夜曲也！」〔三〕不圖遭國變，挾筴揭轉蓬。頓失韶秀色，膈臆蒼莽洶。江山畧奇氣，疏爽不事工。賊多身始輕，自擬周盤龍。中年漸冷淡，餘波綺麗從。筆性不枯槁，花月捎其穠。竹木一栟閒，忽見紅芙蓉。高情隨所寄，道心多在中。本不用小技，與人爭長雄。渠伊有好勝，屑屑聲名封。或于柴棘篇，譏罵快臨衝。〔四〕見之但大笑，彼其買賣傭。曾見出納時，〔五〕十指顫如瘋。疼殺一蠅血，不值四字銅。吾詩如吾財，信手隨西東。興盡甑之墮，流水拳之空。〔六〕今日一篇雨，明日一篇風。撥置不復理，緘縢不濟窮。刺譏徒勞心，何有于之蟲？老子味此言，信爾好心胸。偶得一半句，爾耳獨圓通。爾爲吾惠施，吾以爲莊蒙。一朝失所質，邱蓋歸深松。絕命飲乳篇，讀之不能終。老淚落篇上，非血而焦紅。哭詩。

十二

架上之載籍，多爾細批點。取舍不隨波，各各具手眼。往往破儒障，深處獨能淺。所謂不傳秘，觸磕總不遠。闊畧省蘿莎，辨才捨不辨。人難爾乃易，人煩爾乃簡。豪傑于故紙，概不彀流覽。喃

〔二〕「謳」，張本作「叫」。

〔三〕「裙」，丁本作「裾」，據張本改。

〔三〕此注，張本作：「郭九子見采蓮章，笑曰：何徑似子夜曲也！」

〔四〕「衝」，張本作「衝」。

〔五〕此句張本作「一再見出納」。

〔六〕此聯，張本在「一篇風」後。

喃居博綜，都作運糞遺。及至隸事時，卻又非寒儉。刻燭誹諧詩，稗宮足遊衍。嗚呼大鹵人，皆居蒼頡先。痛爾非一家，〔一〕山川氣色減。曬書見詮評，倉皇掩其卷。含淚語孫兒，手澤僾然展。哭書。

十三

似與不似閒，卽離三十年。青天萬里鵠，獨爾心手傳。章草自隸化，亦得張索源。璽法寄八分，漢碑斤戲研。〔二〕小篆初茂美，嫌其太熟圓。石鼓及嶧山，領略醜中研。追憶童稚時，卽縮岣嶁鐫。黝黚日會通，卒成此技焉。傷哉疇昔勞，聊代老夫權。云不能執筆，疾革一日前。此筆眞絕矣，硯池墨淚漣。〔三〕哭字。

十四

磊砢不勝描，花鳥時一且。〔四〕老胸之邱壑，偏得爾筆寫。危峯閃濃雲，風濤半天灑。土塔牆上松，艾納橒檑搘。氣勢不可當，直欲透梁瓦。獅子一丈大，哮擥飛筆下。雄風震佛座，不吼百獸啞。總肖爾之詩，不顧人駭傻。揮霍所未快，〔五〕豐稜所未瀉。精神抱丹青，寥天乘尻馬。經營幾大畫，慘淡還大冶。粉本應眞圖，寂寞神州也。哭畫。

〔一〕「痛」，張本作「悼」。
〔二〕「斤」，丁本作「斥」，據張、劉本改。
〔三〕此句張本作「墨淚硯池漣」。
〔四〕「且」，丁本作「旦」，據張、劉本改。
〔五〕「揮霍」，張本作「指揮」。

傅眉者，傅山之子也。五歲失母張，祖母貞髦君撫養之。七歲能小詩小賦，讀左氏傳，日試一題，爲詠史五言一首。至十一、二歲，詩賦日麗，十七、八則爲大賦。十七歲遭亂，東西馳逐，十年無家。甲午，山以飛語縲太原府獄，眉羈陽曲倉。倉中修定業，聞祖母病，飛神自倉門上，樞中倒下。至西村看祖母畢，仍飛還附形。遂夢鐵藕開蓮華一枝，行事解。

眉生平多異夢。辛卯僑西河，夢上帝召，造訓狐之謠，謠曰：「訓狐訓狐，滅汝有吾。鶏兔踏彈，笑殺母猪。是誰告汝？熒惑小姑。」又夢小紅天者，從太后行，在晉府前導二幡。幡一聯不全記，見下半有金字云：「太后之簪珥不留，有功者賞；上帝之衣冠是復，逆天者誅。」自負益大。

廿四五至三十學縱橫，既而曰：「縱横不可常，權不自我。」遂講富强。終日讀管子、商子，每以古今成敗倚伏要害一日之微長自喻，取孫、吳、穰苴、尉繚，櫽括不過五六百言，曰「不多篇」。又復置之，讀金剛經，迴復亦撮義，純用本文二百餘言，以自義申門法，曰依經卽依之，曰離經卽離之，曰不依不離，曰亦依亦離，唯所命之。凡所爲詩，古近體數十百首，皆不事吟風弄月之致流漾篇中，如道，如禪，如逸人。卽事拈出，有令人絕不可方物爲何等語者。或謂之「野狐禪」，眉亦自信其野狐也。凡詩文皆標一「我」字于上，不白其非野狐也。賦曰「我賦」。才似在盧次楩之上。嫌禰正平鸚鵡賦消索近氣餒。雲中王埴知其才，試令口占之，作後鸚鵡。卽振筆一書，數十句文不加點，奇氣橫溢，而無乞憐之辭。埴曰「止止」，遂擲筆，亦不事輒收拾終篇也。

五十外，一切詩文皆置去，不復理論，唯讀釋典。見沙彌以供養不平等故，嗔心入龍宮，滅其龍而據其宮事，曰：〔一〕「願力之可以一快如此哉！」遂發願力，累劫修行，先爲王霸，然後爲佛。卜之佛，佛許之。自此遂以生死爲一體。每見文士談文，暨爭朱陸之學者，曰何如何如，〔二〕卽大笑之曰：「我若爲學憲時，當定此等文士同異。」見道學亂言經濟者，曰：「使我作宰相時，當以經濟試此輩。」以至于醫學者，亦曰：「使我得志，當考此等醫士。」

書法，篆則李斯玉著，隸則孔宙、宗聖侯、梁鵠、鍾繇，楷、草、急就則張芝、索靖、二王、歐、褚、李北海、魯公，皆無所不臨。畫則北宋，時放筆顛險，層巒瀑布，可驚可喜。圖印不大爲朱文，專爲白文。漢章甚精，尤妙于銅者，大得八分璽法之意。頫不專精，亦在第三品。天性近于禪，讀釋典輒如舊熟，每以老莊與佛書參同。讀左氏春秋，後稍稍讀公穀，爲時文用。史自司馬以下皆細細評之，宋以下不好看也。山旣集傳史，而卽效班氏爲傳氏九等表附之。好議論，與人辨駁，〔三〕如無强敵。稠人廣衆中執筆，橫肆數百言，其長也。讀莊子有別解，亦自命曰「我莊」。于六書，〔四〕會通有妙理。五十六歲鬱鬱不得志，以積勞憂恨成病。病臥牀且革，尚有詩數十首，代山題册子詩十餘首。裴松之嫕張子房「青雲之士」，吾於麋道人亦然。〔五〕

〔一〕「曰」，丁本作「日」，據劉、王本改。
〔二〕此句張本作「曰如何如何」。
〔三〕「辨」，丁本作「辦」，據他本改。
〔四〕「于」，丁本作「子」，據劉、王本改。
〔五〕此下，劉、丁本附記云：「古娛曰：飛神卽醫經離魂之說。古人精誠所通，往往如是。余與先生七世孫龍鱗契撿其遺書，手蹟猶存。前書此記，次哭子諸詩，又有哭贍識、哭經濟二詩，缺。贍識詩僅存『謀猶過賈誼，贍識似荀攸』句。末書『題於麋道人之蛻館』。墨痕暗淡糊塗，蓋痛極，語少倫次也。霦記。」另：此篇後，各本均有上谷詩册，劉、丁本均疑爲非傅山作，本書編者亦以爲非青主作，故移至本書附錄霜紅龕集誤收文中。

無題〔二〕

汲汲尋人講學期，搗住先生冰光七。百眇無踪，再向何方巴蛸？眼底人倫有準，胸中經濟無邊。昭餘遇著老頑涎，纔是一籌莫展。平白馱書載籍，皮箱妙有藤緘。探囊不想遇神仙，也是前生少欠。不如一帖謹具，剮皮割肉休提。若番變臉惡施爲，又説孳孳爲利。

寫竹石壽魏連陸道翁藩幕〔三〕

公保定人，爲平定太守，左遷布政經歷。善詩文。科舉孝廉。

蕭森一作檀欒。君子舊時名，點染凌虛節自成。硝石孿拳渾不似，隱中仙吏貴中清。簿領懸清晝，開軒馴鶴禽。微風香入幕，坐見黛山岑。花滿安仁地，庭鳴子賤琴。有時客常滿，歛。得韻便成吟。太原傅山。

〔二〕此篇據山西博物院藏手稿整理，由張秀蘭釋文，曹玉琪重校。

〔三〕此篇據晉祠博物館藏傅眉抄本手稿釋文。傅山全書初版本未收。

贈尤侗鶴棲堂圖與産鶴三咏詩〔一〕

題自畫鶴棲堂圖

縹緲神仙宅，蓬萊第幾重？無人知采藥，老鶴伴巢松。我欲尋高跡，相隨一曳笻。山中眞宰相，祇在白雲封。傅山又題。

産鶴三咏

聽去啼鶯春事深，褊𧞤雙影蹴花陰。仙姿卻是多情種，孤抱偏餘戀偶心。翎雪乍翻舞態怯，頂砂微蹙唳聲沈。從今休説高人伴，疑共關睢譜入琴。

溪山飲啄儘優游，陰雨何心要蚤籌。不去上林勞拮据，好來平地穩綢繆。草深園碧棲常慣，土軟鋪香夢亦幽。浪指巢松摩詰句，空搖五粒罩寒湫。

聞道胎禽幻化工，縞衣俄許覆榛叢。渾疑般若現圓相，不信仙子藏個中。〔二〕竟體浴回春繭白，纖痕穿破海珠紅。夕陽影裏連蹺處，細細生機脈脈通。

康熙己未，西堂先生自武林攜歸雙鶴。每値春夏之會，鶴必交，與凡鳥無異。壬戌四月十有七日，忽生二卵，就地結巢，雌雄遞相抱送。五月廿又四日，先後兩雛出。先生作詩紀其事，同時詩人俱爲題贈。余作鶴棲堂圖，并題産鶴三咏贈之。青竹道人傅山。

〔一〕此篇録自中國書畫全書第十三册所刊穰梨館過眼録，由傅珉整理。傅山全書初版本未收。

〔二〕「子」，穰梨館過眼録作「乎」，據文意，當爲「子」字。

卷十八　對聯〔一〕

四世承歡，雍穆生和，共採五明芝草；

三元獻瑞，吉祥加被，重開千葉蓮花。

時節因緣，天意已隨人意；

詩書禮樂，春風還我家風。

經史發光明，這修爲豈容污染；

鶯花隨受用，是福德不可思量。

石上流泉，書架傍邊榨酒；

橋欄點筆，杏花深處題詩。

信老子之頑鄙我，待天年只知喫餑；

看兒孫爲田舍郎，既耕種還復讀書。

老惜春明，還渺內典過難字；

春回大鹵，卻領中行此特書。

挾策原無兔；

開堂敢望鱣。

〔一〕此卷除注明者外，均録自劉本，丁本未收。

蠹簡常消日；
蝸廬不受風。
驕諂世情隨物化；
詩書眞氣逼人來。
花逕舊園傳白墮，秋香留韻客；
草階新雨過青編，春旭想幽詩。
破得萬卷時，下筆如有神助；
空無一字後，迴光自發眞文。
雨過香生，花暈披襟細譜；
酒醒月上，松風解帶徐聽。
擁膝磨牀，紅裊欄杆，披朝啟夕三千卷；
舒眉把琖，綠圍睥睨，才結神連四面山。
醉睨毋山，側弁峩峩笑我；
胥聽屧野，〔二〕科頭嗜嗜知誰。
三釜有餘清，堂北承顏十八種春盤品味；
一經無長物，牕南晒腹五千篇手澤文章。
喜氣節底少年，多落在史雲一畔；

〔二〕「聽」字，劉本無，據王本補。

受陶鎔底學者，還薦取孟敏前邊。眉。

鴉翻楓葉夕陽動；
鷺立蘆花秋水明。〔二〕

江頭櫨樹香；
岸上蝴蝶飛。〔三〕

浩博傍通，詩書上卻不許儉；
雍容薄忍，衣食邊單用个勤。〔三〕

性定會心自遠；
身閑樂事偏多。傅山書。〔四〕

竹雨松風琴韻；
茶烟梧月書聲。傅山書。〔五〕

未出土時先有節；
到凌雲處總無心。〔六〕

〔一〕此條録自傅山書法。
〔二〕此條録自傅山書法。
〔三〕此下三副據晉祠博物館藏立軸釋文，由牛樹檀先生整理。
〔四〕落款三字，傅山全書初版本脱，據手稿補。
〔五〕落款三字，傅山全書初版本脱，據手稿補。
〔六〕此聯録自山西博物院藏無名氏臨傅山畫竹。

朱花史不窺園

桑海以來，幾卷丹黃何處好；
秋冬之際，一坡蒼翠此中偏。

葵老書齋

三釜足流風，十八賓盤，蒿徑素心留北史；
一經無長物，春秋先輩，艾城清德說西張。

衛生館

以儒學爲醫學，物我一體；
借市居作山居，動静常貞。

父病愈後獻梓潼神帝

蠱上底王侯，北極雲罩靈蒙藥罐；
魁匡連將相，中原電瞬爽示兜鍪。

子夏祠

歎發車迴，魯澤幾不屑唐遺，幸一座行陰，也解春秋王正月；

詩傳删後，徐敖下卽生陳俠，將六情洙泝，如今風雅罪滔天。

佛殿

佛來來而不來，謂佛來早我來遲者，〔一〕竟是魔説；
玅覺覺若無覺，惟性覺眞情覺妄噫，誰當解人。

倣廬山刻蓮華漏，常與十八高賢同修白業；
遵鷲嶺説提木叉，直教百千大衆盡脱紅塵。

半偈拈來，空處不空，鐘韻輕飄松杪月；
三輪撇去，住時無住，香煙細裊嶺頭雲。

朝參並暮參，參到光圓時節，頓回頭，座座毘盧千佛静；
口誦還心誦，誦歸性定年來，徐揉目，層層貝葉萬緣空。

平定天甯寺正殿

蓮台饒舌，捄難還東土鏖糟；
灰刦侵心，保不得西廊管待。

〔一〕「者」字，劉本無，據王本補。

東殿

具覺能圓，是位次即非位次；
去佛不遠，有神通原無神通。

西殿

無羞無惡，從他們混帳胡塗；
不威不懲，到者裏滿盤清算。

城隍

惟德是親，當世福緣勿輕假也，儻然見無辜罹難，明明到烈火灘頭顯神功，而佑孝義忠貞之士；
體仁爲長，生民命脈忍重罰乎，都只因定業難逃，隱隱向鐵圍城畔檢鬼錄，而伐殺淫盜妄之人。

平定城隍祠

幽明通一視同仁，願神庇官，官庇百姓；
櫓堞障家絃戶誦，惟民怙吏，吏怙諸棱。

眞武

赤足踏龜蛇，萬物摠歸三尺劍；
散髮衝牛斗，五行俱領七星旗。
龜蛇迺九子王，嘘氣爲雲，納氣爲嶽，極江漢淮河之貫注，潛通而不礙；
玄牝爲萬物母，南斗注生，北斗注死，舉百千億兆之命脈，總掌以無遺。

觀音

法法妙圓通，通于大通，蓮池邀向天邊月；
頭頭觀自在，在無不在，大地香飄海岸春。
大地轉春風，歙徧花枝皆結果；
萬川含月影，養成蚌腹盡胎珠。

呂祖

日上山紅，赤縣靈金三劍動；
月來水白，眞人心印一珠明。
騎鶴鶵空，一瞬玄黄新甲子；
神龍混跡，旁逑忠孝作神仙。

輓節婦

亂石投身，當年碧井能全子；
堅金矢志，此日黄泉好見夫。〔一〕

文帝

休負才華，豈浪容錦懷墨袖；
若能孝友，便許吞丹篆靈文。

盂縣藏山文子祠〔二〕

賴有藏山儼疇昔，寒雲不動；
幡愁下室到而今，靈雨偏多。

平定縣聖壽寺〔三〕

道外闌提多像設，三身廻蔑戾；

〔一〕劉本注：「此載陳帖中。玩其詞旨，似指胡恪山先生母。霖記。」
〔二〕傅山全書初版本據霜紅龕集此聯名「失題」，此次重編據常清文説補。
〔三〕傅山全書初版本據霜紅龕集此聯名「失題」，此次重編據常清文説補。

衆生饑餓苦慈悲，五穀護移穰。

關帝

此理此心，元氣渾淪千秋四午；
無小無大，普天俎豆五月十三。
滔滔地滿，橫流赤熛，眉皺春秋傳；
蕩蕩門開，下降黑業，魂飛漢壽刀。
書絕骨氣丈夫，劣史難良史亦難，縱使瞽臣腐令等筆，狀不出傀儡千般腕㥮，且漫嘲陳壽；
服眞血性漢子，正人摯奸人同摯，無論切指涅背諸公，信得過淋漓一點心折，先須問魏瞞。

玉皇廟盂縣。

儘他們簿子記來明；
唯只裏錢兒買不得。

雙鶴山

一鈎簾幙紅塵遠；
半榻琴書白晝長。

戲聯

莫妙於臺上人，離合悲歡入畫譜；
最靈是閱場者，興觀羣怨助詩情。
曲是曲也，曲盡人情，愈曲愈直；
戲豈戲乎，戲推物理，越戲越眞。

景宜園

美酒淋漓，直飲到千鐘不醉；
人心活潑，且樂斯一日餘閒。
茶七碗，酒千鐘，醉來踏破瑤堦月；
柳三眠，花一夢，興到傾翻碧玉觴。〔一〕

兔兒山

芸香鄴侯架；
花雨右軍池。

〔一〕「觴」，傅山全書初版本與劉本均誤作「腸」，據文意改。

輓畢亮四〔一〕

德建名立；
形崇表正。
　噫，畢亮四今何存？上謚「堅毅」，千古如生。忽復見此，如遇故人。周興嗣語，返構其形。我作俚語，永垂後人。

代縣邊靖寺〔二〕

重臺唱法，祥雲遍覆菩提樹；
蓮座傳經，瑞靄光臨極樂天。

無題

安穩生涯一犂光世土；
清高事業幾卷古人書。　僑黄山人眞山。〔三〕
荒城背流水；

〔一〕　此聯據晉祠博物館藏手稿整理，由牛樹檀先生釋文。
〔二〕　此聯傅山全書初版本未收，由葛敬生先生録自趙恆捷編著三晉旅遊千聯釋要。常清文於代縣雁門關李牧祠亦見有此聯。
〔三〕　此聯由渠榮籙先生提供手蹟照片並釋文。傅山全書初版本未收。

遠鴈入寒雲。　傅山書。〔一〕
黄卷三更月；
青囊一部書。　僑黄傅山。〔二〕
熱處抽身；
冷處豎脊。　松窩題壁。〔三〕
萬緣之熱，離以寒之；
一合之濕，慧以乾之。　冰龕。〔四〕
巖懸青壁斷；
地險碧流寒。〔五〕

壽陽縣五峰山〔六〕

地占萬空皆是水；
亭無一面不當峰。

〔一〕此聯録自南京博物院藏立軸。傅山全書初版本未收。
〔二〕此聯據廣東省博物館藏手稿整理，由竇元章釋文。傅山全書初版本未收。
〔三〕此聯據浙江省博物館藏手稿整理，由竇元章釋文。傅山全書初版本未收。
〔四〕此聯據浙江省博物館藏手稿整理，由竇元章釋文。傅山全書初版本未收。
〔五〕此聯録自中國法書名蹟集，由堀川英嗣釋文。傅山全書初版本未收。
〔六〕此下十副對聯由常清文輯録提供。傅山全書初版本未收。

代縣雁門關瓮城

三關衝要無雙地；
九塞尊崇第一關。

武鄉縣普濟寺

讀罷楞嚴，閑聽鳥聲啼茂竹；
燒殘麝腦，靜觀花影步蒼苔。

傅山故里戲臺

要看早些來，大文章全凭起首；
須觀完了去，好結果總在後頭。
看不清莫嚷，請問前頭高見者；
站得住便罷，須留餘地後人觀。
台上笑，台下笑，台上台下笑惹笑；
看古人，看今人，看古看今人看人。

河津縣平原村薛夫子祠

果知復性一言，雖四民二氏，俱許入祠謁夫子；

不拜讀書二祿，即兩榜三元，亦虚在世稱士人。

沁源縣郭泰祠

侯不得友，王不護臣，自是神仙人物；
隱不違親，貞不絶俗，合稱有道先生。

私人藏聯

野草迎風舞；
山花帶露香。　傅山。
春草如有意；
高雲共此心。　傅山。